Marseille. — Imprimerie Bellande, dirigée par Germain
quai du Canal, 9, vis-à-vis la Rotonde

MANUEL

DES

OFFICIERS CONSULAIRES

SARDES ET ÉTRANGERS,

PAR

Le Chev^r. F. MAGNONE,

DOCTEUR EN DROIT, VICE-CONSUL DE SARDAIGNE.

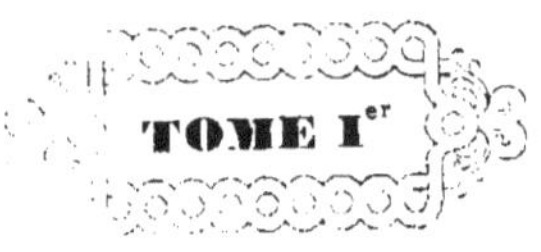

MARSEILLE.
CHEZ Mme Ve CAMOIN, LIBRAIRE-ÉDITEUR,
Rue Canebière.

Paris et Turin.
CHEZ LES PRINCIPAUX LIBRAIRES.
1847.

PRÉFACE.

Il existe peu d'institutions qui comptent une aussi longue existence et qui aient rendu autant de véritables services que celle des Consulats et il n'y en a pas, peut-être, qui aient moins exercé la sagacité des écrivains.

Le premier écrit spécial, qui a paru sur l'institution consulaire, est dû à M. de Steck, conseiller du Roi de Prusse; voici ce que M. de Miltitz en dit dans son *Manuel des Consuls*, dont j'aurai aussi occasion de parler : « C'est à feu M. de Steck qu'appartient le mérite « d'avoir le premier, posé les bases d'une théorie du « consulat, dans son *Essai sur les Consuls* (1). Ce « premier essai qui, en effet, n'est qu'une simple « ébauche, une pierre d'attente, si je puis m'expri- « mer ainsi, de l'édifice à construire, a obtenu dans « le temps le suffrage unanime de tous les juges com- « pétents. Il jouit encore aujourd'hui d'une sorte « d'autorité, que n'ont point diminué les ouvrages « postérieurs sur la matière. »

(1) Essai sur les Consuls, par M. de Steck, Berlin 1790, petit in-8°

En 1807, M. Borel, conseiller de commerce au service de la Russie et Consul-général de cette puissance à l'île de Madère, a publié aussi, sur les Consulats, un travail par lequel il a cherché à déterminer les limites de la juridiction et des priviléges des officiers consulaires. (1).

M. Warden, Consul-général des États-Unis d'Amérique à Paris, y publia en 1813, en anglais, un court traité sur l'origine, les progrès et l'influence des établissements consulaires (2), suivant à peu près le même plan que M. Borel.

Ces trois ouvrages indiquent avec plus ou moins d'exactitude quels étaient, à l'époque où ils ont été publiés, le traitement des Consuls à l'étranger et l'organisation consulaire des diverses puissances; mais l'intérêt qu'ils présentaient, n'a pû que s'affaiblir considérablement par suite de nombreux traités publics (3), de récentes discussions et de décisions souveraines qui ont déterminé d'une manière plus précise la position de ces agents.

Aussi d'autres écrivains ont-ils entrepris de réunir tout ce qui depuis a paru d'utile à ce sujet et de compléter l'œuvre de leurs devanciers.

(1 De l'origine et des fonctions des Consuls, par F. Borel. St-Pétersbourg 1807. in-8°, Leipsic 1831.

(2) On the origin, nature, progress and influence of Consular establishments by D. B. Warden. Paris 1813. in-8

(3) V. dans l'appendice les traités de la Sardaigne avec les puissances étrangères.

Ainsi, M. Bursotti, alors chef de département au
ministère des affaires étrangères à Naples, publia,
en 1838, deux volumes contenant des traités publics,
des réglements consulaires de différentes nations et
quelques documents relatifs aux Consulats, dont une
partie était inédite, promettant de donner ensuite aux
Officiers consulaires, ses compatriotes, un guide pratique apte à les aider dans l'exercice de la juridiction
consulaire suivant les lois des Deux-Siciles. Mais depuis la publication des deux premiers volumes, qui
ne contiennent même pas la première partie de l'ouvrage promis, rien n'a plus paru, ce qui doit avoir
excité les regrets des Officiers Consulaires auxquels ce
travail était particulièrement destiné.

De 1837 à 1842, M. de Miltitz, ancien Agent diplomatique de Prusse, a publié, à Londres, un *Manuel des Consuls* qui est, sans contredit, l'ouvrage le
plus remarquable qu'on puisse citer sur l'institution
des Consulats et qui mérite le plus le titre que l'auteur lui a donné (1).

En effet, le Manuel de M. de Miltitz contient tous les
traités, qui ont quelques rapports avec les Consulats
et qui ont été faits par les principales nations depuis les
temps les plus reculés jusqu'en 1842. Il indique l'origine des établissements consulaires, origine qui remonte
à l'année 1244 avant notre ère. Les diverses institutions judiciaires des nations qui ont eu ou ont ac-

____

(1) Manuel des Consuls par Alex. de Miltitz, de 1837 à
1842, Londres, 5 vol. in-8°

tuellement des relations commerciales entre elles, y sont passées en revue, et l'auteur donne des notions tellement importantes et variées, que ce n'est qu'en parcourant son ouvrage qu'on peut se faire une idée exacte de sa vaste érudition.

Les ouvrages que je viens de signaler, ont, à des degrés différents, atteint le but que leurs auteurs se sont proposé, c'est-à-dire de mettre les Officiers Consulaires de toutes les nations à même de connaître les priviléges dont ils ont le droit de jouir et les attributions qui leur sont dévolues en pays étranger. Ces ouvrages résument le droit public des Consulats de tous les pays; aussi dans des discussions qui ont eu lieu entre quelques nations et tout récemment encore (en 1844) entre la France et l'Angleterre, au sujet des priviléges et des immunités consulaires, ont-ils été cités comme autorités.

Cependant chaque Consul doit, en particulier, se conformer aux instructions de son gouvernement et appliquer les lois de son pays dans les nombreux rapports qui existent entre lui et ses nationaux, marins et autres; mais ces lois et ces instructions ne sauraient que difficilement être réunies dans un seul ouvrage, où chaque Consul pût consulter la partie concernant la nation qu'il représente. Ce n'est donc que dans des traités spéciaux qu'il est possible de trouver tout ce qui touche de près ou de loin aux rapports des Consuls de chaque pays avec leurs nationaux.

C'est dans ce but que MM. Ribeiro dos Santos et

le docteur de Castilho Barreto ont écrit leur *Traité du Consulat* (1), destiné à servir de guide aux Agents Consulaires de Portugal ; et ces Agents n'ont pû certainement que se féliciter de l'apparition de cet ouvrage, car ils y ont non seulement trouvé les instructions de leur gouvernement relatives aux Consulats Portugais, mais en outre une analyse des traités publics concernant l'institution consulaire et une appréciation fort juste de la position des Consuls et de l'importance des Consulats en pays étranger.

Enfin dans sa *nouvelle juridiction des Consulats de France*, publiée à Marseille en 1842 (2), M. Laget de Podio a réuni les lois et les instructions qui régissent les rapports des Consuls de France avec leurs nationaux.

Voilà à peu près les seuls ouvrages spéciaux qui aient traité la matière consulaire, soit au point de vue du droit public, soit à celui de la législation d'un état en particulier. J'ai donc pensé qu'un travail qui réunirait les lois et les instructions du gouvernement Sarde sur les Consulats, les dispositions y relatives des traités de la Sardaigne avec les puissances étrangères et celles des traités de ces puissances entre elles, pourrait être de quelque utilité, non seulement aux Officiers Consulaires de mon pays, mais aussi aux étrangers ; et c'est avec cet espoir que je livre au public ce *Manuel des Officiers Consulaires*.

(1) Hambourg 1839, 2 vol. in-8°.
(2) 2 vol. in-8°

Voici la division de l'ouvrage.

1er Livre. Organisation des Consulats Sardes.

2me Livre. Priviléges des Consuls suivant les lois sardes, les traités publics et les usages des différentes nations.

3me Livre. Devoirs des Consuls Sardes envers leur gouvernement.

4me Livre. Traitement des étrangers et des Sardes en particulier, en pays étranger.

5me Livre. Rapports des Consuls Sardes avec leurs nationaux en général.

6me Livre. Traitement de la marine militaire en pays étranger et rapports des Consuls avec la marine militaire sarde.

7me Livre. Traitement de la marine marchande et rapports des Consuls en général avec elle en pays étranger.

8me Livre. Rapports des Consuls Sardes avec la marine marchande Sarde.

9me Livre. Devoirs et attributions des Officiers Consulaires Sardes subalternes.

10me Livre. Instructions relatives à l'application des tarifs consulaires, tableaux et modèles divers, appendice contenant les traités ou les extraits des traités de la Sardaigne avec les puissances étrangères concernant le droit d'aubaine, l'extradition des malfaiteurs et des déserteurs, l'exécution des jugements en pays étranger, le commerce et la navigation, la propriété littéraire et la traite des noirs, qui ont été cités dans l'ouvrage.

MANUEL
DES OFFICIERS CONSULAIRES
SARDES ET ÉTRANGERS.

LIVRE PREMIER.

ORGANISATION DES CONSULATS SARDES.

CHAPITRE 1er.

DIVISION DES CONSULATS SARDES EN CATÉGORIES, DIVISIONS, DISTRICTS ET ARRONDISSEMENTS ; LEUR CIRCONSCRIPTION TERRITORIALE ET COMPOSITION DE LEUR PERSONNEL.

§ 1. *Catégories*.

Le service consulaire est réparti par catégories , divisions, districts et arrondissements.

Il y a des consulats de deux catégories. La première embrasse tous les établissements consulaires dans les pays dépendant de la Sublime Porte dans le Levant et en Afrique , et ceux existant dans l'empire de Maroc ; la deuxième comprend tous les autres (1).

(1) Art. 1 et 2 du réglement consulaire du 23 juillet 1835.

§ 2. *Dvision*.

La division comprend la portion de territoire où sont établis un consul-général et un ou plusieurs consuls sur les-

quels le premier exerce une juridiction supérieure (1), indépendamment de celle qu'il exerce lui-même comme chef de
district (2).

(1) Art. 90 du régl. cons. du 23 juillet 1835. (2) Art. 3 idem

§ 3. *District.*

Le district est formé de la portion de territoire dans laquelle un consul-général, un consul ou un vice-consul de la
première catégorie exerce la juridiction consulaire proprement dite (1).

(1) Art. 4 du réglement consulaire de 1835.

§ 4. *Arrondissement.*

L'arrondissement est la portion de territoire dans laquelle
un pro-consul, dans la première catégorie (1), ou un vice-
consul dans la seconde, exerce les fonctions de son grade
sous la dépendance *immédiate* du chef de district, et celle
médiate du consul-général (2).

(1) On appelle pro-consuls les chefs d'arrondissement de la première catégorie, afin de ne pas les confondre avec les vice-consuls
chefs de district qui existent dans ladite catégorie. Voyez à ce sujet
la circulaire 1, série particulière. (2) Art. 5. du régl. cons, de 1835.

§ 5. *Circonscriptions territoriales.*

Le nombre et les limites des divisions, des districts et des
arrondissements, ainsi que les lieux de résidence des titulaires, sont indiqués dans le tableau n° 6. Ils peuvent cependant varier suivant les besoins du commerce et de la navigation. Les consuls sont même obligés de proposer au
ministre des affaires étrangères, qui en réfère à son tour à
S. M., les changements dont l'expérience leur prouverait
l'utilité (1).

(1) Art. 6 du régl. cons. de 1835

§ 6. *Lieux de résidence des différents officiers consulaires de la première catégorie.*

Il y a dans le Levant et en Afrique, quatre agences ou consulats-généraux dont les résidences sont à Constantinople, Alexandrie, Tunis et Tanger. Le premier est sous la direction immédiate du ministre ou chargé d'affaires du roi résidant à Constantinople, qui en fait remplir les fonctions par un vice-consul ou attaché (1).

Il y a quatre consulats qui sont à Smyrne, Tripoli, Jérusalem (2) et Alger (3); trois vice-consulats, savoir : à Beyrouth (4), Galatz et Chypre (5); et enfin, cinq délégations consulaires dont une, au Caire, dépend du consulat-général d'Alexandrie, trois, aux Dardanelles (6), à Salonique (7) et à Varna, (8) dépendent du consulat-général de Constantinople : la dernière à Ibrahil, dépend du vice-consulat de Galatz (9).

(1) Art. 17 du régl. cons. de 1835.(2) Circulaire 85 du 3 mars 1843·
(3) Le consulat d'Alger, depuis la domination française, est de fait entièrement indépendant du consulat-général de Constantinople.
(4) Le vice-consulat de Beyrouth a été remis sous la juridiction du consulat-général de Constantinople, depuis que la Syrie a été de nouveau réunie à l'empire Ottoman. Voyez circulaire 85. (5) Art. 7 du régl. de 1835. (6) Art. 9 du régl. de 1835. (7) RR. PP. du 6 mai 1844. (8) RR. PP. du 21 janvier 1845. (9) RR. PP. du 28 avril 1846.

§ 7. *Nombre des pro-consulats.*

Les consulats-généraux, consulats et vice-consulats chefs-lieux de district de la première catégorie, ont sous leur dépendance quarante-quatre pro-consulats distribués entre eux suivant ce qui est indiqué au tableau n° 6 précité.

§ 8. *Lieux de résidence des officiers consulaires de la seconde catégorie.*

Dans la seconde catégorie, on compte actuellement douze

consulats-généraux, ayant leur résidence à Athènes 1 Barcelonne, Buénos-Aires, Corfou, Gibraltar. Lima. Livourne, Marseille. Milan, New-York. Odessa et Valparaiso.

Il y a quarante-un consulats, savoir: Amsterdam. Ancône Anvers. Bastia, Bordeaux. Cadix, Calcutta, Canton, Caracas (2). Cette. Elseneur. Ferrare, Fonchal, Genève. Grenade, Hambourg, La Havane, Lisbonne (3), Lyon, Londres, Macao, Malaga, Malte. Messine. Montévidéo 4. Moscou, Naples (5), La Nouvelle-Orléans, Palerme, Philadelphie, Port-au-Prince, Riga, Rome (6), Rio-Janeiro 7. Rouen, Sainte-Croix de Ténériffe, Saint-Pétersbourg, Stockolm, Toulon, Trieste et Venise (8).

(1) La circulaire 77 désigne Athènes comme simple consulat, mais par la dernière nomination du titulaire qui a eu lieu en juin 1844. ce consulat a été érigé en consulat-général. Voyez au tableau 6.

(2) Ce consulat a été établi en vertu des RR. PP., du 4 avril 1842. Voyez circul. 85. (3, 5, 6.) Ces trois chefs-lieux de consulats-généraux ont été réduits en simples consulats, en vertu de l'art. 9 du régl. de 1835. (4, 7,) Ces deux consulats étaient des consulats-généraux avant les dernières nominations de leurs titulaires. Voyez circul. 85. (8) Voyez art. 10 du régl. de 1835.

§ 9. *Nombre des vice-consulats de la seconde catégorie.*

Chaque chef-lieu de district de la seconde catégorie a aussi sous sa dépendance un nombre plus ou moins grand de vice-consulats, ainsi qu'on peut le voir dans le tableau n° 6 : leur nombre total est de cent soixante-dix.

§ 10. *Dispositions communes aux deux catégories.*

Toutes les dispositions relatives aux divisions territoriales contenues dans les articles précédents, qui ne sont pas expressément restreintes à l'une ou à l'autre des deux catégories. doivent être considérées comme leur étant communes (1).

(1) Art. 11 du régl. cons. de 1835

§ 11. *Division du personnel des consulats en deux catégories.*

Le personnel des officiers consulaires est aussi divisé en deux catégories : les officiers consulaires attachés aux consulats du Levant et d'Afrique, appartiennent à la première de ces catégories ; ceux qui sont attachés à d'autres consulats appartiennent à la seconde (1).

(1) Art. 12 du régl. consul. de 1835.

§ 12. *Composition du corps consulaire.*

1° Le corps consulaire est composé, pour la première catégorie, d'agents ou consuls-généraux, de consuls, de vice-consuls de première classe (chefs de districts), de vice-consuls de seconde et de troisième classe, de délégués consulaires, d'attachés consulaires de première, seconde et troisième classe, de pro-consuls et de dogmans ; et pour la seconde catégorie de consuls-généraux, de consuls, de vice-consuls et de chanceliers (1).

2° On compte encore au consulat-général de Milan, trois attachés consulaires qui ne sont pas appelés à sortir de ce consulat ni à parcourir la carrière consulaire (2).

3° On peut placer à la suite des officiers consulaires les volontaires, destinés à parcourir tous les degrés de la carrière consulaire dans la première catégorie (3).

(1) Art. 13 du régl. consul. de 1835. (2) Art. 16 idem. (3) Circulaire 74 du 2 mars 1840.

§ 13. *Nombre des officiers consulaires dans les deux catégories.*

Le nombre des consuls-généraux et des consuls doit être proportionné au nombre des divisions et des districts : il peut arriver néanmoins, qu'un consul-général dirige un simple consulat et qu'un consul dirige un vice-consulat du Levant. Le nombre des vice-consuls dépendants dans les deux catégories peut varier suivant les besoins du service: il en est de même des attachés consulaires, des chanceliers (1) et des volontaires (2).

(1) Art. 16 du régl. consul. de 1835. (2) Circ. 74 du 2 mars 1840.

§ 14. *Nombre de gardes accordés à chaque chef de district dans le Levant et en Barbarie.*

Chaque consulat, dans le Levant et en Barbarie, doit avoir un nombre de gardes ou janissaires qui soit en rapport avec les besoins du service ; suivant l'art. 8 des RR. PP. du 23 février 1825, les consulats-généraux devraient en avoir deux , les consulats et les vice-consulats un : mais maintenant ce nombre varie suivant les circonstances. A Tunis, par exemple, il y en a trois (1).

(1) Les gardes doivent connaître la langue italienne.

§ 15. *Assimilation des gardes des officiers consulaires.*

Les consuls de la première catégorie sont les égaux en grade des consuls-généraux de la deuxième , et portent le même uniforme ; les vice-consuls de la première catégorie ont le grade de consuls de la seconde : les attachés consulaires et les pro-consuls ont le grade de vice-consul de la seconde catégorie dont ils remplissent les fonctions (1).

(1) Art. 36 du régl. consul. de 1835.

§ 16. *La supériorité de la classe des consulats pour la perception des droits ne donne aux titulaires aucune prééminence sur leurs collègues. Les allocations ne déterminent pas non plus le grade des officiers consulaires.*

Quoique les consulats soient divisés en plusieurs classes, pour ce qui concerne la perception des droits payables aux consuls par les différents sujets du roi , une pareille distinction ne donne, au consul dirigeant un consulat appartenant à une classe supérieure, aucune prééminence sur ces collègues du même grade (1).

Les allocations fixées, soit aux agents consuls-généraux, aux consuls et aux vice-consuls chefs de district de la première catégorie, soit aux consuls-généraux de la seconde, ne doivent pas non plus servir de règle pour déterminer une pareille prééminence, attendu que ces allocations sont calculées d'après le plus ou le moins de dépenses que les officiers consulaires doivent supporter dans leurs résidences respectives (2).

(1) Art. 37 du régl. consul. de 1835. (2) Art. 38 ibid.

LIVRE Ier — CHAPITRE 2.

DÉPENDANCE HIÉRARCHIQUE DES OFFICIERS CONSULAIRES.

§ 17. *Quelles sont les autorités dont dépendent les officiers consulaires.*

Tous les officiers consulaires à l'étranger sont sous la dépendance spéciale et immédiate du ministère des affaires étrangères : ils sont subordonnés en même temps aux légations de S. M. près de l'Etat où ils résident, et pour les matières concernant la navigation et la santé publique ils relèvent en outre des autorités qui sont préposées dans les Etats sardes à la direction de ces deux branches de service public (1).

Les ordres qu'il arrive de donner aux officiers consulaires et qui ne sont point prévus par les réglements, émanent du ministère des affaires étrangères (2).

(1) Art. 88 du régl. cons. de 1835 et § 147 *infrà*. (2) Art. 136 du régl. consulaire de 1815, et art. 103 du régl. cons. de 1835.

§. 18. *Les officiers consulaires dans le Levant dépendent de la R. légation à Constantinople.*

La dépendance des officiers consulaires résidant dans le Levant, à l'égard du ministre sarde près la cour de Constantinople, est plus ou moins directe, suivant que les autorités locales sont dans une dépendance plus ou moins immédiate de la Sublime-Porte (1): ainsi, les consuls de S. M. en Egypte sont plus libres que ceux de Smyrne et de Chypre. Par exemple, les consuls de la première de ces résidences ne seront pas tenus de recourir à la légation à l'occasion des informations à prendre pour la nomination d'un proconsul sujet étranger (2), tandis que ceux des autres résidences sont obligés de faire cette démarche (3).

Tous cependant, sans aucune exception, sont tenus d'informer la légation sur les affaires importantes de leur consulat et d'en exécuter les ordres.

(1) Circ. 1 S. P., du 14 avril 1825. (2) Circ. 2. S. P., du 9 août 1826. (3) Même circ. 2. S. P.

§ 19. *Quelle est la dépendance des chefs de district vis-à-vis des chefs de division*

Les chefs de district correspondent directement avec les mêmes autorités que les consuls-généraux dans la division desquels ils se trouvent; mais il existe plusieurs cas où ils ne peuvent agir qu'après en avoir informé le consul-général dont ils dépendent: et de plus, ce dernier est obligé d'exercer sur eux, comme sur tous les officiers consulaires de sa division, une certaine surveillance.

Le consul doit informer le chef de division et en référer à lui toutes les fois qu'il doit nommer un vice-consul: à cette occasion il lui envoie une copie des documents prescrits par les réglements pour ces nominations (1).

Le consul est obligé de donner connaissance au chef de

division des suspensions prononcées par lui contre un vice-
consul ou un chancelier de son district (2).

Il doit en outre le tenir au courant de ce qui se passe
d'important dans son district, et le mettre à même de connaître la marche générale du service dans les lieux dépendant de sa juridiction (3). Enfin, les consuls sont tenus d'informer le consul-général des ordres qu'ils donnent par écrit
aux sujets sardes, en se conformant aux prescriptions de
l'art. 131 du réglement consulaire de 1815 (4).

(1) Art. 24, § 2 du régl. cons. de 1835 et art 16, 17, 18 du régl.
cons. de 1815. (2) § 6, art. 90, n° 6 du régl. de 1835, art. 16, 17 et
18 du régl. de 1815; et § 23, 24 *infrà*. (3) Art. 82 du régl. de 1835.
(4) § 250 et 456 *infrà*.

§ 20. *Les consuls-généraux ont le droit d'inspecter les
chancelleries des consuls de leur division.*

Quoique la dépendance des consuls envers les consuls-
généraux ne soit plus aussi étendue qu'elle l'était avant la
publication du réglement consulaire de 1835, néanmoins
ces derniers sont encore autorisés à visiter, dans de certains
cas, les chancelleries des consuls, comme les consuls doivent, suivant les réglements, inspecter celles de leurs vice-
consuls ou pro-consuls.

Voici le texte des réglements à ce sujet (1).

« Toutes les fois que les chefs de division et de district,
pour leurs affaires particulières et après en avoir obtenu la
permission de qui de droit (2), auront à se transférer auprès
de quelque consul, vice-consul ou pro-consul dépendant
de leur juridiction, ils devront passer une inspection exacte
de leur chancellerie, afin de vérifier si tout s'y trouve en
règle, et en expédier un rapport exact et détaillé au ministère des affaires étrangères (3). Ledit ministère peut, toutes
les fois qu'il le croit nécessaire, faire procéder à de telles
visites.

(1) Suivant l'art. 14 du régl. cons. de 1815, les consuls devaient

demander au consul-général les congés dont ils avaient besoin et n'excédant pas 15 jours, art. 89 du régl. de 1835. (2) § 28 *infrà*.

(3) Si la visite n'a pas été ordonnée par le ministère des affaires étrangères et si elle n'a été faite que par circonstance, le consul-général ou le consul n'ont aucun droit au remboursement des frais faits à cette occasion.

§ 21. *Surveillance des chefs sur leurs subalternes. — Rapport au ministère des affaires étrangères sur leur conduite.*

Ainsi qu'il a déjà été dit au § 19, le consul-général doit veiller sur la conduite des consuls de sa division, aussi bien que ces derniers sont obligés de veiller sur celle des vice-consuls, pro-consuls et autres officiers consulaires subalternes de leur district.

Le règlement consulaire de 1815 s'exprime ainsi à cet égard (1).

« La supériorité hiérarchique des chefs de division sur les chefs de district, et celle de ces derniers sur les chefs d'arrondissement imposent aux supérieurs en grade l'obligation de veiller sur la conduite privée et sur l'administration de leurs subalternes ; la circulaire n° 1 S. P. du 14 avril 1823 ordonne aux consuls de veiller à ce que les *élèves consulaires* (attachés) tiennent une conduite morale et chrétienne (2), qu'ils s'occupent des langues orientales et des différentes parties du service qui leur est confié, et elle leur ordonne enfin d'informer le ministère des affaires étrangères de la conduite que ces élèves auront tenue. »

Un rapport à ce sujet doit être adressé au ministère par les chefs de division et de district chaque année, et toutes les fois qu'un de leurs subalternes se rend coupable de quelque abus ou d'un désordre quelconque (3).

(1) Art. 90 du régl. de 1835. (2) *Voy.* aussi circ. 5, S. G. du 29 juillet 1835, où il est dit entre autres choses que l'avancement des officiers consulaires dépend aussi de la manière dont ils remplissent leurs devoirs religieux. (3) Art. 90, § 2 du régl. de 1835.

§ **22.** *Rapport à faire à la légation de S. M. près le gouvernement étranger sur les abus des officiers subalternes et leur suspension en cas d'urgence.*

Si ces abus étaient tellement graves, qu'ils dussent exiger une prompte répression, et s'il s'agissait d'un officier consulaire nommé par le Roi, les consuls en référeraient à la légation dont dépend le consulat, afin qu'elle prît, à ce sujet, les mesures qu'elle croirait nécessaires pour les réprimer ; en cas d'urgence absolue, les consuls pourraient aviser eux-mêmes aux moyens les plus convenables pour faire cesser ces abus, en attendant les ordres du ministère des affaires étrangères (1).

(1) Art. 90, § 4 du régl. consul. de 1835, et art. 16, 17 du régl. consul. de 1815.

§ **23.** *Suspension des pro-consuls, des vice-consuls et des chanceliers.*

Quant aux pro-consuls dans la première catégorie et aux vice-consuls ou aux chanceliers dans la seconde, étant par leur nomination de la part des chefs de district, sous la dépendance absolue de ces derniers (1), ils peuvent, dans le cas où ils l'auraient mérité, être suspendus immédiatement de leurs fonctions jusqu'à ce que des ordres soient parvenus du ministère auquel connaissance doit être donnée des motifs qui ont déterminé la suspension. Les chefs de district doivent aussi en informer le consul-général qui, après avoir pris les informations nécessaires, en réfère lui aussi au ministère (2).

(1) L'art. 13 du régl. consul. de 1815 s'exprime ainsi : « Les vice-consuls et les chanceliers dépendent de leurs chefs respectifs, et ceux-ci répondent personnellement de leurs opérations. »

(2) Art. 90, § 5 et 6 du régl. consul. de 1835.

§ 24. *Demande de suspension d'un officier consulaire de la part du gouvernement local.*

Dans les cas extrêmement graves et principalement dans celui, où la destitution d'un officier consulaire serait demandée par le gouvernement près lequel réside le chef de district, ce dernier pourrait suspendre de ses fonctions un subalterne, quel que fût son grade ; mais il devrait en donner immédiatement avis au ministère des affaires étrangères et à son chef de division consulaire, lequel serait tenu, de son côté, de faire un rapport au ministère, ainsi qu'à la légation, s'il y en a une, près du gouvernement local (1).

(1) Art. 90, § 7 du régl. consul. de 1835.

§ 25. *Les légations du Roi peuvent révoquer la suspension prononcée par un consul.*

La légation du Roi a la faculté de révoquer la suspension prononcée par le chef d'un consulat contre un officier subalterne. Si cela arrive, on doit exécuter ses ordres en attendant la décision définitive du ministère des affaires étrangères (1).

(1) Art. 90, § 8 du régl. consul. de 1835, et art. 21 du régl. consulaire de 1815.

§ 26. *Suspension des officiers consulaires de la part des légations du Roi.*

Tous les officiers consulaires, de quelque grade qu'ils soient, établis dans un pays où se trouve une légation de S. M., peuvent être suspendus par elle alors qu'ils se sont rendus coupables de quelque grave infraction à leurs devoirs. La légation doit cependant en informer immédiatement le ministre des affaires étrangères, qui, après avoir pris connaissance des motifs de la suspension, donne à ce sujet les ordres qu'il juge convenables (1) et peut même annuler la décision de la légation (2).

(1) Art. 92 du régl. consul. de 1835. (2) Art. 90, § 9 *ibid.*, art. 22 du régl. consul. de 1815.

§ 27. *Quelle est la durée de la suspension prononcée par les légations ou par les chefs de districts. — Justification des officiers consulaires suspendus de leurs fonctions.*

Le réglement consulaire de 1815 indiquait la durée de la suspension prononcée par un consul-général ou par un consul ; c'était un mois qui pouvait être prolongé d'un autre mois, dans le cas où les ordres du ministère des affaires étrangères ne seraient pas parvenus dans le premier délai (1). Cette prolongation devait être faite par le consul-général, que la première suspension eût été prononcée par lui ou par un consul de sa division : mais le nouveau réglement consulaire de 1835 n'ayant pas fixé de terme, il paraît que la suspension doit durer tout le temps nécessaire pour recevoir la décision du ministère.

Les officiers consulaires suspendus de leurs fonctions peuvent adresser leur justification, soit aux légations et aux consuls-généraux, soit au ministère (2).

(1) Art. 18, 19, 20 du régl. consul. de 1815. (2) Art. 91 du régl. consul. de 1835 : art. 23 du régl. de 1815.

LIVRE Ier — CHAPITRE 3.

CONGÉ DES OFFICIERS CONSULAIRES ET QUELQUES ORDRES PROHIBITIFS QUI LES CONCERNENT.

§ 28. *Les officiers consulaires ne peuvent quitter le lieu de leur résidence sans en avoir obtenu l'autorisation. — Exception en faveur de quelques consuls.*

Les officiers consulaires nommés par le Roi ne peuvent s'absenter du lieu de leur résidence sans en avoir aupara-

vant obtenu l'autorisation du ministre des affaires étrangères : cependant, en cas d'urgence, ils ont la faculté de
s'adresser à la légation du Roi dont ils dépendent ; celle-ci
peut leur accorder un congé d'un mois au plus, et les officiers consulaires, immédiatement après avoir obtenu ce
congé, doivent en informer le ministère des affaires étrangères (1).

Quelques consuls, néanmoins, eu égard à la distance à
laquelle ils se trouvent du siége du gouvernement et à des
circonstances particulières où leur service peut les placer,
ont été autorisés, pour le cas de nécessité, à s'absenter sans
en avertir le ministère : mais cette faculté ne leur est accordée que pour des laps de temps très courts, et pour aller à
des distances peu considérables (2).

(1) Art. 98 du régl. de 1835, art. 14 du régl. de 1815, art. 7 des RR.
PP. du 16 sept. 1816. (2) Les RR. PP. du 16 sept. 1816, art. 7, accordent aux consuls-généraux et aux consuls dans le Levant et en
Barbarie la faculté d'expédier, en cas d'urgence, un de leurs officiers consulaires subalternes à Gènes, à Turin, ou auprès de quelque consul-général ou consul, pour remettre des rapports ou conférer avec eux pour des affaires de service.

§ 29. *Les officiers consulaires nommés par les consuls
obtiennent de ceux-ci des congés. — Peines contre les
officiers consulaires qui quittent leur résidence sans
autorisation.*

Les officiers consulaires, nommés par les chefs de district,
ne demandent qu'à ces derniers, la permission de s'absenter (1) : leurs supérieurs doivent cependant informer le ministère des affaires étrangères des congés qu'ils leur ont
accordés (2).

Tout officier consulaire, qui sort des limites de son district
sans permission, peut être suspendu de ses fonctions et
même destitué suivant les circonstances (3).

(1) Art. 98 du régl. consul. des 1835. (2) Art. 63 *ibid.* (3) Art. 98
§ 2 *ibid.*

§ **30.** *Aucun officier consulaire, nommé par le Roi, ne peut se marier sans autorisation, ni accepter des emplois et des présents d'une puissance étrangère.*

N° 1. Aucun officier consulaire, nommé par le Roi, ne peut se marier sans en avoir obtenu son autorisation spéciale, sous peine d'être suspendu de ses fonctions et même destitué (1).

N° 2. Aucun officier consulaire, nommé par S. M., ne peut non plus accepter des distinctions honorifiques ou des présents d'un autre gouvernement sans y être autorisé au préalable par le ministère des affaires étrangères, sous peine de destitution (2). Les officiers consulaires non nommés par le Roi peuvent y être autorisés par leurs chefs ; mais ceux-ci doivent en donner avis au ministère (3).

(1) Art. 99 du régl. consul. de 1835, et art. 76 des RR. PP. du 16 sept. 1816. (2) La circul. 66 du 3 nov. 1837 autorise les consuls de S. M. à se charger des fonctions de consuls de Rome, et la circ. 10 à protéger et à prêter leur assistance aux sujets de S. A. le le prince de Monaco, toutes les fois que ceux-ci auront recours à eux. La lettre-circulaire du 15 déc. 1834, adressée à quelques consuls de la Méditerranée et de l'Adriatique les autorise à assister les Lucquois et à correspondre avec le gouvernement de Lucques.
(3) Art. 100 du régl. de 1835, art. 132 du régl. de 1815.

§ **31.** *Prohibition de faire le commerce dans le Levant et en Barbarie. — Les officiers consulaires de la seconde catégorie et les pro-consuls peuvent faire le commerce. — Défense aux officiers consulaires de la première catégorie d'emprunter des sommes des sujets des puissances chez lesquelles ils résident.*

Sous peine de destitution, il est également défendu à tout employé consulaire de la première catégorie, qui tient sa nomination du Roi, de prendre part, directement ou indirectement, à une spéculation commerciale quelconque 1. Ceux, cependant, qui produiraient des motifs jugés valables par

S. M.. pourraient faire le commerce et seraient, à cet effet, munis d'une lettre de dispense signée par le ministre des affaires étrangères (2).

Quant aux officiers consulaires de la seconde catégorie et aux pro-consuls dans la première, il leur est permis de faire le commerce, pourvu qu'il n'y ait pas incompatibilité entre le genre de commerce qu'ils exercent et leurs fonctions consulaires (3).

Il est encore défendu, sous peine de destitution, aux officiers consulaires de la première catégorie, d'emprunter quelque somme que ce soit, des Turcs, Maures, Juifs ou autres sujets du gouvernement local (4).

(1) Art. 78 des RR. PP. du 16 sept. 1816, et art. 101 du régl. de 1835. (2) Art. 79 desdites PP. de 1816. (3) Art. 102 du régl. de 1835. Il est en outre nécessaire que les vice-consuls et pro-consuls soient dans une position indépendante; c'est ce qui a été écrit à un consul-général de S. M. en 1843, à l'occasion de la nomination d'un vice-consul, chef d'arrondissement. (4) Art. 6 des RR. PP. de 1816, et art. 101 du régl. de 1835.

§ 32. *Défense aux officiers consulaires de la première catégorie, d'acheter certains objets dans le Levant et en Barbarie; d'être intéressés dans les armements en course; de délivrer certains certificats.*

Il est pareillement défendu auxdits officiers consulaires de la première catégorie, 1° d'acheter des objets pris par les ennemis de la Porte ou des princes de Barbarie, au préjudice des sujets de ces puissances sous peine de confiscation desdits objets et de destitution (1);

2° D'être intéressés dans des armements en course ou en course et marchandises, sous peine de destitution et même sous d'autres peines plus graves, suivant les circonstances (2);

3° De délivrer des certificats constatant que des marchandises chargées sur des navires sardes ou autres, des pays

musulmans, appartiennent à des sujets sardes, sous peine
de destitution (3).

(1) Art. 77 des RR. PP. de 1816 et circul. 41 n° 7. (2) Art. 71 du
régl. pénal de la Mme march. de 1827 et §. 444 *infrà*. (3) Art. 34 des
RR. PP. du 16 sept. 1816 et § 262 *infrà*.

§ 33. *Il est défendu aux drogmans d'aller dans les maisons des autorités du pays.*

Il est défendu aux drogmans d'aller dans les maisons des
autorités du pays sans la permission ou l'ordre de leurs
supérieurs, ainsi que de prêter leur ministère dans les
affaires des particuliers sans en être requis et sans ladite
permission (1).

Il leur est permis de porter un costume oriental (2).

(1) Art. 13 des RR. PP. de 1816 et § 519 *infrà*. (2) Art. 15 des RR.
PP. de 1816 et § 81 *infrà*.

§ 34. *Les officiers consulaires sont invités à ne pas prendre des nègres esclaves à leur service.*

Il est en outre recommandé aux officiers consulaires de
ne pas prendre à leur service des nègres qui se trouveraient
en état d'esclavage, et ce afin de servir, sous ce rapport,
d'exemple à leurs nationaux et d'empêcher, autant que
possible par ce moyen indirect, le succès des entreprises
ayant pour objet la traite des noirs (1).

(1) Circul. 80 du 15 nov. 1841.

§ 35. *Les officiers consulaires sont invités à ne faire aucun don à M. le ministre des affaires étrangères.*

Enfin tous les officiers consulaires sont invités à ne point
offrir des présents, sous quelle forme que ce soit, au ministre des affaires étrangères qui les refuserait tous sans
exception (1).

(1) Circul. 78 du 18 mai 1841.

LIVRE Ier — CHAPITRE 4.

CONDITIONS REQUISES POUR OBTENIR UN EMPLOI CONSULAIRE.

§ 36. *Nationalité, âge et religion des officiers consulaires.*

Tous les officiers consulaires sont choisis, autant que possible, parmi les sujets du Roi ou parmi leurs descendants (1).

L'article 6 du réglement consulaire de 1815 voulait, en outre, que les consuls-généraux eussent 30 ans, et les consuls, les vice-consuls et les chanceliers 25 (2).

Il n'est dit nulle part si un individu ne professant pas la religion catholique pourrait être nommé consul ; mais on peut du moins déduire de l'art. 21 du réglement de 1835, que les catholiques sont préférés aux non-catholiques (3).

(1) Art. 19 du régl. cons. de 1835 et art. 1 du régl. cons. de 1815.
(2) Art. 6 du régl. cons. de 1815. (3) § 39 *infrà.*

§ 37. *Qualités et connaissances nécessaires à un consul.*

Quant aux qualités personnelles et aux connaissances nécessaires à un consul, je me bornerai à dire que le gouvernement, ayant intérêt à ce que les consuls se rendent utiles aux commerçants, aux navigateurs nationaux et au gouvernement lui-même, qu'ils soient estimés et respectés par les autorités étrangères, et qu'ils servent d'exemple aux sujets sardes, cherche toujours les personnes qui lui paraissent les plus aptes à satisfaire à ses justes exigences.

En parcourant les divers réglements consulaires, les consuls et tous ceux qui sont appelés à les seconder et à les remplacer dans diverses circonstances, peuvent, chacun pour ce qui le concerne, voir combien et quel genre de connaissances ils doivent acquérir (1).

(1) § 137 à 182 indiquant les attributions principales des consuls et la suite de cet ouvrage.

§ 38. *Qualités et connaissances nécessaires aux attachés consulaires, aux chanceliers et aux volontaires.*

Les attachés consulaires, dans la première catégorie, et les chanceliers dans la seconde, doivent avoir une pratique suffisante de la comptabilité, du notariat, et une morale éprouvée (1).

Comme les attachés sont appelés à parcourir tous les degrés de la carrière consulaire et à remplir aussi, s'ils s'en rendent capables, les fonctions d'interprètes (2), il faut qu'ils acquièrent les connaissances plus étendues, qui conviennent à un consul, et s'ils se donnent au *drogmanat*, il leur est indispensable de se familiariser avec les langues orientales (3).

Ils ne doivent pas être, autant que possible, parents à un degré rapproché du chef du consulat (4).

Depuis l'année 1836, les attachés consulaires sont choisis parmi les volontaires que le ministre des affaires étrangères envoie résider   près des consulats les moins éloignés des Etats du Roi. Ces volontaires, pris eux-mêmes parmi les jeunes avocats (5), sont tenus de justifier la possession de moyens de fortune suffisants à leur entretien pendant le temps de stage.

(1) Voyez la circ. 5 S. P. où il est parlé des devoirs de religion et § 21, note 3 *infrà*. (2) Circ. 81 du 22 mars 1842. (3) Art. 9, tableau des offic. cons. du 23 février 1825, circ. 1. S. P. du 14 avril 1825 et circ. 81 susdite. (4) Art. 20 du régl. de 1835. (5) Circul. 74 du 2 mars 1840.

§ 39. *Conditions requises pour être nommé pro-consul dans la première catégorie, ou vice-consul dans la seconde.*

Les pro-consuls, dans la première catégorie et les vice-consuls dans la seconde, doivent être préférablement choisis parmi les individus professant la religion catholique, et avoir, comme les volontaires, des moyens d'existence leur appartenant en propre (1).

Quant aux qualités et connaissances nécessaires aux consuls, vice-consuls, chefs d'arrondissement, aux vice-consuls résidant près des chefs de district et aux volontaires, on peut s'en référer à ce qui a été dit aux deux paragraphes précédents (2).

(1) Voyez note 3 du §. 31 *infrà* et art. 21 du régl. cons. de 1835. Les chanceliers et les vice-consuls devaient, selon l'art. 6 du régl. de 1815, avoir 25 ans. (2) Voy. au sujet de leurs attributions le chap. 1 du livre 9.

§ 40 *Qualités et connaissances nécessaires aux drogmans.*

Les drogmans doivent bien connaître les langues orientales et être choisis, autant que possible, parmi les sujets de S. M. (1). Leurs connaissances cependant ne doivent pas, à mon avis, se borner aux langues orientales, car devant porter la parole pour les consuls, et souvent sans que ceux-ci se trouvent présents, et étant aussi appelés à assister leurs nationaux devant les autorités étrangères, il serait nécessaire, ou du moins utile, qu'ils eussent des connaissances analogues à celles de leurs chefs.

Ceci est même prescrit aux drogmans appartenant à la classe des attachés consulaires qui sont destinés à parcourir tous les degrés de la carrière consulaire, car parmi ceux-ci on préfère dans les avancements les sujets qui se distinguent le plus dans les branches de sciences qui concernent le service des consulats, de même que ceux des attachés qui se font le plus remarquer dans l'étude des langues orientales, sont préférés aux autres qui n'en ont aucune connaissance (2).

Les drogmans nommés par le Roi sont pris, autant que possible, parmi les attachés consulaires (3), qui ne cessent pas pour cela de parcourir avec leurs collègues leur première carrière.

(1) Art. 22 du régl. cons. de 1835. L'art. 16 des RR. PP. du 16 sept

1816 exigeait l'âge de 30 ans dans les drogmans. (2) Circ. 81 du 22 mars 1842. (3) Art. 9 du tabl. des offic. cons. du 23 février 1825.

LIVRE 1er — CHAPITRE 5.

RÈGLES POUR LES PROMOTIONS DES OFFICIERS CONSULAIRES.

§ 41. *Quels sont les titres voulus pour obtenir de l'avancement ?*

Les officiers consulaires n'ont pas tous le droit d'obtenir de l'avancement ; les règlements établissent une différence entre les officiers consulaires de la première catégorie et ceux de la seconde.

En voici les dispositions (1) :

La capacité, la conduite et le zèle pour le service du Roi sont les seuls titres qui déterminent les avancements des officiers consulaires de la première catégorie de tous les grades. L'ancienneté ne peut être prise en considération qu'autant que l'employé remplit les conditions sus-indiquées (2).

(1) Art. 32 du régl. de 1835. (2) Voy. § précédent et les circul. 81 S. G., et n° 1 S. P. du 14 avril 1825. La circul. 81 cite l'exemple d'un employé qui a été promu rapidement au grade de vice-consul, pour le motif qu'il s'était instruit dans les langues orientales à pouvoir s'acquitter très convenablement des fonctions d'interprète.

§ 42. *Les employés consulaires de la seconde catégorie n'ont droit à aucun avancement.*

A l'exception des consuls-généraux auxquels le Roi se réserve de destiner des employés qui auront bien mérité de lui par leurs services, soit dans la carrière des consulats, soit dans d'autres, les emplois consulaires de la seconde catégorie étant le plus souvent confiés à des commerçants sujets du Roi, et même à des étrangers établis sur les lieux, ceux qui en sont investis ne peuvent pas être transférés d'un consulat à l'autre, à moins que cela ne devienne nécessaire pour des circonstances particulières et extraordinaires (1).

(1) Art. 34 du régl. consul, de 1835.

§ 43. *Inamovibilité des pro-consuls, des vice-consuls et des chanceliers.*

Les pro-consuls, dans la première catégorie, les vice-consuls et les chanceliers dans la seconde, n'étant que de simples représentants du consul qui les nomme, leurs qualités ne leur donnent point le droit d'obtenir des emplois supérieurs pour lesquels la nomination est réservée au Roi (1).

Le gouvernement du Roi, est-il dit dans le réglement de 1835, prend cependant en considération les services des officiers qui se distinguent d'une manière particulière dans l'exercice de leurs fonctions (2), ce qui signifie que, dans ce cas, ils peuvent obtenir aussi un avancement plus ou moins important.

(1) Art. 33 et 35 du régl. cons. de 1835. (2) Art. 35 ibid.

LIVRE Ier — CHAPITRE 6.

NOMINATION DES OFFICIERS CONSULAIRES ; PRESTATION DE SERMENT ; PATENTES DE NOMINATIONS.

---

§ 44. *Par qui sont nommés les officiers consulaires. — Officiers consulaires nommés par le Roi. — Officiers consulaires nommés par les chefs de district ou par le ministre des affaires étrangères. — Les chefs d'arrondissement peuvent dans certains cas nommer un chancelier temporaire.*

Les officiers consulaires sont nommés, ou par le Roi, sur

la proposition qui lui en est faite par le ministre des affaires étrangères, ou par les consuls-généraux, les consuls et les vice-consuls chefs de district (1).

Sont nommés par le Roi :

1° Les agents consuls-généraux, les consuls-généraux, les consuls, les vice-consuls dans le Levant, les attachés consulaires.

2° Les vice-consuls de la seconde catégorie et autres officiers consulaires qui reçoivent un appointement fixe du trésor (2).

3° Les pro-consuls et les drogmans dans la première catégorie (excepté parmi ces derniers, ceux qui sont attachés à la royale légation à Constantinople), les vice-consuls et les chanceliers, dans la seconde catégorie, sont nommés par les chefs de district avec l'approbation du ministère des affaires étrangères, quant à la personne qui est à nommer.

4° Le ministre des affaires étrangères peut, toutes les fois qu'il le croit convenable, désigner lui-même à l'un ou à l'autre des emplois dont la nomination est attribuée aux chefs de district, les sujets qu'il juge les plus aptes à en remplir les fonctions ; mais pour la régularité, les patentes de nomination sont, en ce cas, délivrés par les chefs de district, comme si la nomination avait été faite par eux ;

5° Les fonctions de chanceliers près des pro-consuls et près des vice-consuls étant temporaires, il est prescrit que les personnes appelées à les remplir soient chaque fois nommées par eux avec un mandat exprès, qui cesse dès le moment où l'acte pour lequel elles ont été nommées, a été accompli ; ces nominations n'ont pas besoin d'approbation supérieure. Les chefs d'arrondissement doivent cependant bien faire attention à ne nommer à ces fonctions que des sujets d'une moralité éprouvée et jouissant de l'estime publique (3).

(1) Art. 23 du régl. cons. de 1835. (2) Ce sont le vice-consul et les attachés du consulat-général de Milan, et les vice-consuls des consulats de Lyon et de Rio-Janeiro. (3) Art. 23 du régl. de 1835.

§ 45. *Quelles sont les formalités requises pour la nomination des officiers consulaires subalternes de la part
des chefs de district. — Les consuls du Levant et de
Barbarie consultent la R. légation à Constantinople
sur la convenance du choix des pro-consuls.*

1° Les consuls-généraux, les consuls et les vice-consuls,
chefs de district, avant de procéder aux nominations qui
sont de leur compétence, doivent s'assurer si ces nominations ne soulèveront point des obstacles de la part du gouvernement dans la juridiction duquel le candidat est appelé
à résider (1).

2° La circulaire N° 2, S. P. du 9 août 1826, ordonne en
outre que les consuls-généraux, consuls et vice-consuls du
Levant et de Barbarie consultent le ministre du Roi à Constantinople sur la nomination des pro-consuls dans les arrondissements de leur juridiction respective ; le ministre ou le
chargé d'affaires doit, de son côté, s'assurer entre autres
choses, si, dans le cas où la nomination des pro-consuls
proposés sera approuvée, les autres légations accorderont
les permissions nécessaires pour que ceux de leurs agents
consulaires qui seraient proposés pour pro-consuls, puissent
cumuler ces fonctions avec celles dont ils seraient déjà revê-
tus (2).

(1) Art. 24 du régl. cons. de 1835 et art. 5 du régl. de 1815.
(2) Voy. en outre le § 122, *infrà* note 1.

§ 46. *Les consuls demandent au ministère des affaires
étrangères l'approbation des nominations faites par
eux. — Remise de plusieurs documents audit ministère
à l'occasion des nominations faites par des chefs de
district; idem au consul-général de la division. —
Rapport de ce dernier au ministère.*

Après l'accomplissement des formalités prescrites au paragraphe précédent, les consuls soumettent la nomination à

l'approbation du ministre des affaires étrangères, lui remettant en même temps une note indiquant les nom, prénoms, lieu de naissance, domicile, âge, qualités de la personne proposée (1) et le montant des biens qu'elle possède (2).

Les consuls sont aussi tenus de remettre au ministère un certificat de l'autorité du lieu de résidence du candidat, ou bien un acte de notoriété constatant ses bonnes mœurs. Ils doivent y joindre son acte de naissance ou de baptême, et enfin indiquer les motifs qui les ont portés à le choisir.

3° Ils doivent transmettre en même temps une copie de ces documents, signée par eux, au consul-général de leur division, qui après avoir pris de son côté les informations nécessaires, soumet au ministère son propre avis sur la convenance du choix (3).

(1) Voyez § 31 *infrà*. (2) Voyez note 3 du § 31 *infrà*. (3) Art. 24 du régl. de 1835.

§ 47. *Par qui sont expédiés les titres de nomination des officiers consulaires.*

Les titres des nominations des officiers consulaires réservées au Roi, sont expédiés par le ministère des affaires étrangères après avoir été signés par S. M. (1). Ceux des nominations de la compétence des chefs de district sont délivrés par ceux-ci et consistent en une patente signée par eux, où mention est faite de l'autorisation obtenue du ministre précité ; elle est en outre contresignée par le chancelier du consulat ou par la personne qui en remplit les fonctions, et est revêtue du sceau consulaire (2).

(1) Art. 25 du régl. consul. de 1835. (2) Voyez le modèle n° 1 et l'art. 8 des instructions ministérielles de 1816, composées de 27 art.

§ 48. *Registre pour l'inscription des patentes; on donne avis au ministère des patentes délivrées. — Droits sur les patentes.*

Dans chaque chef-lieu de district il y a un registre spécialement destiné à l'inscription des titres de nomination de tous les officiers consulaires dépendants , ainsi que de ceux des titulaires (1).

Les consuls sont tenus d'informer le ministère de la date des patentes qu'ils expédient (2).

L'art. 7 du règlement consulaire de 1815 établit sur les patentes un droit de 100 fr. et de 75 au profit du trésor pour celles des consuls-généraux et des consuls.

L'art. 1er des instructions ministérielles du 12 janvier 1816 établit un droit de 20 fr. en faveur du chef qui la délivre, sur chaque patente de vice-consul ou de chancelier.

(1) Art. 25 du régl. de 1835 et § 180 n° 1 *infrà*. (2) Art. 27 du régl. de 1835.

§ 49. *Prestation du serment de la part des officiers con-sulaires.*

Tous les officiers consulaires à l'étranger doivent jurer, avant d'entrer en fonctions , de bien et fidèlement remplir leurs devoirs. Les individus qui ne professent pas la religion chrétienne, sont dispensés de prêter ce serment, mais on y supplée par une promesse, faite de la manière la plus solennelle, de remplir les fonctions de leur grade avec zèle, exactitude et fidélité (1).

Les officiers consulaires nommés par le Roi prêtent leur serment entre les mains du ministre des affaires étrangères et les autres, ou en personne, ou par procuration, entre les mains de l'autorité par laquelle ils sont nommés.

On n'admet la prestation du serment par procuration que dans des cas où des motifs plausibles ou des empêchements légitimes ne permettent pas de le prêter en personne. Tout acte de procuration doit contenir *ad exensum*, la formule du serment (2).

(1) Voy. modèle 2 de serment prescrit par le régl. de 1835. (2) Voir modèle 3.

§ 50. *Cérémonial de la prestation de serment des officiers consulaires nommés par les consuls. — Signature des officiers consulaires.*

Quand les chefs de district reçoivent un serment, soit de la personne nommée, soit de son fondé de pouvoir, ils doivent être en grand uniforme avec le chapeau sur la tête et être assis devant une table sur laquelle se trouvent les Évangiles ouverts : la personne qui prête le serment, doit être agenouillée du côté opposé de la table, la main droite sur le livre des Évangiles et la gauche sur la formule du serment (1).

L'acte de serment est signé par la personne qui l'a prêté, ainsi que par les témoins, le consul et le chancelier ; il est revêtu du sceau du consulat (2), et copie en est délivrée au récipiendaire, ainsi que cela se pratique pour ceux qui sont prêtés devant le ministre des affaires étrangères.

Avis doit être donné par les consuls au ministère des affaires étrangères de chaque prestation de serment, afin que l'on puisse en tenir note dans un registre *ad hoc* du ministère (3).

Enfin les chefs de district doivent faire connaître au ministère la signature des vice-consuls et des pro-consuls ou de ceux qui en remplissent les fonctions, pour lui servir de règle quand il s'agit de la légaliser (4).

(1) Art. 3 des instruct. ministér. en 27 art. du 12 janvier 1816.
(2) Art. 26 § 4 du régl. cons. de 1835. (3) Art. 27 ibid. (4) Circul.
89 du 20 janvier 1844.

LIVRE 1ᵉʳ — CHAPITRE 7.

ALLOCATIONS, APPOINTEMENTS, REVENUS CASUELS, INDEMNI-
TÉS ACCORDÉES AUX OFFICIERS CONSULAIRES.

§ 51. *Comment les officiers consulaires sont récompensés
de leurs services.*

Les officiers consulaires des deux catégories sont rému-
nérés de leurs services de différentes manières, c'est-à-dire
par des allocations, des appointements et par les revenus
casuels de chaque consulat.

Les allocations sont assignées aux chefs de division et de
district dans le Levant et en Afrique, et aux chefs de division, dans les autres pays.

Les appointements sont la rénumération des officiers subalternes de la première et de la seconde catégorie, munis
d'une nomination royale.

Les revenus casuels, se composant des droits de navigation et de chancellerie perçus dans les consulats, sont la
seule rétribution des consuls hors du Levant et d'Afrique,
ainsi que des pro-consuls, de presque tous vice-consuls de la
2ᵐᵉ catégorie et des chanceliers.

Les officiers consulaires avec allocations ou appointements
participent au casuel dans certaines proportions (1), ainsi
qu'on le verra ci-après (2).

(1) Art. 41 et 65. § 1 du régl. cons. de 1835. (2) § 54 *infrà.*

§ 52. *Ce que sont l'allocation, l'appointement et le casuel.*

L'allocation est une somme d'argent, plus ou moins considérable, allouée à un officier consulaire, moins en récom-
pense de ses services que comme un moyen de soutenir
dignement le *décorum* de sa charge (1).

L'appointement personnel est la somme attribuée aux officiers consulaires subalternes nommés par le Roi, autant pour les récompenser de leurs services, que pour soutenir le *decorum* de l'emploi (2).

Ainsi, en cas de retraite d'un employé, s'il s'agit des premiers, on n'a aucun égard à l'allocation et on l' assimile aux employés d'une autre administration à appointements fixes (3), tandis que pour les autres, l'appointement sert de règle pour leur pension de retraite (4).

Les revenus casuels sont les droits que les officiers consulaires perçoivent d'après les tarifs pour être récompensés en partie ou en totalité de leur travail, suivant qu'il s'agit d'officiers de la première ou de la seconde catégorie. Ces revenus ne sont pas plus comptés pour la liquidation de la retraite que les allocations (5).

(1) Art. 65, § 1 du régl. de 1835. (2) Art, 65 ibid. (3) Voyez *infrà* § 77. (4) Voyez *infrà* chapit. 10 de ce livre. (5) Voy. *infrà* § 77.

§ 53. *Quel est le mode de paiement des allocations et des appointements? Fonds qui servent au paiement des allocations, des appointements et des sommes remboursables. — Les attachés au consulat-général de Milan reçoivent leurs appointements du chef.*

Les appointements personnels et les allocations sont payés par trimestre et d'avance. Si par des motifs particuliers et extraordinaires, on est dans la nécessité de dépasser le montant de la somme revenant à l'employé pour le trimestre, le Roi se réserve d'y pourvoir moyennant une ordonnance qui est enregistrée au contrôle général (1).

Les allocations, appointements et remboursements des frais exigibles par leur nature, sont payés sur les fonds du ministère des affaires étrangères par la trésorerie de l'*Azienda* générale économique de l'extérieur ou pour le compte de celle-ci, par l'une des trésoreries provinciales des états de terre-ferme, au choix des officiers consulaires entre les mains de procureurs fondés, qu'ils choisissent à cet effet. La procuration doit être envoyée au ministère des affaires étrangères (2).

Les attachés au consulat-général de Milan reçoivent de leur chef, les appointements qui leur sont assignés, sans avoir besoin de nommer un procureur fondé (3).

(1) Art. 43 du régl de 1835. (2) Voy. modèle de procuration n° 4 et annexé à la circul. 52 du 27 octob. 1832 et RR. PP. du 17 déc. 1832. (3) Art. 17 du tableau des officiers consul. du 23 févr. 1825 et art. 44 du régl. de 1835.

§ 54. *Casuel revenant aux officiers consulaires. — Répartition du casuel entre les officiers consulaires de la première catégorie. — Répartition des droits perçus dans les pro-consulats. — Quotité revenant au trésor.*

Outre les allocations et les appointements fixés par l'article 41 du réglement de 1835, il est accordé aux officiers consulaires de la première catégorie et à ceux de la seconde, pour leur tenir lieu desdites allocations et appointements, une portion des droits qu'ils perçoivent en conformité des tarifs en vigueur, et dont la répartition se fait de la manière suivante :

1° Sur les sommes perçues par les chefs de district de la première catégorie, on prélève sur les droits consulaires et de chancellerie le 10 p. 0/0 qui est partagé par moitié entre le chef et l'employé faisant fonction de chancelier, et sur ceux de vice-consulat le 5 p. 0/0 qui appartient en égales portions aux attachés consulaires. Dans le cas où il n'y en aurait qu'un, tout lui appartiendrait sans partage.

Quant aux sommes perçues par les pro-consuls, ceux-ci retiennent en entier le droit de vice-consulat, plus le 10 p. 0/0 sur les droits de consulat et de chancellerie. Les chefs de district prélèvent en outre sur le total desdits droits de consulat et de chancellerie, le 5 p. 0/0 divisible en portions égales avec l'employé qui fait les fonctions de chancelier auprès d'eux.

L'attaché consulaire qui remplit les fonctions de chancelier, percevant déjà la quotité appartenant à celui-ci sur les
droits de consulat et de chancellerie, ne participe plus aux
revenus de vice-consulat, attribués en entier au pro-consul.

Le restant des droits appartient au trésor et se compose
comme il suit :

Le 90 p. 0/0 sur les droits de consulat et de chancellerie
perçus dans le chef-lieu de district ;

Le 95 p. 0/0 sur ceux de vice-consulat du même bureau
ou bien la totalité de ces droits dans le cas où il n'y aurait
pas d'attaché consulaire ;

Le 85 p. 0/0 sur les droits de consulat et de chancellerie
perçus par les pro-consuls.

Les chanceliers provisoires des pro-consuls, ainsi que
ceux des vice-consuls de la seconde catégorie, n'ont aucune
part dans la répartition des droits ; mais les officiers consulaires ci-dessus désignés doivent les rétribuer en raison de
leurs occupations (1).

(1) Art. 56, ** du régl. cons. de 1835.

§ 55. *Répartition des droits perçus dans les consulats de la seconde catégorie.*

La répartition des droits perçus dans les consulats de la
seconde catégorie s'opère de la manière suivante :

Dans tous ces consulats, à l'exception de ceux de Milan,
de Lyon et de Genève, les consuls-généraux et les consuls
ont le 80 p. 0/0 sur les droits de consulat, et le 40 p. 0/0
sur ceux de chancellerie perçus, soit dans le consulat, soit
dans les vice-consulats de leurs districts.

Le droit de vice-consulat appartient en entier au vice-
consul du lieu où il est perçu. Les vice-consuls, chefs d'arrondissement, perçoivent en outre le 10 p. 0/0 sur le droit
de consulat et le 20 p. 0/0 sur ceux de chancellerie perçus
dans leurs bureaux respectifs.

Les chanceliers des chefs-lieux de district ont le 40 p. 0/0 sur les droits de chancellerie perçus auxdits chefs-lieux et le 30 p. 0/0 des mêmes droits perçus dans les chefs-lieux d'arrondissement de leurs districts.

Le trésor prend le 20 p. 0/0 sur les droits de chancellerie et de consulat perçus au chef-lieu de district, et le 10 p. 0/0 sur les droits de consulat et de chancellerie perçus dans les chefs-lieux d'arrondissement (1).

Aux consulats de Milan, de Genève et de Lyon, la répartition des droits se fait de la manière suivante :

Pour le consulat-général de Milan il est attribué :

1° Au consul-général, le 80 p. 0/0.

2° Au vice-consul, le 5 p. 0/0.

3° Au 1er commis, le 3 p. 0/0.

4° Au 2e   id.   2 p. 0/0.

5° Au trésor, 10 p. 0/0.

Enfin, les consuls de Lyon et de Genève perçoivent le 80 p. 0/0 ; leur vice-consul-chancelier le 10 p. 0/0 ; le trésor le 10 p. 0/0 (2).

(1) Art. 57 du régl. consul. de 1835. (2) Art. 58 idem.

§ 56. *Répartition des droits consulaires pour les procès criminels.*

Les officiers consulaires des deux catégories jouissent encore de la totalité des droits établis par le tarif du 5 août 1818 pour les procès criminels ; et chacun dans les proportions indiquées par le tarif lui-même (1).

(1) Tarif pour les procès criminels du 5 août 1818. Voy. le tabl. 5.

§ 57. *Époque à laquelle les allocations et le casuel commencent à courir.*

Les allocations commencent à courir du jour où l'officier consulaire entre en fonctions, et cessent en même temps que celles-ci (1) : une absence temporaire n'entraîne pas la perte totale des allocations, mais seulement la cession à faire en faveur du gérant d'une portion de ces mêmes allocations (2).

Le revenu casuel est réglé par la même loi. Il en est ici de même que pour les allocations ; ce n'est pas autant à cause de leur qualité que les consuls et les autres officiers consulaires ont droit à ce revenu, mais bien à cause de l'exercice de leurs fonctions (3).

L'officier consulaire n'est censé entré en fonctions que du moment où il a obtenu du gouvernement près duquel il doit résider, son *exequatur*, c'est-à-dire la faculté de les exercer. Il perd en tout ou en partie le droit au revenu casuel, selon qu'il quitte entièrement ou qu'il suspend seulement ses fonctions. Tel est le sens des réglements consulaires sur ce point, qui n'a jamais été entendu autrement par l'autorité supérieure (4).

(1) Art. 12 du régl. consul. de 1835. (2) § 72 *infrà*. (3) §§ 51 , 52, 53 *infrà*. (4) Voy. lettre du ministère des affaires étrangères à un consul, du mois de juillet 1837.

§. 58. *Les appointements commencent à courir du jour de la nomination.*

Les appointements, au contraire , étant assignés à l'officier consulaire, plutôt à cause de la qualité dont il est revêtu que pour son travail journalier, il a droit de les percevoir dès le moment de sa nomination ; c'est ainsi que le veut l'art. 2 du tableau des officiers consulaires du 23 février 1825 conçu en ces termes : « Les appointements personnels commencent à courir du jour de la nomination de l'officier consulaire , à moins qu'il en soit ordonné autrement. » Cette disposition n'a pas été abrogée par le nouveau réglement de 1835 ; on peut donc la considérer comme étant toujours en vigueur.

Le même article ajoute : « Que les appointements sont payés même en cas d'absence du poste par congé ou par tout autre motif, sauf le cas de suspension , et celui où il en serait autrement ordonné d'une manière expresse (1) ; mais cette seconde partie de l'art. 2 précité a été changée pour ce qui concerne le cas de congé, ainsi qu'il sera expliqué plus bas (2).

(1) Circulaire 41, § 5 du 31 janvier 1825. (2) Voy. § 73 *infrà*.

§ 59. *Le gouvernement accorde aux officiers consulaires de la première catégorie nommés par le Roi, une somme pour les frais de leur uniforme.*

Outre les allocations ou les appointements et la participation aux droits consulaires, il est accordé à l'employé consulaire de la première catégorie, à l'occasion de sa nomination, et suivant son grade, une somme déterminée (1) qui lui sert d'indemnité pour les frais d'achat de son uniforme, ainsi qu'il est établi par l'art. 39 du réglement de 1835 et le modèle y relatif (2).

En cas d'avancement, on tient compte seulement de la différence existant entre la somme reçue précédemment et celle qui est fixée pour le grade supérieur (3).

(1) Voyez régl. consul. de 1835 *infine*. (2) Voyez le tableau 7. (3) Art. 45 du régl. de 1835.

§ 60. *Le gouvernement accorde aussi aux officiers consulaires de la première catégorie des indemnités pour les frais de voyage.*

Le trésor supporte également les frais de voyage faits par l'officier consulaire de la première catégorie, nommé par le Roi, pour se rendre à son poste ou pour en revenir lorsqu'il est rappelé ; mais les officiers consulaires payent eux-mêmes ces frais lorsqu'il s'agit de congé.

Le transport des meubles est toujours à la charge des officiers consulaires.

Les officiers consulaires de la seconde catégorie ne participent pas à ces avantages, à moins de circonstances particulières pour lesquelles le Roi , sur la proposition du ministre des affaires étrangères , se réserve d'autoriser ce dernier à accorder une indemnité pour lesdites dépenses (1).

(1) Art. 48 du régl. de 1835.

§ 61. *Il est accordé aux chefs de division et de district de la première catégorie une somme pour les frais de premier établissement.*

Pour faire face aux frais de premier établissement , il est accordé aux consuls-généraux , aux consuls et aux vice-consuls chefs de district de la première catégorie une somme proportionnée à leur grade respectif (1).

L'officier consulaire qui reçoit une allocation pour les frais de premier établissement, en est redevable pendant dix ans sous la déduction d'un dixième pour chaque année ; en cas de réglement de compte avant que les dix ans soient écoulés, six mois accomplis sont considérés comme une année entière , et réciproquement on ne tient aucun compte des six mois non accomplis.

Les dix ans dont il vient d'être question, commencent à courir du jour de l'arrivée du titulaire au lieu de sa résidence (2) , c'est-à-dire du jour où l'allocation commence également à courir (3).

Les officiers consulaires subalternes attachés au chef-lieu de district ont droit au logement et à la nourriture dans la maison consulaire , ainsi qu'il est spécifié dans le chapitre ci-après.

(1) *Nota.* Cette somme est payée au titulaire au moment de sa nomination, afin qu'il ait le temps de pourvoir à son établissement. Voyez art. 12 du tableau des officiers consulaires du 23 février 1825. Voyez en outre le régl. de 1835 *in fine*. (2) Art. 46 du régl. de 1835 et §§ 1, 2, 3, dudit tableau. (3) Art. 12 *ibid*, et §§ 57, 58 *infrà*.

LIVRE Ier — CHAPITRE 8.

CHARGES ET DÉPENSES DES CONSULS.

§ 62. *Les consuls de la première catégorie sont tenus de loger et de nourrir les officiers consulaires subalternes attachés à leur consulat.*

Moyennant les allocations assignées par les réglements les consuls-généraux, consuls et vice-consuls chefs de district de la première catégorie, sont obligés de se procurer, à leurs frais (1), une maison décente et suffisante pour loger les vice-consuls et les attachés consulaires que le gouvernement leur adjoint.

Les chefs sus-indiqués doivent fournir en outre à ces employés, la nourriture, l'éclairage et le chauffage.

Cependant, s'il y en avait plus de deux dans les consulats-généraux et dans les consulats, et plus d'un dans les vice-consulats, les titulaires, soumis à ces dépenses, auraient droit à une indemnité de 900 fr. par chaque employé en sus du nombre prescrit.

Ces avantages sont personnels à chacun des officiers consulaires subalternes appelés à en jouir, et ne peuvent s'étendre à leurs familles. Ainsi dans le cas où l'un d'eux serait marié et ne pourrait en profiter, son supérieur devrait lui accorder une indemnité de 900 fr. par an, dont le paiement serait suspendu chaque fois que l'officier consulaire irait en congé.

Excepté le cas de mariage, l'officier subalterne doit toujours demeurer dans la maison du chef (2).

(1) A Tanger la maison appartient au gouvernement, mais le consul lui en paye le loyer ; il en est de même à Tunis. (2) Art. 53 du régl. de 1835 et art. 6 et 7 du tableau des officiers consul. du 23 février 1825.

§ 63. *La maison consulaire dans les consulats de la première catégorie doit avoir, dans certains cas, un local pour une chapelle et toujours un local pour la chancellerie et un pour la prison.*

La maison consulaire, dans les pays où il n'y a pas d'église catholique publique, doit avoir un local convenable pour y établir une chapelle consacrée à l'exercice de notre sainte religion (1), à l'usage des officiers consulaires et des sujets sardes établis ou de passage dans la résidence. Il y aura aussi un local exclusivement destiné à la chancellerie, et un autre qui pourra, au besoin, servir de prison.

« Dans les pays où il n'y a pas une église catholique publique, les officiers consulaires chefs auront soin que le service divin soit célébré tous les jours de fête dans la chapelle consulaire. Ils devront y assister avec leurs subalternes et tâcher d'y faire aussi intervenir les sujets du Roi y domiciliés ou de passage (2). »

(1) Presque partout il y a maintenant une église catholique publique. (2) Circul. 5 S. P.

§ 64. *Les frais de la chapelle sont à la charge des consuls.—Les frais de bureau sont à la charge des consuls dans la première et dans la seconde catégorie. — Le personnel de la chancellerie dans la seconde catégorie, est à la charge des chanceliers. — Matériel de chancellerie que les consuls fournissent aux pro-consuls et aux vice-consuls chefs d'arrondissement.*

Les dépenses qui ont lieu pour l'exercice du culte catholique, sont à la charge des consuls auxquels on donne à cet effet les ornements d'église nécessaires.

Si cependant les consuls ne pouvaient pas faire célébrer les offices divins sans entretenir expressément un prêtre auprès d'eux, sur la proposition qui en serait faite au Roi, par le ministre des affaires étrangères, des dispositions seraient prises pour alléger, en partie, les consuls des dépenses qu'ils auraient à supporter à cet égard (1).

Outre le local pour la chancellerie, les chefs ont encore à leur charge les frais de bureau, tels que registres, papiers de toutes sortes, éclairage, encre, etc. (2).

Quant au travail de la chancellerie, lorsqu'il s'agit d'un consulat de la première catégorie, si les employés du gouvernement n'y suffisent pas, le consul n'a qu'à lui en demander un plus grand nombre; dans les autres consulats, si le chancelier ne suffit pas, c'est à lui à se procurer, à ses frais, et du consentement ou par l'ordre de son chef, un nombre suffisant de collaborateurs (3).

Le consul fournit à ses frais aux pro-consuls et aux vice-consuls les registres et les imprimés pour les états trimestriels voulus par les règlements et les autres objets qui exigent uniformité (4). Les cachets sont fournis par le gouvernement.

(1) Art. 55 du régl. de 1835 et art. 15 et 16 du tableau déjà cité du 23 février 1825. (2) Art. 9 du tarif de 1825. (3) Art. 9 ibid. et art. 51, § 2 du régl. consul. de 1835. (4) Art. 10 du tarif de 1825.

§ 65. *Les frais de commission pour retirer les appointements et les allocations sont à la charge des officiers consulaires. — A charge de qui sont les frais pour l'achat du pavillon et de l'écusson.*

Les frais de commission et de change relatifs aux appointements personnels et aux allocations, sont à la charge des officiers consulaires (1).

La dépense pour l'achat du pavillon, dans les localités, où il est permis de l'arborer sur les maisons consulaires, est pour la première fois remboursé par le trésor; mais celle de son entretien est laissée à la charge des consuls (2). Il ne résulte d'aucun règlement que le gouvernement paye les frais de l'écusson que les consuls tiennent au-dessus de de leur porte.

(1) Art. 49 du régl. de 1835 et § 6 *in principio*. (2) Art. 52 du régl. de 1835 et §§ 91, 110 *infrà*.

§ 66. *Conservation de tous les objets appartenant à la chancellerie.*

Les consuls sont obligés de conserver et de transmettre à leurs successeurs les RR. PP. , les réglements, les instructions consulaires, les timbres du consulat, et tout ce qui appartient à la chancellerie (1).

(1) Art. 9 du régl. consul. de 1815 et § 181 *infrà.* Voyez aussi le § précédent.

§ 67. *Les biens des chefs de consulats sont sujets à hypothèque en faveur du trésor.*

Enfin les biens de toute nature, appartenant aux employés consulaires, chefs ou régents d'un consulat, et particulièrement les meubles et effets constituant leur établissement consulaire sont soumis à un privilége en faveur du trésor pour cautionnement des créances que l'Etat aurait envers eux à la suite de la perception des droits faite par eux pour compte du trésor, et de l'allocation qui leur aurait été faite pour les dépenses de premier établissement (1).

(1) Art. 47 du régl. de 1835 et chap. 4, liv. 3, titre 22 du code civil.

§. 68. *Quels sont les frais remboursables aux consuls par le trésor ?—Appointements des drogmans.—Appointements des attachés au consulat-général de Milan. —Secours donnés aux indigents.—Subsides et aumônes donnés aux églises.—Frais de commission et de change pour quelques dépenses.*

Les frais remboursables aux chefs de district sont,

1° Ceux de poste de leurs bureaux et des bureaux qui en dépendent ;

2° Les appointements que les chefs de district de la première catégorie payent aux drogmans, gardes et autres employés du consulat :

3° Les appointements des attachés au consulat-général de Milan ;

4° Les secours donnés aux indigents, les subsides et aumônes donnés aux églises catholiques, particulièrement en Afrique et dans le Levant ; enfin toutes les dépenses qui auront été autorisées par le ministère des affaires étrangères et auxquels les officiers consulaires, disent les règlements, *doivent apporter la plus grande économie* (1) ;

5° Les frais de commission et de change pour retirer le montant des dépenses remboursables, et pour transmettre au trésor sa part des revenus, sont à la charge de ce dernier (2).

(1) Art. 49 n° 4 du régl. cons. de 1835 et §§ 351 à 354. (2) Art. 49 n° 6 du régl. cons. de 1835.

§ 69. *Les dépenses non autorisées ne sont pas remboursables. — Présents aux princes de Barbarie.*

Toutes les dépenses faites par les consuls qui n'auraient pas été autorisées, comme il est dit ci-dessus, ne leur seraient pas remboursées : ainsi les présents que les consuls feraient maintenant aux membres du gouvernement, employés et officiers du palais en Barbarie, et dans les pays sujets de la Sublime-Porte, sans y être autorisés, demeureraient à leur charge, ces cadeaux ayant été supprimés (1).

(1) Art. 94 *infrà*, et art. 55, § 1 du régl. consul. de 1835. *Nota.* On sait que les présents qu'on faisait autrefois à l'occasion de la nomination d'un consul, ont été supprimés par des traités. Dans ce § il est donc plus particulièrement question de ceux que les consuls voudraient faire aux employés à l'occasion des fêtes turques, de visites, etc.

§ 70. *Les étrennes qu'un consul donnerait aux drogmans sans autorisation, ne pourraient lui être remboursées.*

Les étrennes, que dans certains pays et dans quelques circonstances les consuls étaient habitués à donner aux drogmans et aux gardes, ayant aussi été abolies, les consuls ne pourront plus en être remboursés dans le cas où ils continueraient à les donner.

Ces étrennes sont maintenant remplacées par un supplément de solde dans la mesure que le ministre des affaires étrangères juge convenable (1).

Les appointements des drogmans et des gardes sont réglés suivant les usages locaux suivis par les autres consulats étrangers (2).

Art. 55, § 2 du régl. de 1835. (2) Art. 9 du tableau des officiers consul. du 23 février 1825.

LIVRE Ier — CHAPITRE 9.

VACANCE DES CONSULATS, RÉPARTITION DES ÉMOLUMENTS CONSULAIRES EN CAS DE VACANCE.

§ 71. Comment les consulats peuvent-ils devenir vacants?

Un chef-lieu de district peut devenir vacant, soit temporairement pour cause de congé ou de suspension du titulaire, soit définitivement pour changement de poste ou par suite de mort ou de destitution ; toutes ces circonstances peuvent donner lieu à une régence.

Le surcroît de travail et de dépense qui pèse alors sur le gérant, donne lieu, en sa faveur, à une augmentation de rétribution qui est à la charge, ou du titulaire, ou du gouvernement, suivant qu'il s'agit d'une vacance temporaire ou définitive.

§ 72. *Si un consulat est devenu vacant pour cause de congé du titulaire, comment se fait la répartition du casuel lui revenant ?*

Voici les dispositions des réglements concernant ce premier cas de vacance d'un consulat :

1° Toutes les fois qu'un chef de division ou un chef de district quitte temporairement son poste, même pour très peu de temps, à la suite d'un congé obtenu (1), le quart des droits de consulat et de chancellerie qui lui appartiendrait doit être cédé par lui à la personne qui le représente jusqu'à son retour. Dans le cas d'une longue absence, bien qu'elle n'excède pas la durée du congé, le chef absent supporte encore les réductions suivantes, dont le montant appartient au trésor.

Les consuls d'Italie, des îles de la Méditerranée, des côtes de France et d'Espagne, après trois mois de congé, perdent un quart et après quatre mois un autre quart, par conséquent la moitié des produits, indépendamment de la portion appartenant au gérant.

Les consuls des côtes de Portugal et des côtes occidentales de France et d'Espagne, des côtes d'Angleterre, de Hollande, de la mer Baltique, de la mer Noire, et des îles de l'Océan, perdent après quatre mois un quart, après six mois la moitié.

Enfin les consuls de la première catégorie perdent après cinq mois un quart, après huit mois la moitié ; et ceux d'Amérique, après six mois un quart, et après un an la moitié (2).

(1) L'absence ou vacance temporaire pouvant aussi avoir lieu ainsi qu'il a été dit au § précédent pour cause de suspension du titulaire, en ce cas le ministre détermine la part revenant au gérant suivant le § 73 *infrà*. (2) Voyez art. 61 du régl. consul. de 1833.

§ 73. *Répartition des allocations et des appointements en cas de congé.*

L'officier consulaire, pourvu d'une allocation personnelle

ou locale, se trouvant en congé, n'en perçoit que la moitié
pendant ce congé : l'autre moitié appartient au trésor ou à la
personne qui remplit les fonctions de l'officier consulaire
absent. Si celui-ci est chef d'un consulat, il doit en outre
laisser, sans aucune rétribution, à la personne qui le rem-
place, s'il s'agit d'un chef-lieu de la première catégorie,
l'usage de la maison consulaire, d'un mobilier suffisant et
un local décent pour la chancellerie, s'il s'agit d'un consulat de la deuxième catégorie.

Après six mois, l'employé consulaire absent perd un
autre quart de son allocation, qui reste dévolu au trésor (1).

(1) Art. 62, § 1 et 2 du régl. cons. de 1835.

§ 74. *L'officier consulaire absent de son poste depuis plus
de deux ans ne peut jouir de plus de 2,/m l. n. d'allocation.*

Aucun officier consulaire, quel que soit son grade, et
pour quelque cause que ce soit, ne peut jouir d'une
allocation supérieure à 2000 l. n. sur le trésor, excepté
e cas de sa retraite et celui où son absence serait motivée
par quelque commission particulière dont il aurait été
chargé par M. le ministre des affaires étrangères (1).

(1) Art. 62, § 3 du régl. consul. de 1835.

§ 75. *Répartition des allocations en cas de vacance
définitive.*

Le gérant d'un consulat définitivement vacant, indépendamment de ses émoluments personnels, s'il en jouit, a
droit à une portion de l'allocation appartenant au titulaire.
Cette portion est de la moitié ou des deux tiers, selon qu'il
en est décidé par le ministre des affaires étrangères. S'il
s'agit de consulats-généraux de la première catégorie, l'allocation peut être accordée pour la somme entière, quand
des circonstances particulières l'exigent(1).

(1) Art. 64 du régl. consul. des 1835.

§ 76. *Allocation pour les frais de premier établissement en cas de régence.—Vacance d'un poste subalterne.*

1° Dans le cas où un consul serait désigné pour gérer un consulat-général, ou un vice-consul de première classe, un consulat-général ou un consulat, ils ne recevraient pour les frais de premier établissement, que la somme assignée à leur grade et non celle qui appartiendrait au titulaire lui-même.

2° Si le gérant est un vice-consul de seconde ou de troisième classe ou un attaché consulaire, le ministre a la faculté de lui faire allouer, à titre de premier établissement, la somme qu'il juge convenable, laquelle somme ne peut être au-dessous de la moitié ni au-dessus des deux tiers de celle qui aurait été comptée au titulaire ;

3° Si la régence ne dure pas plus d'un an, le gérant doit rendre la somme qui lui aura été accordée à titre de premier établissement, sous la déduction d'un tiers, qui est retenu par lui en compensation de la perte qu'il peut éprouver dans la vente des meubles ;

4° Si la régence cesse par la nomination définitive du gérant au poste qu'il occupait provisoirement, on lui accorde un supplément qui, joint à la somme reçue, corresponde à l'entière allocation du premier établissement, lui appartenant dans sa nouvelle position. Quand il s'agit de règlement de compte, la durée de cette allocation compte du jour où la régence a commencé (1).

En cas de vacance d'un poste subalterne, les émoluments appartiennent par moitié au trésor avec augmentation d'un quart en conformité du § 73 *infrà*, et le casuel est en totalité dévolu à celui qui représente l'officier consulaire absent (2).

(1) Art. 46 du régl. consul. de 1833, n° 4 à 7. (2) circ. 58 du 5 septembre 1835.

LIVRE Ier — CHAPITRE 10.

DES PENSIONS DE RETRAITE.

§ 77. *Quel est le montant de la pension de retraite à laquelle ont droit les officiers consulaires des deux catégories?*

Tous les employés consulaires de la première catégorie, nommés par le Roi, les consuls-généraux de la seconde catégorie, jouissant d'une allocation, et les vice-consuls de cette catégorie, nommés par le Roi, ont droit, après un certain temps de service, à une pension de retraite proportionnée à leur grade et calculée sur les bases suivantes :

Les agents et consuls-généraux de la première catégorie sont assimilés aux autres employés civils jouissant de 6000 l. n. d'appointement, les consuls de la première, aux employés, de 4000 l. n.

Les vice-consuls de première classe sont assimilés aux employés de 3000 l. n.

Les consuls-généraux de la seconde catégorie, jouissant d'une allocation, sont assimilés aux consuls de la première (1).

(1) Art. 65 du régl. de 1835. § 1 à 4.

§ 78. *Suite au § précédent.*

Les consuls-généraux de la seconde catégorie qui ont joui antérieurement à 1835, d'une allocation de représentation et d'un appointement personnel, et qui ne sont pas compris dans le paragraphe précédent, c'est-à-dire ceux auxquels ces avantages ont été supprimés, sont considérés comme les consuls de la première catégorie (1)

(1) Art. 65, § 5 du régl. de 1835

§ 79. *Suite aux deux § précédents.*

Les consuls de la seconde catégorie se trouvant dans le cas mentionné au dernier alinéa du § précédent, sont assimilés aux vice-consuls de la première catégorie. Les autres n'ont droit à aucune pension de retraite.

Quant aux vice-consuls de la seconde et de la troisième classes, aux attachés consulaires et aux vice-consuls de la seconde catégorie, nommés par le Roi (1), qui ont joui jusqu'au 23 juillet 1835 ou jouissent actuellement d'un émolument personnel, cet émolument sert de règle pour leur pension de retraite en conformité, pour ce qui est de la durée de leur service, des dispositions contenues dans le R. Brevet du 21 février 1835 (2).

(1) Sont nommés par le Roi les vice-consuls de la seconde catégorie qui jouissent d'un appointement personnel. Voyez Art. 23, § 5 du régl. de 1835, et § 44 *infrà*. (2) § 8, art. 65 du régl. de 1835.

§ 80. *Suite aux §§ précédents.*

Les délégués consulaires, quoique jouissant d'une allocation égale à celle d'un vice-consul de première classe, n'en ayant pas le titre, n'ont droit qu'à la pension de retraite assignée à leur grade.

Enfin, pour les officiers consulaires qui réunissant deux qualités, jouissent en même temps de deux émoluments ou allocations, le plus élevé des deux sert de règle pour déterminer leur pension de retraite (1). Les autres officiers consulaires n'ont droit à aucune pension de retraite.

(1) Art. 65 §§ 9 et 10 du régl. de 1835.

LIVRE SECOND.

PRIVILÉGES CONSULAIRES

CHAPITRE 1er

PRIVILÉGES ACCORDÉS AUX CONSULS SARDES PAR LE GOUVERNEMENT DU ROI.

§ 81. *Les officiers consulaires portent, chacun, l'uniforme de leur grade.*

Des marques de distinction et des priviléges sont accordés aux officiers consulaires à l'étranger, et notamment aux chefs de district, par leur gouvernement et par ceux près desquels ils sont appelés à exercer leurs fonctions. Les priviléges accordés aux consuls par leur gouvernement, sont déterminés par les réglements consulaires ou par l'usage; ceux accordés par les gouvernements étrangers sont basés sur l'usage ainsi que sur les traités.

En vertu des réglements sardes qui les concernent, tous les officiers consulaires ont le droit de porter l'uniforme assigné à chaque grade, ainsi qu'il est indiqué par les modèles (1), et de le revêtir dans les circonstances solennelles, suivant l'usage reçu dans les pays de leur résidence.

Les drogmans peuvent porter le costume oriental (2).

(1) Régl. de 1835, annexe E et tableau 7 *infrà* suivi de l'explication. (2) Art. 15 des RR. PP. de 1816, et § 33 *infrà*.

§ 82. *Les officiers consulaires ont le droit d'être salués par des coups de canon à l'occasion de leurs visites à bord des navires de guerre du Roi.*

Lorsque les officiers consulaires vont faire quelque visite à bord des navires de guerre du Roi, ils y sont, à leur arrivée et à leur départ, salués, les consuls-généraux, de sept coups de canon, les consuls de cinq et les vice-consuls de trois (1).

(1) Art. 41 du régl. consul. de 1835, et § 366 *infrà*. *Nota.* Les vapeurs et ensuite les autres navires, s'ils entrent dans les ports, sont ordinairement dispensés du salut, soit aux consuls soit à la place : les premiers à cause du dommage qui en résulte pour les machines, les autres à cause de la proximité des autres navires (*a*).

(*a*) §§ 362 et 368 *infrà*.

§ 83. *Les officiers consulaires ne sont pas soumis à la charge de la tutelle.—Les chefs sont reçus par le Roi. — Ils sont accompagnés avec une certaine pompe à la dernière demeure.*

Les officiers consulaires sont dispensés de la charge de la tutelle; il en est de même de toute personne obligée de résider en pays étranger pour le service du Roi (1).

Les chefs de district ont ordinairement l'honneur, à leur arrivée ou à leur départ de la capitale, d'être admis à présenter leurs hommages au Roi, les jours d'audience publique.

Enfin, à la mort d'un consul, son cercueil est accompagné, à la dernière demeure, par les officiers subalternes du consulat en uniforme; par les principaux nationaux résidant dans l'échelle (dans les pays du Levant et de Barbarie), et par ses collègues étrangers. Les bâtiments de sa nation mettent, en cette circonstance, les vergues en pantenne en signe de deuil (2).

(1) Art. 288 du code civil. (2) Voyez §§ 109 et 532 *infrà*.

LIVRE 2ᵉ — CHAPITRE 2.

PRIVILÉGES ACCORDÉS AUX CONSULS EN PAYS ÉTRANGERS, ET EN PREMIER LIEU DANS LE LEVANT ET EN BARBARIE.

---

§ 84. *Considérations générales.*

Les prérogatives et les priviléges dont jouissent, dans le lieu de leur résidence, les consuls à l'étranger, sont déterminés comme il a été dit plus haut (1), par les traités ou par l'usage. Quelquefois les traités ne font pas une mention spéciale des prérogatives et des priviléges consulaires, et s'en réfèrent simplement à ce qui a été convenu à ce sujet par d'autres nations ou par une des parties contractantes avec une ou plusieurs autres puissances ; s'il n'y a pas de traités, les consuls sont censés être reçus sur le même pied que ceux des autres nations qui se trouvent dans le même cas, c'est-à-dire qui n'ont pas de traités à invoquer (2).

(1) § 81 *infrà*. (2) Art. 129 du régl. consul. de 1815.

§ 85. *Les consuls, résidant dans le Levant et en Barbarie, jouissent de priviléges plus étendus que ceux résidant dans les autres pays.*

Pour bien apprécier les priviléges, les droits et les prérogatives, dont les consuls jouissent à l'étranger, il faut encore faire une distinction entre les consuls résidant dans les échelles du Levant et de Barbarie, et ceux qui résident dans d'autres pays : les premiers jouissent de priviléges bien plus étendus, et sous ce rapport on ne fait, dans les pays de leur résidence, aucune différence entre eux et les agents diplomatiques, tellement que dans les traités avec la Porte ottomane, les consuls sont toujours assimilés, à cet égard, aux ministres et aux ambassadeurs (1).

(1) Art. 22 du traité entre la France et la Porte du 20 mai 1604 et autres. Il en est de même en Chine et aux Iles Sandwich.

§ 86. *Remarques sur les priviléges accordés aux consuls dans les autres pays.*

Dans les autres pays on n'accorde aux consuls que les priviléges et les prérogatives nécessaires à l'exercice de leurs fonctions, et qui doivent leur assurer les égards toujours dus à des agents d'une puissance étrangère qu'on a agréés volontairement. Si cependant un de ces consuls avait aussi la qualité d'agent diplomatique, il jouirait des priviléges attachés à cette qualité, qui sont ceux des ministres de troisième classe (1).

(1) Art. 182. Kluber, *Droit des Gens moderne*, et § 99 *infra*.

§ 87. *Traités qui assurent des priviléges aux consuls sardes, résidant dans le Levant et en Barbarie.*

Les traités de la Sardaigne avec les puissances du Levant et de Barbarie, ne font pas une mention spéciale de chacun des priviléges, dont les officiers consulaires sardes ont droit de jouir dans ces pays; mais ils leur assurent ceux qui ont été ou seront accordés aux consuls des autres nations amies ou les plus favorisées (1).

Je vais maintenant énumérer ces priviléges en les réunissant sous le même point de vue, attendu qu'ils sont à peu près les mêmes dans les domaines de la Sublime-Porte, dans les états de l'empereur de Maroc et dans ceux du bey de Tunis.

(1) Art. 14 du traité avec la Porte de 1823, art. 2 du traité du 17 avril 1816 et art. 7 de celui du 22 février 1332, avec Tunis ; art. 3 du traité avec le Maroc du 30 juin 1825.

§ 88. *La personne des officiers consulaires est inviolable. — Il en est de même de leur maison. — Les contestations entre eux sont vidées, dans les domaines de la Porte, par les ambassadeurs respectifs à Constantinople. — Les consuls ne peuvent être arrêtés pour dettes ou pour crimes.*

Dans les pays du Levant et de Barbarie, les personnes du consul, des officiers consulaires subalternes et de tout individu attaché au service du consulat, sont inviolables et aucune d'elles ne peut être arrêtée sous un prétexte quelconque. La maison consulaire est également inviolable et les autorités du lieu n'ont aucun droit de s'y introduire, d'y apposer les scellés (1), ni de les séquestrer.

Si les consuls, résidant dans les domaines de la Sublime-Porte, ont quelques contestations entre eux, ils s'adressent, pour les vider, à leurs ambassadeurs à Constantinople (2). Dans les pays de Tunis et du Maroc, ils s'adressent à leurs gouvernements respectifs.

Si un consul contracte des dettes envers un indigène, le gouvernement local l'engage à payer, et en cas de refus il s'adresse au souverain du consul. Un consul ne saurait jamais être retenu prisonnier. Il en serait de même, s'il commettait un crime, ou bien s'il se rendait caution pour un de ses nationaux dans une circonstance quelconque.

(1) Art. 7 du traité entre le Maroc et l'Espagne, du 1er mars 1799, art. 19 (France et Porte), du 25 fév. 1597 : art. 10 (France et Maroc), du 17 sept. 1631 : art. 15 du traité de la Sardaigne avec le Maroc, du 30 juin 1825 ; art. 9, 20 du traité de la Grande-Bretagne avec Tunis, du 19 oct. 1751 : art. 17 (France et Tunis), du 9 nov. 1742 ; art. 20

id., du 29 nov. 1665 : art. 2 Angleterre et Maroc, du 8 avril 1791 :
art. 25, Angleterre et Turquie, du mois de sept. 1675 : art. 10 Danemarck et Turquie, du 4 oct. 1756 ; Russie et Turquie, 1783 :
France et Turquie, du 28 mai 1740. (2) Art. 52 du traité de la
France avec la Porte-Ottomane, de 1740.

§ 89. *Les consuls peuvent exercer dans leurs maisons, les pratiques de leur religion.*

Les consuls peuvent exercer chez eux les pratiques de
leur religion (1). Dans les principales échelles du Levant et
d'Afrique il y a maintenant des églises publiques desservies
et entretenues comme celles d'Europe, par les subventions
de la propagande et par les gouvernements d'Europe qui y
ont des consuls et des sujets catholiques.

(1) Art. 15 du traité entre la Sardaigne et le Maroc, du 30 juin
1825 : art. 2, Sardaigne et Tunis, 17 avril 1816 ; art. 18, France et
Tunis, 30 avril 1685 ; art. 15, id. id. 25 nov, 1665 ; art. 11, France
et Maroc, 28 mai 1767 ; art. 13, Espagne et Tunis, janvier 1791 :
Maroc et Espagne ; art. 12, 1er mars 1799 ; art. 8, Angleterre et Maroc, 28 juillet 1760 ; et art 4, 8 avril 1790.

§ 90. *Les officiers consulaires sont exempts des imposi- tions. Ils ne payent aucun droit pour leurs provisions.*

Les consuls sont affranchis et libres de tous tributs et impositions (1) de quelque espèce que ce soit, connus sous les
noms de karady (2), karatch (3), baz (4), cassabié, tchactf,
ourfé (5), etc.

Les provisions des consuls sont exemptes des droits de
douane et ils peuvent faire du vin chez eux ou en faire
venir du dehors pour l'usage de leur famille sans payer aucun droit (6).

(1) Traité de la France avec le Maroc, art. 11 du 25 mai 1767 :
art. 59, Angleterre et Porte, sept. 1675 : Angleterre et Maroc, art. 2,
8 avril 1791 ; (2) France et Porte, art. 77, 28 mai 1740 ; Danemark
et Porte, du 14 oct. 1814. (3) Art. 34, déc. 1680, Hollande et
Porte. (4) Art. 12, Sardaigne et Porte, 1823. (5) Art. 50, Russie
et Porte, 1783. (6) Art. 17, Tunis et Etats-Unis, août 1797 ; Sar-

daigne et Tunis, art. 18, 17 avril 1816; Porte et Hollande, 1680, art. 56; France et Porte, 28 mai 1740, art. 54; Angleterre et Porte, 1575, art. 29; France et Maroc, art. 11, 28 mai 1767; France et Tunis, art. 23; 30 août, 1685; Espagne et Maroc, art. 7, 1er mars 1799; Espagne et Tunis, art. 18, janv. 1791; Angleterre et Maroc, art. 2, 8 avril 1791: France et Porte, art. 40, 28 mai 1740.

§ 91. *Les consuls ont le droit de placer les armoiries et le pavillon de leur Souverain sur la maison consulaire. — A Maroc, l'empereur donne aux nouveaux consuls, un emplacement pour bâtir leur maison.*

Les consuls ont la faculté de placer les armoiries de leur Souverain et d'arborer le pavillon de leur nation à l'endroit usité de la maison consulaire (1) et de mettre le pavillon à la poupe de leur chaloupe, quand ils vont à bord des navires de leur nation (2).

A Maroc, l'empereur donne ordinairement au premier consul, qui est envoyé par une puissance étrangère, un emplacement pour bâtir une maison destinée à servir de demeure à lui et à ses successeurs (3). Cela a été même stipulé dans un traité avec l'Angleterre (4). A Tunis, la maison appartient au bey, mais on lui en paye le loyer.

(1) Art 15, Sardaigne et Maroc, 30 juin 1825; art. 15, Espagne et Tunis, janv. 1791; art 49, France et Porte, 28 mai 1740. (2) A Tunis, le consul sarde n'a que le pavillon; le consul de France, par exemple, a les armoiries dans le corridor de sa maison et le pavillon dehors. A Maroc, il n'y a que les consuls d'Espagne et de Portugal qui tiennent les armoiries. (3) Quelquefois même l'empereur donne une maison, comme cela a été pratiqué lorsque la Sardaigne a envoyé à Tanger son premier consul. (4) Art. 3, 4, 5, traité de l'Angleterre avec le Maroc, du 24 mai 1783.

§ 92. *Les consuls peuvent choisir tels drogmans, courtiers et domestiques qui leur conviennent. On accorde aussi des gardes aux consuls. — Les gardes sont payés et logés par les consuls.*

Les consuls peuvent employer tels drogmans (1), courtiers, interprètes qui leur plaisent, musulmans ou autres (2); il en est de même des domestiques (3) et tous, tant qu'ils restent au service des consuls, sont exempts des taxes, capitations et autres contributions (4) et leurs personnes sont respectées (5).

Pour la sûreté personnelle des consuls et de leur maison, on leur accorde un certain nombre de soldats du pays, qui restent tout-à-fait sous leur dépendance, et ne peuvent être inquiétés pendant tout le temps qu'ils sont employés par les consuls (6).

Ces soldats sont payés et logés par les consuls et s'ils manquent à leurs devoirs, ils sont sur la demande des consuls, punis par leurs supérieurs militaires. Les consuls peuvent les changer à leur gré (7).

(1) A Maroc, toute lettre adressée à l'empereur doit être écrite de la main d'un de ses sujets (2) Cependant ils ne peuvent pas être pris dans la classe des artisans, banquiers ou de quiconque qui tiendrait boutique ou fabrique dans les marchés publics ou qui prêterait la main aux affaires de cette nature; art. 9, Angleterre et Porte, 5 janv. 1809. (3) L'art. 47 du traité de 1740, entre la France et la Porte, limite à 15 le nombre des domestiques rayas exempts des impositions (4) Art. 2 et 4, Angleterre et Maroc, 8 avr. 1791; art. 28, Angleterre et Porte, sept. 1675; art. 43, 45, 46, 47, France et Porte, 28 mai 1740; art. 3, Espagne et Porte, 14 sept. 1782; art· 20, France et Tunis, 30 août 1685; art. 4, 23 fév. 1802, id.; art. 15, Espagne et Tunis, janv. 1791; Angleterre et Tunis, art. 2, 22 juin 1762. (5) art. 45, Angleterre et Porte, sept. 1675. (6) Art. 50, France et S.-Porte, 1740; art. 28, Angleterre et Porte, 1675; Franc et Tunis, art. 4, 23 fév. 1802, et §§ 230, 248 *infrà*. (7) Voy. note 4, v. 2, part. 2, liv. 2, pag. 791 du *Manuel des Consuls*, de M. de Miltitz, Londres, 1837-42.

§ 93. *Les consuls exercent une juridiction sur leurs nationaux.*

Enfin, les consuls ont sur les sujets de leur nation une juridiction absolue, qui n'est réglée que par les lois de leur pays (1).

(1) Voy. *infrà* aux §§ qui traitent de la juridiction consulaire.

§ 94. *Les présents qu'on faisait autrefois aux princes du Levant et de Barbarie, ont été supprimés.*

Autrefois dans tous les pays susindiqués, il était d'usage de faire des présents aux souverains et aux officiers du palais, toutes les fois qu'un nouveau consul arrivait; cela n'a plus lieu maintenant, et si un consul jugeait à propos d'en faire, il ne serait pas remboursé du prix (1).

Dans l'empire du Maroc, la Suède et le Danemarck, ont été les dernières Puissances à s'affranchir de ces dons ou tributs, car ce n'est qu'en février 1845 que ces deux pays s'en sont délivrés.

Cependant au Maroc quand un consul va rendre visite à l'empereur dans sa capitale, il est dans les convenances qu'il n'y aille pas sans de nombreux présents pour lui et pour les gens de sa cour.

(1) Voy. art. 4 du traité de la France avec Tunis du 8 août 1830 et avec Tripoli du 11 août de la même année, et § 69 *infrà.*

§ 95. *Il n'y a pas de préséance entre les consuls. — Dans les circonstances solennelles, si le cas l'exige, c'est le plus ancien ou le président élu par les consuls, qui porte la parole.*

Quelques Puisssances, notamment la France et l'Angleterre, avaient autrefois stipulé avec la Sublime-Porte et avec les Régences de Barbarie, le droit de préséance pour leurs consuls, sur ceux des autres nations. Parmi ces dernières, il en est plusieurs qui ont obtenu d'insérer dans les traités, la même prérogative en faveur de leurs consuls. Mais cette clause ne peut pas avoir une grande valeur, car la France et l'Angleterre qui semblent y attacher le plus d'importance et qui l'ont obtenue avant les autres nations, n'ont jamais été d'accord sur le point de savoir à qui appartiendrait le préséance, de manière que dans les circonstances solennelles, pour éviter toute discussion, les consuls de France et d'Angleterre ne se trouvent jamais en même temps en présence du Bey.

Ce n'est donc qu'à Tunis que l'on fait, entre les consuls, une différence, qui n'existe ni dans les autres états barbaresques, ni dans le Levant, ni en Europe. Ils sont tous égaux vis à vis du souverain ou des autorités locales ; lorsqu'ils se réunissent en corps dans quelque circonstance, c'est ordinairement le plus ancien, ou le président mensuel ou semainier (1), qui porte la parole, s'il y a lieu, au nom de tous ; ils n'observent par conséquent pas entre eux le rang de leur souverain, comme le prétendent quelques publicistes (2).

(1) Comme au Maroc. (2) Voy. nota (E), du § 173 du *Droit public de l'Europe*, par Kluber.

§ 96. *Quelle est la réception des consuls dans le Levant et en Barbarie?*

La réception que l'on fait aux consuls à leur arrivée et les honneurs qu'on leur accorde dans certaines circonstances sont à peu près les mêmes dans tous les pays du Levant et de Barbarie, et pour tous les consuls. Il serait difficile de préciser des choses aussi variables dans leurs détails, et c'est au consuls de s'en informer auprès du gérant du consulat, s'il y en a, ou bien auprès de ses collègues y résidant.

Je mentionnerai ici ce qui se pratique ordinairement à Tanger à l'arrivée d'un consul, renvoyant le lecteur aux §§ 117 à 119 *infrà*, pour ce qui concerne les autres pays du Levant et de Barbarie.

§ 97. *Réception d'un consul à son arrivée à Tanger.*

Dès que le chargé du consulat a eu connaissance de l'arrivée du consul, d'après l'avis que ce dernier est tenu de lui en donner (1), il en informe le président mensuel du corps consulaire, en lui faisant savoir l'heure à laquelle le nouveau consul descendra à terre ; le président en fait part aux autres consuls pour qu'ils viennent en uniforme le recevoir à la marine.

Si personne n'est déjà chargée du consulat, le président ne fait pas moins les mêmes démarches auprès de ses collègues, aussitôt qu'il a eu connaissance de l'arrivée du nouveau consul.

Le chargé du consulat ou le président donne également avis de l'arrivée au gouverneur de la place en lui faisant aussi connaître l'heure du débarquement, afin qu'il puisse faire rendre par les canons de la place, le salut fait par le bâtiment étranger au moment où le consul met le pied à terre (1).

Le consul est alors présenté par le chargé du consulat ou par le président aux autres consuls à la marine même, et ensuite tout le corps consulaire s'achemine avec le nouvel arrivé vers l'hôtel de la douane où se trouvent réunis, le gouverneur en second, les administrateurs de la douane, le capitaine du port, les autorités subalternes du lieu et quelques centaines de soldats ; après une courte visite le corps consulaire accompagne chez lui le nouveau consul et le jour suivant, celui-ci va rendre visite au pacha et à ses propres collègues (2).

(1) Le salut est ordinairement de 21 coups de canons, s'agissant d'un vaisseau de guerre ; et si le consul arrivait sur un navire de commerce il n'y aurait pas de salut, celui-ci étant dû au pavillon et non au consul : pour ce qui concerne le salut à Tunis, à Tripoli, voy. les traités du Danemarck avec ces deux puissances, des 8 décembre 1751, et 22 janvier 1752, et § 363 *infrà*. (2) Voy. en outre les §§ 117 à 119 *infrà*.

LIVRE 2ᵉ — CHAPITRE 3.

PRIVILÉGES ACCORDÉS AUX CONSULS DANS LES PAYS HORS DU LEVANT ET DE BARBARIE.

§ 98. *Quels sont les traités de la Sardaigne avec les Puissances étrangères hors du Levant et de Barbarie au sujet des priviléges consulaires?*

Outre les traités avec les Puissances barbaresques et du Levant, dont je viens de parler, la Sardaigne en a cinq avec d'autres nations où il est question du traitement des consuls sardes à l'étranger ; ce sont les traités avec les États-Unis d'Amérique du 26 novembre 1838, ratifié le 18 mars 1839, avec la république orientale de l'Uruguay du 29 octobre 1840, ratifié le 12 novembre 1842, avec les Deux-Siciles du 7 février 1846, avec la Russie du 12 décembre 1845, et avec la Prusse et le Zollverein du 24 juillet 1845. Comme presque tous les traités modernes de ce genre, celui avec les États-Unis n'énonce que d'une manière générale, les priviléges, pouvoirs et exemptions, dont les consuls respectifs sont appelés à jouir et se réfère à ceux dont jouissent les consuls des nations les plus favorisées. Le traité avec la république de l'Uruguay est plus explicite, en ce qu'il détermine la différence qui existe entre les consuls et les agents diplomatiques, et indique les fonctions principales que les premiers sont appelés à remplir (1), les traités avec la Prusse art. 16, avec la Russie art. 15 et avec les Deux-Siciles art. 12 ; portent qu'on leur accordera les priviléges et immunités qu'on accorde à ceux des nations les plus favorisées.

Deux traités avec la Grande-Bretagne, du 9 septembre 1669 et du 6 septembre 1841, font mention des consuls au sujet des successions et des naufrages ; quelques autres en parlent aussi à d'autres sujets, mais ils ne disent rien de leurs prérogatives.

(1) Art. 24 à 27, du traité avec l'Uruguay du 29 octobre 1840.

§ 99. *Rem...ques générales sur l'importance des privilèges des consuls que les réglements consulaires sardes appellent de seconde catégorie.*

La plus grande partie des traités, entre d'autres nations, où il est question des consuls, en parlent, comme je l'ai déjà fait remarquer (1), en termes tout à fait généraux (2) : cependant tous sont d'accord sur ce point, qu'en fait de priviléges, les consuls ne doivent pas être assimilés aux agents diplomatiques, mais qu'on doit leur accorder assez d'égards et de protection, pour qu'ils puissent remplir avec fruit, la mission dont ils sont chargés (3), ainsi qu'il sera dit ci-après. Quelques auteurs ont prétendu que les consuls devaient jouir des mêmes priviléges que les agents diplomatiques, d'autres leur ont même refusé ceux qui leur sont accordés par des traités et par l'usage : je ferai voir dans la suite ce que l'usage et les traités décident à cet égard, car ceux-ci me semblent fournir aux consuls les meilleurs moyens de connaître ce qui leur est dû.

(1) § Précédent. (2) Voy. tous les traités cités par MM. Bursotti et Miltitz, dans leurs manuels des consuls, imprimés à Naples en 1838 le 1er, et à Londres en 1839-42 le 2e. (3) Voy. décret de Charles III, roi d'Espagne, du 1er janv. ou du 1er fév. 1763, où les consuls sont qualifiés de simples agents de leur nation, art. 7 de l'ordonnance du roi d'Espagne, du 8 mai 1827, art. 9 du traité de la Grande-Bretagne avec le Portugal, du 19 février 1810, où il est dit que les consuls n'étant destinés qu'à faciliter les opérations commerciales de leur nation, ne doivent jouir que des priviléges, attachés à leurs fonctions, admis comme nécessaires pour remplir les devoirs de leurs places. Les instructions données par le gouvernement grec à ses

consuls désignent ceux-ci comme agents politiques , en ce sens qu'ils sont reconnus par le gouvernement qui les reçoit, comme officiers de celui qui les envoit , et les art. 24 , 25, 26, 27 du traité de la Sardaigne avec la république de l'Uruguay du 29 octobre 1840 , définit aussi en termes généraux quels sont les attributions et les priviléges des consuls respectifs. Voir édit. de Philippe IV, roi d'Espagne, du 26 fév. 1648, art. 42, au sujet des consuls des villes anséatiques, cité par M. Bursotti dans son *Manuel des Consuls*, et art. 43 de l'édition du 3 mai de la même année, concernant les mêmes villes, ibid. Dans ces édits il est dit : Non-seulement nous les confirmerons (les consuls de la Anse) de notre plein gré, mais nous les fortifierons de notre autorité, afin que nos officiers aient plus de respect et de considération pour eux, et qu'ils soient d'autant plus autorisés dans l'exercice de leurs fonctions.

§ 100. *Pourquoi on accorde moins de priviléges aux consuls d'Europe qu'à ceux du Levant et de Barbarie.*

Ce que je viens de dire, est tout simple : la justice chez les peuples civilisés, étant à peu près la même pour les étrangers que pour les indigènes , les fonctions des consuls n'ont pas la même importance que dans le Levant et en Barbarie ; par le même motif ces agents n'ont pas besoin d'autant de garanties, pour que leurs personnes et leurs fonctions soient respectées (1).

(1) Voy. les §§ 84, 85 et 86 *infrà*.

§ 101. *Quels sont en général les priviléges consulaires hors du Levant et de Barbarie ?*

Ainsi il est admis par toutes les nations et exprimé dans de nombreux traités, que les consuls ne doivent pas être troublés dans l'exercice de leurs fonctions, ni obligés d'en rendre compte à aucune autorité étrangère (1), que leur chancellerie ne peut être soumise à aucune inspection (2) de la part de l'autorité locale, que leur correspondance officielle ne peut être saisie sous aucun prétexte (3) et qu'ils doivent être protégés et assistés dans l'exercice de leurs fonctions.

Hors de là leur personne n'est point inviolable comme celle des agents diplomatiques, et le seuil de leur maison n'est point infranchissable aux autorités locales. Ainsi en Autriche, en Danemarck, en Portugal, en Angleterre et dans les Indes anglaises, aux îles Ioniennes, en Espagne, en Russie, dans toute l'Amérique, en Grèce, dans tous les états d'Italie, en Hollande, un consul peut-être arrêté pour crimes ou délits, aussi bien que tout autre individu (4).

(1) Voy. un arrêt de la cour de cassation à Paris du 5 vendémiaire an 9 (27 septembre 1800), cité par plusieurs auteurs. Le fait qui a donné lieu à cet arrêt longuement motivé, était le suivant : Le vice-consul de la république de Gênes, depuis vice-consul de Sardaigne à Marseille, retenait dans la chancellerie du consulat de la république, quelques effets appartenant à un de ses nationaux : celui-ci fit citer le vice-consul devant le juge-de-paix pour la restitution desdits effets, et le juge-de-paix condamna le vice-consul à la restitution. Une réclamation fût adressée par le vice-consul contre ce jugement et la cour de cassation, à laquelle, d'après l'art. 8 du 27 ventôse an 8. appartenait la connaissance de la dénonciation et de l'annulation des *actes par lesquels les juges auraient excédé leurs pouvoirs*, cassa et annula ledit jugement. Les tribunaux du pays de la résidence des consuls ne sont pas non plus compétents pour juger les différends qui s'élèveraient entre eux et leurs subalternes, même dudit pays, pour la répartition des droits consulaires. Ainsi a-t-il été jugé à Bordeaux le 28 mai 1826. (2) Art. 2 du traité entre la France et les Etat-Unis de l'Amérique du nord du 14 novembre 1788, le traité de la Suède avec les Etats-Unis susdits du 4 juillet 1827 ; un document cité par M. Bursotti dans son *Manuel consulaire*, sur le traitement des consuls en Danemarck ; la convention du 13 mai 1769 entre la France et l'Espagne. — Lettre de M. le ministre des affaires étrangères du Roi à un consul sarde, au sujet d'une inspection que les autorités de la résidence de ce dernier voulaient passer aux papiers de sa chancellerie. (3) *Voy.* Instructions du gouvernement grec à ses consuls (art. 7), (4) Voy. les §§ 102 à 106 *infrà* et les notes du § 106.

§ 102. *Traitement d'un consul étranger, coupable d'un crime ou d'un délit, dans les pays hors du Levant et Barbarie.*

Quoiqu'il soit incontestablement reconnu que les consuls étrangers commettant un crime ou un délit dans le pays de

leur résidence, sont punissables d'après les lois locales.
il est cependant admis dans beaucoup de pays qu'à moins
qu'il ne s'agisse d'un crime, on ne procède pas à l'arrestation d'un consul comme s'il s'agissait de tout autre criminel.

Aux États-Unis, par exemple, un consul ne peut être arrêté que d'après un ordre de la cour fédérale et il ne peut
être jugé que par elle.

Les instructions données par le gouvernement grec à ses
consuls (art. 7), portent que, quoique les consuls soient
soumis à la juridiction civile et criminelle du pays dans lequel ils résident, ils ne sauraient cependant être arrêtés, ni
mis en prison à moins de crime.

Le gouvernement grec va même plus loin : aucun consul
ou agent commercial étranger, ne peut être arrêté en Grèce,
avant que l'autorité judiciaire ait donné connaissance du fait
qui motive l'arrestation au ministère des affaires étrangères,
qui en avertit à son tour la légation de l'état auquel le consul appartient. Voici la teneur de la circulaire qui contient
cette disposition ; elle est du 28 février 1839.

« Jusqu'à ce qu'on ait par une loi, réglé le mode dans lequel les tribunaux et les autorités judiciaires doivent se com-
porter à l'égard des consuls dans les procès civils et criminels, le ministère des affaires étrangères juge nécessaire
d'annoncer ce qui suit aux procureurs de S. M. près les tribunaux, dans la juridiction desquels il y a des consuls étrangers : Toutes les fois qu'il s'agira de demander l'arrestation
préventive ou la comparution forcée, ou une arrestation à
la suite d'une sentence prononcée contre un consul étranger,
un vice-consul ou un agent consulaire, lesdits tribunaux devront en donner avis aux ministère des affaires étrangères,
lequel en préviendra, à son tour, la légation compétente, et
attendront la réponse dudit ministère avant l'exécution de
l'une desdites mesures. »

Cependant s'il s'agissait d'un crime grave, on arrêterait

immédiatement le consul, sauf à en donner après l'avis prescrit par la circulaire (1).

(1) D'après les renseignements que je me suis procurés, j'ai lieu de croire que, le cas échéant, on procéderait de cette même manière dans les autres pays envers un consul coupable, lorsqu'il n'y aurait pas une loi écrite ou une convention internationale à ce sujet.

§ 103. *Ce qui se pratique en Prusse vis-à-vis d'un consul étranger, coupable d'un crime ou d'un simple délit.*

Voici quel est le traitement des consuls étrangers en Prusse en matière criminelle (1); je cite les dispositions principales y relatives : « Pour ce qui a rapport à la juridiction criminelle, s'il s'agissait d'un procès intenté à un consul, ou d'un emprisonnement que les circonstances rendraient nécessaire, le prévenu, après avoir subi une enquête préliminaire, à l'effet de constater sa culpabilité, serait livré à l'autorité de son pays pour être jugé par elle. »

Une pareille immunité, qui constitue une exception aux règles de juridiction ordinaire, ne saurait être accordée qu'à ces deux conditions : que les consuls soient sujets de la Puissance qui les nomme et ne se trouvent pas attachés à une branche d'industrie quelconque, et que la Puissance dont ils relèvent, reconnaisse le même principe en faveur des consuls prussiens.

(1) Voy. document cité à la pag. 315 tom. 2 du *Guide des Consuls* de M. Bursotti, déjà nommé.

§ 104. *Traités entre quelques Puissances au sujet des consuls violant les lois du pays de leur résidence.*

Quelques nations ont, dans leurs traités, prévu le cas où leurs consuls commettraient un crime où un délit et ont stipulé qu'alors quelques égards leurs fussent accordés. Ces traités sont : celui du 19 novembre 1794, entre l'Angleterre et les Etats-Unis d'Amérique ; celui du 4 juillet 1827, entre les Etats-Unis d'Amérique et la Suède et Norvège ; celui du 13 mars 1769 , entre la France et l'Espagne.

D'après le traité du 19 novembre 1794 , il a été convenu entre l'Angleterre et les Etats-Unis , que dans le cas d'une conduite illégale ou inconvenante , de la part d'un consul , envers les lois du gouvernement local , il puisse être puni conformément aux lois du pays , si les lois ont prévu le cas; si non , renvoyé de la place et du pays , pourvu que le gouvernement offensé donne à l'autre les raisons qui l'ont porté à en agir ainsi. En cas d'expulsion d'un consul , les papiers de la chancellerie seraient mis sous ses propres scellés et non sous ceux de l'autorité locale : l'art. 13 du traité du 4 juillet 1827, entre les Etats-Unis et le royaume de Suède et Norvège , contient les mêmes dispositions (1).

(1) Les nations qui ont stipulé avec ces puissances , que leurs consuls y soient traités comme ceux de la nation la plus favorisée, ont droit aux mêmes égards que ceux indiqués dans lesdits traités. Voy. en outre au § 102, quant au mode de procéder aux États-Unis contre un consul étranger.

§ 105. *Les consuls d'Espagne et de France jouissent , dans les deux pays , de l'immunité personnelle sous quelque restriction.*

L'Espagne et la France ont par la convention du 13 mars 1769 , consacré , pour leurs consuls respectifs , le principe suivant , en ces termes :

« Art. 2. *Les consuls jouiront de l'immunité personnelle sans qu'ils puissent être arrêtés ni traduits en prison, excepté le cas de crime atroce , et celui , où les consuls seraient des négociants , puisque pour lors cette immunité personnelle doit seulement s'entendre pour dettes ou autres causes civiles , qui n'impliquent pas du commerce qu'ils exercent par eux-mêmes ou par leurs commis* (1).

(1) L'application de ce traité a été faite en 1844, vis-à-vis d'un consul d'Angleterre à l'île de Taïti. Ce consul ayant , suivant le gouvernement français, cherché à soulever les populations de l'île ,

il fut arrêté et ensuite déposé sur un navire de guerre anglais, avec défense de remettre le pied dans l'île. Pour la même cause, vraie ou non, un consul de Portugal fût expulsé du Brésil et un consul de Prusse, d'Espagne.

§ 106. *Les consuls négociants ou sujets de la nation près de laquelle ils exercent leurs fonctions, ne jouissent pas de tous les priviléges accordés à ceux qui ne se trouvent pas dans cette position. — Soumission de tous les consuls aux lois civiles du pays de leur résidence.*

Dans tous les pays, on fait une différence entre les consuls sujets et négociants, et les consuls étrangers n'exerçant pas le commerce. Celui qui se livre au commerce, est censé s'être soumis à toutes ses charges, comme il profite des avantages qui en dérivent. Les consuls sujets du Prince, dans les états duquel ils exercent leurs fonctions, ne sont pas exempts pour cela de sa juridiction; tous les *exequatur*, pour le cas en question et tous les traités qui parlent des priviléges consulaires, contiennent cette condition (1).

Ainsi le consul étranger, mais négociant, est soumis aux mêmes lois que les autres négociants régnicoles ou étrangers, et le consul sujet du gouvernement local ne cesse pas d'être assujetti aux lois de son pays; ils ne jouissent, l'un et l'autre, que de la liberté et des franchises nécessaires à l'accomplissement de leurs fonctions consulaires (2). Si un consul quelconque a des propriétés, sa qualité de consul n'empêche pas qu'elles soient régies par la loi du lieu en tout et pour tout.

Dans les affaires civiles, tous les consuls sans exception, sont, ainsi que tout autre habitant, soumis aux lois du pays de leur résidence (3) : ils sont tenus de se présenter devant les tribunaux, soit qu'il s'agisse d'une affaire les concernant directement, soit qu'elle intéresse un tiers et que leur intervention comme simples particuliers, soit nécessaire.

C'est en ce sens qu'a répondu en 1842 le ministre des affaires étrangères à un consul du Roi, qui lui demandait si les consuls ne devaient pas être au moins cités devant les tribunaux avec plus d'égards que les autres particuliers, lorsqu'ils n'y étaient appelés que comme témoins (4). Néanmoins il y a des pays, où, le cas échéant, on citerait le consul étranger, (non négociant et non sujet), avec quelques égards : ceci dépend aussi du consul lui-même et s'il sait faire valoir l'usage établi, dans le cas où cet usage existe ; il existe en Russie, en Prusse, en France pour les consuls des nations les plus favorisées sous ce rapport, etc.

(1) Art. 15, 16 du traité de la Sardaigne avec les États-Unis du 26 novembre 1838. (2) En Autriche les consuls ne sont pas non plus dispensés d'obéir aux lois du pays; voy. lettre du gouvernement de Trieste à un consul, cité par M. Bursotti (datée du 12 décembre 1831) Il en est de même en Danemarck ainsi qu'en Portugal et en Angleterre; voy. art. 9 du traité entre ces deux puissances du 19 fév. 1819. (3) Voy. manifeste de l'empereur d'Autriche, du 12 novembre 1785, relaté par M. Bursotti et lettre susdite du gouvernement de Trieste. Il est dit que les consuls ne sont pas considérés comme faisant partie du corps diplomatique, mais comme de simples particuliers et qu'ils sont sujets aux lois du pays et aux tribunaux ordinaires : voy. aussi circulaire du ministère des affaires étrangères danois, aux légations étrangères, de 1821 art. 3, relatée par M. Bursotti. (4) En ce sens aussi a été jugé par la cour royale d'Aix (France), le 11 juillet 1843, contre le consul d'Espagne à Marseille, cité comme témoin dans une affaire criminelle. Nul doute que la cour n'ait eu raison en principe, mais je crois que le consul espagnol, dans l'espèce, avait le droit d'invoquer, comme il l'a fait, l'art 2 de la convention du 13 mars 1769, entre la France et l'Espagne, qui prescrit que, lorsque les consuls respectifs doivent être interrogés par les magistrats, ceux-ci doivent se présenter à cet effet chez les consuls, ce que la cour ne voulut pas reconnaître. Les consuls étrangers qui ont droit en France et en Espagne au traitement de la nation la plus favorisée, peuvent, bien entendu, invoquer, le cas échéant, ledit art. 2 de la convention du 13 mars 1769.

§ 107. *Les consuls payent les droits de douane. — Observations en faveur des consuls, au sujet de leurs meubles.*

Les consuls ne sont pas exempts non plus des droits de

douane, pour leurs effets et provisions quelle qu'en soit la nature (1).

Il me paraît toutefois que les consuls devraient être exempts de ces droits, non pas, si l'on veut, à cause de leur caractère, mais parce que l'état actuel de l'organisation consulaire de presque tous les pays les mettant dans le cas de changer très souvent de résidence, ils se trouvent ainsi forcés de payer, pour les mêmes objets destinés à leur usage, plusieurs fois le même droit. Il me semble donc que lorsqu'il s'agit de consuls sujets du gouvernement qui les nomme et n'exerçant point le commerce, les effets de cette nature devraient au moins être considérés comme en transit, ainsi qu'on le pratique à l'égard de certains objets pour lesquels on accorde de longs délais pour le faire sortir et prendre des mesures pour le payement des droits, dans le cas où ils ne seraient plus représentés au départ des consuls. De cette manière l'agent consulaire ne serait pas assimilé à l'agent diplomatique, les intérêts de la douane ne seraient pas lésés et les consuls ne seraient pas exposés à payer plusieurs fois pour les mêmes objets, des droits de douane, ou à se soumettre à des ventes ruineuses (2).

(1) Voy. un ordre du roi d'Espagne du 4 juin 1790, communiqué au directeur des rentes le 3 septembre 1817, (dans Salina déjà cité, page 35), lettre du ministre des affaires étrangères de Turin à un consul du Roi, du 2 août 1816 et circulaire du gouvernement de l'Algérie aux consuls étrangers à Alger, en date du 27 novembre 1834, par laquelle il leur est annoncé qu'ils ne peuvent pas être exemptés des droits de douane, ainsi qu'ils l'étaient sous le gouvernement des Deys et qu'ils devaient les payer comme toute autre personne en conformité de l'arrêté du 22 septembre 1830. (2) Il n'est pas sans exemple cependant qu'on ait permis à des consuls la libre entrée de leurs effets lors de leur arrivée, mais ceci a eu lieu plutôt comme égard personnel que comme droit ; une telle faveur a été accordée à Malte, il y a plusieure années, à un consul de France qui m'en a donné connaissance. J'ajouterai enfin qu'en général, les employés des douanes ne sont pas aussi sévères envers les consuls étrangers qu'envers tout autre personne.

§ 108. *Les consuls sont exempts de certaines impositions et charges.*

L'usage cependant et plusieurs traités (1) et décrets de souverains (2) ont établi en faveur des consuls étrangers plusieurs exemptions qui ne concernent toutefois que leurs personnes et dans le cas seulement, comme il a déjà été remarqué, où ils ne sont ni sujets de la puissance chez laquelle ils résident (3), ni négociants.

Ainsi les consuls étrangers sont exempts de toutes les contributions personnelles, mobilières et somptuaires; ils le sont également du jury, du logement des gens de guerre, milice, guet, garde (4), tutelle, curatelle et de tous droits, taxes, impositions et charges quelconques, à l'exception de celles qui pèsent sur les biens meubles et immeubles dont ils seraient possesseurs. Les consuls étrangers en France sont aussi exempts de la contribution dite des portes et fenêtres pour la maison qu'ils habitent, qu'elle leur appartienne, ou qu'ils la tiennent seulement à bail (5).

(1) Art. 11 des déclarations échangées entre la France et le Mexique, le 8 mai 1827, manuel de M. Bursotti précité vol. 2, page 9. (2) Voy. lettre d'un consul étranger à Londres, citée par le même, page 153, vol. 2. — Voy. aussi ledit Manuel page 315 du vol. 2. (3) Voy. déclarations précitées entre le Mexique et la France, lettre d'un consul à Londres aussi citée ci-dessus; traité de la France avec les États-Unis de 1788; voy. lettre du ministre des finances de France à ses subordonnés à Toulon, du 18 novembre 1817. (4) Décret du Roi d'Espagne du 1er fév. 1765. En Hollande les consuls, sujets hollandais, peuvent se faire remplacer, pourvu qu'on en agisse de même dans les pays dont ils sont les agents, vis-à-vis des consuls hollandais se trouvant dans le même cas: voyez, à ce sujet, Arrêté du roi de Hollande du 5 juin 1822, cité par M. Bursotti, vol. 2 page 255. (5) Dans les États sardes quelques consuls étrangers, mais sujets sardes, ont obtenu l'exemption du payement du mobilier et du personnel.

§ 109. *Les consuls peuvent porter l'uniforme et sont reçus et invités par les Princes et par les autorités locales dans des circonstances solennelles.*

Les consuls peuvent porter l'uniforme attribué à leur

grade par le gouvernement qui les nomme (1). La convention
du 13 mars 1769, entre la France et l'Espagne, donnait
droit aux consuls respectifs de porter l'épée et la canne, ce
qui à ladite époque en Espagne était considéré comme un signe de grande distinction : plusieurs anciens traités por-
taient que les consuls pouvaient sortir armés.

Là où il y a un corps diplomatique, on n'invite généralement pas les consuls, ni à la cour, ni même aux grandes solennités. Il y a cependant des pays où on les invite également. En Grèce, par exemple, ils sont admis au *lever* de la
cour le jour de l'an, sur la demande qui en est faite par le
doyen des consuls au grand maréchal du palais. Ils sont
en outre invités aux grands bals de la cour. A St-Pétersbourg quelques consuls étrangers y sont aussi admis. A Milan ils sont reçus à la cour du Vice-roi. Il n'y a pas longtemps qu'à l'occasion du passage à Marseille d'un des fils
du Roi des Français, les consuls étrangers non Français ni
négociants, furent invités à dîner avec lui, ainsi que les
principales autorités locales. Dans les pays où il n'y a
pas de Princes, ils sont invités chez les autorités supérieures de la localité et aux solennités publiques ou d'é-
glise ; dans les Etats sardes, par exemple (2), en Prusse,
en France, en Espagne, en Autriche, on leur assigne
dans ces occasions, une place d'honneur. Ceci n'a lieu
ni en Angleterre, ni dans aucun pays de sa dépendance, les
îles Ioniennes comprises, ni aux États-Unis d'Amérique, ni
dans les Deux-Siciles, ni en Grèce, ni en Russie, etc. Ordinairement, au jour de l'an, les consuls se présentent en
corps chez le chef politique de la localité.

Dans toutes les circonstances, où les consuls sont invités
en leur qualité, ils doivent intervenir en uniforme (3).

A la mort d'un consul, ses collègues l'accompagnent en
uniforme à sa dernière demeure (4).

(1) Lettre du gouvernement de Trieste à un consul en date de
1831, citée par M. Bursotti, dans son guide consulaire. (2) Dans les

Etats sardes on invite quelquefois les consuls étrangers aux funérailles des Rois. (3) Il n'y a aucune préséance entre les consuls, comme je l'ai fait observer aux §§ 95 et 96, à moins qu'ils ne soient aussi chargés d'affaires, car alors ils seraient considérés comme agents diplomatiques de troisième classe. A son arrivée dans le lieu de sa résidence, un simple consul échange des visites avec les principales autorités et avec ses collègues. (4) Voy. § 83, *infrà*.

§ 110. *Les consuls peuvent placer sur la porte de leur maison les armoiries de leur souverain et arborer son pavillon.*

Il est généralement permis aux consuls d'avoir au-dessus de la porte de leur maison les armoiries de leur souverain (1), ainsi que d'arborer le pavillon de leur nation dans l'endroit de leur habitation qui est indiqué par l'usage de chaque pays. Je dis généralement, car en Espagne les consuls ne peuvent, en droit, ni placer des armoiries sur leur porte, ni arborer le pavillon de la nation qu'ils représentent : ils peuvent seulement placer, dans un endroit visible, un tableau sur lequel est peint un vaisseau et une inscription portant : CONSULAT DE... (2) ; aujourd'hui cependant, les consuls étrangers en Espagne ont remplacé le tableau par les armoiries qu'ils tiennent ordinairement au fond du corridor d'entrée de la maison consulaire et peuvent arborer le pavillon de leur souverain aussi bien que dans d'autres pays. Aux États-Unis d'Amérique, il est permis d'arborer le pavillon ; mais on n'a pas les armoiries sur la porte. Les consulats sont indiqués par une inscription. A Gibraltar on ne se sert pas du pavillon, et on a les armoiries au fond du corridor de la maison ; au Mexique aussi. En Grèce on peut avoir le pavillon et les armoiries, ainsi qu'en France, aux îles Ioniennes, aux Indes orientales, à Malte, en Russie, St-Pétersbourg excepté (3) ; au Brésil, à Montevideo et Buenos-Ayres aussi ; en Prusse, en Autriche, dans les Deux-Siciles, on n'a que les armoiries sur la porte de la maison. En Danemarck il est expressément défendu d'arborer le pa-

villon aux portes ou aux fenêtres des maisons consulaires.
Les consuls peuvent cependant le mettre sur leurs bateaux.
Quant aux États sardes, il n'en est pas de même dans toutes
les villes : à Gênes, par exemple, on n'a vu qu'une seule fois
le pavillon des États-Unis d'Amérique sur la porte du consul américain, à l'occasion de l'arrivée dans le port, d'un
navire de sa nation ; à Nice il n'y a que quelques années que
l'usage existe ; et c'est le consulat de France qui en a donné
le premier l'exemple.

(1) Voy. lettre du gouvernement de Trieste déjà citée et art. 2 du
traité de 1788, entre la France et les États-Unis. (2) Voy. convention de la France avec l'Espagne de 1769, et décret du roi d'Espagne
du 1er janvier 1765. Nota. — A l'occasion de la fête de la reine
d'Espagne en 1789, le consul de Hollande à la Corogne, ayant arboré le pavillon de sa nation, il intervint un arrêté du roi d'Espagne
du 1er mai 1790, qui a défendu expressément à tous les consuls de
hisser leur pavillon : voy. ce décret dans le guide aux droits des
étrangers en Espagne page 225, note 2, par Lobé, Paris 1837. (3)
Cependant à Odessa il n'y a l'usage, ni des armoiries, ni du pavillon.

§ 111. *La maison des consuls d'Europe ne jouit pas du droit d'asile.*

Quel que soit d'ailleurs le signe que les consuls apposent
à leur maison, il est certain qu'il ne sert qu'à indiquer leur
demeure au public et nullement à assurer à la maison et à
ceux qui l'habitent, le droit d'asile (1). Ainsi, si un criminel
s'y réfugiait croyant s'y trouver à l'abri de toute poursuite,
il en serait bien vite détrompé, car on l'y arrêterait aussi
bien que dans la maison de tout autre particulier ; cependant dans quelques pays, il s'est présenté des cas où la maison des consuls a servi de refuge à des compromis politiques :
c'est ce qui a eu lieu pendant la dernière guerre civile à
Lisbonne ainsi qu'au Brésil ; mais il ne faut pas conclure de
ces cas exceptionnels qu'un droit d'asile soit attaché aux
maisons consulaires. Peut-être les autorités locales ont eu
alors, dans ces pays, des motifs particuliers pour ne pas

rechercher les individus réfugiés dans les consulats étrangers. La preuve en est que les instructions des gouvernements portugais et brésilien tendent à établir la maxime contraire (2).

(1) Voy §§ 101 à 105, *infrà*, convention déjà citée de la France et de l'Espagne de 1769, décret de Charles III, roi d'Espagne, du 1er févr. 1765, art. 2 du traité de la France avec les États-Unis de 1788 et instruction déjà citée, aux consuls grecs. (2) Voy. la note 43, du traité du consulat par le commandeur Ribeiro, etc.. tome 1.

§ 112. *Les consuls jouissent de quelques facilités pour l'expédition de leur correspondance.*

On accorde généralement aux consuls la faculté de remettre directement aux capitaines des navires marchands de leur nation, la correspondance officielle sans qu'il soit nécessaire de la faire passer par le canal de la poste locale. Dans quelques pays (en France, par exemple), on ne purifie aucun pli (si cette opération en nécessite l'ouverture), qu'en présence des agents consulaires du gouvernement auquel la correspondance est adressée (1).

(1) Ainsi a-t-il été décidé par M. le ministre du commerce et de l'agriculture de France, le 23 janvier 1843, à la suite d'une perte qu'on supposait avoir eu lieu au bureau de la Santé de Marseille, d'un document officiel envoyé par un consul américain à Tunis et de réclamation du ministre des Etats-Unis à Paris. — Nota. Cette réclamation était sans fondement attendu que le document avait été oublié à Tunis.

§ 113. *Les consuls peuvent aussi expédier des courriers à leur gouvernement.*

Quelquefois, pour des affaires de service pressantes, les consuls envoyent des courriers à leur gouvernement et dans ce cas ils reçoivent des autorités locales toutes sortes de facilités (1).

(1) Voy. § 144, *infrà in fine*.

§ 114. *Les consuls exercent une juridiction plus ou moins étendue sur leurs nationaux.*

Les consuls exercent sur leurs nationaux, une juridiction plus ou moins étendue, suivant l'usage, les traités et les instructions particulières de leur gouvernement. Elle est plus étendue dans le Levant et en Afrique, que dans les autres pays. Nous aurons lieu de voir ailleurs quelles sont les limites de cette juridiction (1).

(1) Voy. § 99 , 100 et ensuite les §§ qui traitent plus spécialement des limites de cette juridiction ; notamment les §§ 206 à 216 et les §§ 399 et suivants *infrà*.

§ 115. *Les consuls nomment des agents consulaires dans les limites de leurs districts.*

Les consuls nomment ordinairement, dans les ports compris dans leurs districts consulaires, des vice-consuls ou d'autres agents qui les représentent et agissent sous leur responsabilité.

Dans les ports autrichiens, les agents, ayant le titre de vice-consuls, ne peuvent être nommés que par le gouvernement dont ils relèvent (1).

(1) Voy. note de M. Bursotti, tom. 2, pag. 38 de son *Guide consulaire*.

§ 116. *Les officiers consulaires subalternes jouissent aussi de quelques priviléges.*

Les officiers consulaires subalternes, soit ceux qui sont appelés à représenter les consuls dans les ports hors de celui de leur résidence, soit ceux qui exercent leurs fonctions auprès d'eux, n'étant pas du pays ni négociants, jouissent aussi des immunités personnelles ; mais s'ils sont attachés à la chancellerie du chef-lieu, ils ne sont pas exempts du logement militaire, ni des contributions imposées aux locataires de maisons, car cette exemption est plutôt accordée par suite d'égards envers la chancellerie consulaire qui fait partie de la maison du consul et envers le gouvernement étranger, que pour le consul lui-même.

LIVRE 2ᵉ — CHAPITRE 4.

LETTRES DE CRÉANCE ET EXÉQUATUR.

§ 117. *Avant-propos. — Distinction entre les consuls agents diplomatiques et les simples consuls.*

Avant qu'un consul puisse entreprendre l'exercice de ses fonctions, il doit en obtenir l'autorisation du souverain de l'état où il va résider, et la demander dans les formes reçues dans le pays.

Il est nécessaire de distinguer ici les consuls auxquels sont attribuées des fonctions diplomatiques, de ceux qui ne sont que de simples agents commerciaux. Les premiers sont munis de lettres de créance (1). Tels sont les consuls accrédités auprès du bey de Tunis, du vice roi d'Égypte et de l'empereur de Maroc : tels sont encore les consuls, ayant un caractère diplomatique, envoyés par diverses puissances près des états secondaires de l'Amérique, en Grèce, etc. (2).

On peut encore y ajouter les agents envoyés dans les principautés du Danube, dont cependant les droits, comme puissances indépendantes, n'ont pas encore été bien fixés (3). Les autres consuls sont porteurs d'une patente ou commission de leur souverain.

(1) Voy. Kluber *Droits des Gens*, etc. §§ 174, 182, 194. (2) Tels étaient les consuls-généraux de Sardaigne à Rio-Janeiro, à Buenos-Ayres et aux États-Unis de l'Amérique du nord : maintenant les agents qui résident dans les pays où le gouvernement sarde n'entretient aucun agent diplomatique, n'ayant que cette qualité, n'y ont que leur caractère consulaire : et s'il arrive que des communications

doivent être faites aux gouvernements desdits pays, les agents consulaires respectifs ne servent que d'intermédiaires pour faire passer la correspondance de l'un à l'autre, ou bien pour exécuter quelque commission diplomatique pour laquelle il reçoivent un mandat spécial. Voyez tom. 6, pag. 1 et suivantes du recueil des Traités de S. M. Sarde avec les puissances étrangères, au sujet du consulat-général sarde à Buenos-Ayres. Voy. aussi l'art. 23 du Traité avec la république de l'Urugay et autres. (3). Voy. Kluber, tom. 1er. § 33 et ses notes C. F., et le § 118 ci-après.

§ 118. *Présentation des lettres de créance à Tunis, à Alexandrie d'Egypte, en Valachie et en Moldavie.*

L'agent muni de lettres de créance, à peine arrivé dans le lieu de sa mission, en expédie une copie authentique au secrétaire des affaires étrangères (1) et celui-ci lui indique plus tard le jour et l'heure auxquels il sera reçu par le Prince suivant le cérémonial d'usage.

A Tunis et à Alexandrie le consul se présente au Bey ou au Vice-roi, accompagné des officiers du consulat et du drogman, et tous y sont reçus avec les plus grands égards et en leur sert des rafraîchissements. Le vice-roi d'Egypte donne au nouveau consul, un sabre de prix, une pélisse en martre et un cheval tout harnaché.

En Valachie et en Moldavie, les consuls sont conduits à l'hôtel du Prince et ramenés chez eux dans ses voitures (2) ; le ministre des affaires étrangères leur rend la visite.

(1) Kluber, § 154. *Droit des Gens moderne de l'Europe*, et Martens § 202. *Précis du droit public de l'Europe*. (2) Il est à remarquer qu'en égard à la haute souveraineté que la Sublime-Porte prétend exercer sur la Régence de Tunis, il y a des gouvernements européens qui lui demandent un bérat pour leurs consuls à Tunis, mais sans le présenter au Bey, s'il tiennent à les faire recevoir. Cette haute souveraineté étant plus sensible à l'égard de l'Égypte et des principautés du Danube, tous les gouvernements se procurent aussi un bérat pour leurs consuls dans ces résidences, mais on n'en fait aucun usage en Égypte, et dans les principautés on le remet avec les lettres de créance. En outre dans les derniers pays dont je viens

de parler, quelques consuls ne sont pas même munis de lettres de créance pour les Princes et y sont reçus néanmoins avec autant de distinction que s'ils en étaient porteurs. Toutes les années les consuls résidant à Galatz ou à Ibrahil, vont à Bucarest et à Jassi rendre visite aux Princes.

§ 119. *Formalités pour la présentation des lettres de créance à l'empereur de Maroc.*

A Maroc, comme le lieu de résidence de l'empereur est Fez et que les consuls habitent Tanger, ceux-ci lui expédient la lettre originale de leur gouvernement, accompagnée d'une autre lettre écrite par eux (1) et l'empereur répond à toutes les deux en des termes bienveillants; celle qu'il adresse aux consuls, est conçue à peu près comme les *exequatur* des autres pays dont elle tient lieu et s'appelle *issaulia* ou *quilsab*.

L'empereur ordonne en outre à ses gouverneurs à Tanger, ou en d'autres villes de résidence d'un nouveau consul, de le reconnaître et d'avoir pour lui tous les égards qui lui sont dûs.

Quelquefois les consuls vont eux-mêmes présenter leurs lettres de créance à la capitale, mais ils doivent en avertir au préalable l'Empereur, qui du reste donne des ordres pour que rien ne leur manque en chemin et pour les faire loger convenablement à leur arrivée à Fez (2).

(1) Voy. § 134 *infrà*. (2) § 97 *infrà*.

§ 120. *Les officiers subalternes dans le Levant et en Afrique sont simplement reconnus par l'autorité locale.*

Les officiers consulaires, attachés à un chef-lieu de district dans ces localités, sont simplement reconnus par les autorités locales auxquelles le consul donne avis des fonctions qu'ils sont destinés à remplir. S'il arrive à ces officiers de remplacer le chef pour absence ou pour tout autre motif, il suffit que le consul qui part, les présente en qualité de ses remplaçants à l'autorité supérieure.

§ 121. *Les consuls qui ne sont pas agents diplomatiques, demandent l'exequatur.*

Les consuls qui n'exercent que des fonctions consulaires
proprement dites, sont, comme il a été dit au § 117, munis
d'une patente ou commission de leur souverain dont ils doivent, avant d'entrer en fonctions, demander ce qu'on appelle
un *berat* dans les états du grand-seigneur et *exequatur*
dans les autres pays.

§ 122. *Forme de l'exequatur.*

L'*exequatur* contient la permission accordée par le souverain du lieu au consul étranger, d'exercer ses fonctions
dans le pays de sa résidence consulaire et le droit de jouir
des priviléges qui lui sont dûs par suite des traités, ou de
l'usage, avec ordre aux autorités de le reconnaître en sa
qualité et de lui laisser le libre exercice de ses fonctions et
la jouissance de ses priviléges. Des réserves y sont toujours
faites à l'égard des consuls sujets ou négociants, pour que
la qualité de consul ne puissent pas les soustraire à l'obéissance des lois du pays, qui les concernent comme citoyens,
ou comme négociants (1).

Au Brésil, tous les consuls étrangers doivent, avant d'entrer en fonctions, jurer devant le premier officier du ministère
de la justice, d'agir en bonne fois et conscience dans la rédaction des actes destinés à être produit devant les autorités du
pays.

(1) En Turquie, un sujet de la Porte ne peut pas être consul d'une
puissance étrangère. Voy. Traité de la Porte avec l'Angleterre du
5 janv. 1809, art. 9, relaté dans le *Manuel des consuls* de M. de Miltitz.

§ 123. *Instructions du gouvernement du Roi pour la
demande de l'exequatur.*

Voici ce qui est prescrit par les réglements consulaires
sardes relativement à la demande de l'*exequatur* : Les consuls-généraux et les consuls, aussitôt qu'ils sont arrivés
dans le lieu de leur résidence, doivent remplir les formalités

nécessaires pour obtenir du gouvernement du pays , l'*exequatur* de leurs patentes de nomination et être reconnus en leur qualité : ils ne peuvent entrer dans l'exercice de leurs fonctions avant de l'avoir obtenu ; ils doivent se conformer pour en faire la demande , à ce qui est établi et à ce qui est pratiqué par leurs collègues (1).

Cette condition d'avoir l'*exequatur* avant d'entrer en fonctions , se trouve aussi dans les instructions données par divers autres gouvernements à leurs consuls (2), ainsi que dans de nombreux traités où il est parlé des consuls (3).

(1) Instructions en 13 articles du 2 janv. 1816 , art. 1er; Voyez aussi circul. n° 1 du 14 avril 1823. S. P., conçue dans le même sens que l'art. susdit. (2) Voy. les instructions aux consuls de la Belgique, du Brésil, des États-Unis, de la Grèce, des Pays-Bas, du Portugal, de la Russie, etc., mentionnées par M. Bursotti, déjà cité. (3) Voyez ces traités dans le *Manuel consulaire* de M. de Miltitz, déjà cité.

§ 124 *Par qui l'exequatur est-il demandé?*

L'*exequatur* est ordinairement demandé par l'entremise de la légation du pays auquel appartient le consul. La légation s'adresse pour cela au ministère des affaires étrangères du pays de sa résidence, en lui remettant la patente du consul : quelquefois c'est l'autorité politique du lieu de résidence de ce dernier , qui en adresse la demande à son gouvernement, en l'accompagnant de ladite patente de nomination , qui lui est remise à cet effet par le nouveau consul (1). Là où il n'y a pas une légation de la nation du consul, si l'*exequatur* n'est pas demandé par l'autorité politique locale ou par son gouvernement, le consul la demande lui-même en remettant sa patente au ministre des affaires étrangères de la nation près de laquelle il va résider. Dans les États sardes les consuls étrangers présentent à cet effet une pétition au sénat, dans la juridiction duquel se trouve leur consulat et lui remettent en même temps leur patente : le sénat , ouï dans ses conclusions l'avocat - général , accorde ou non *l'exequatur* ; pareille démarche doit aussi être faite auprès du conseil d'amirauté , qui fait enregistrer la patente du consul , d'après les conclusions du procureur-général de la navigation (2). Dans l'île de Sardaigne c'est la Royale Audience de Cagliari , qui accorde *l'exequatur* après avoir ouï dans ses conclusions l'avocat fiscal général près la même Royale Audience.

(1) Art. 25, § 3 du régl. cons. de 1835. En Espagne on doit joindre la traduction en espagnol à la patente originale. — Voy. le décret de S. M. C. du 1ᵉʳ fév. 1765. (2) Art. 135 du régl. marit. de 1827, et § 126 *infrà.*

§ 125. *En Turquie l'exequatur est aussi demandé par les légations.*

Dans les états de la Sublime-Porte , c'est par l'intermédiaire des légations étrangères à Constantinople qu'on demande *l'exequatur* ou le *bérat* , pour qu'un consul puisse exercer ses fonctions consulaires (1). Ce *bérat* est ensuite présenté au gouverneur du lieu de résidence du nouveau consul et il est lu devant toutes les autorités locales assemblées à cet effet. Les vice-consuls , chefs de district , ne sont munis que d'un *firman* et les pro-consuls ou agents subalternes d'un consul , dans une localité comprise dans les limites de sa juridiction. sont simplement reconnus par l'autorité du lieu de leur résidence. Il en est de même , quant aux pro-consuls , en Valachie , en Moldavie et au Maroc.

(1). Circul. 1 S. P. citée d'autre part, § 123. note 1, et § 118 *infrà.*

§ 126. *Par qui l'exequatur est-il accordé ?*

Dans les états d'Europe et en Amérique , c'est au Prince, au Corps ou à la personne qui exerce la souveraineté extérieure , qu'il appartient en général de délivrer *l'exequatur* aux consuls étrangers. Cependant en Suisse , comme chaque canton exerce aussi , dans certaines limites , cette souveraineté, c'est le gouvernement cantonal qui accorde l'*exequatur* aux consuls qui n'ont pas un caractère diplomatique.

Aux Indes orientales anglaises, quoique le gouverneur général ait un grand nombre d'attributions souveraines, et entre autres celle de faire la paix et la guerre avec les Princes de l'Asie, l'*exequatur* doit être demandé au Roi de la grande Bretagne. Aux États-Unis des îles Ioniennes, placées sous la protection de l'Angleterre (1), c'est le lord haut Commissaire, d'après l'avis du sénat, qui l'accorde.

(1) Voy. le Traité du 5 nov. 1813, entre l'Angleterre, la Russie, la Prusse et l'Autriche et la charte des îles Ioniennes du 29 déc. 1817; mise en vigueur le 1er janv. 1818.

§ 127. *Les officiers consulaires subalternes nommés par un souverain, obtiennent, en Europe, l'exequatur du souverain ; de qui l'obtiennent les autres ?*

C'est ordinairement au chef de l'état, qu'il appartient aussi d'accorder l'*exequatur* aux officiers consulaires subalternes nommés par un autre chef d'état, quel que soit le lieu où ils exercent leurs fonctions (1) ; ceux qui sont nommés par les chefs de district, s'ils sont chefs d'arrondissement, reçoivent aussi dans quelques pays, tels que l'Espagne (2), la Grèce, les îles Ioniennes, les États-Unis, le Brésil, la Russie, la Prusse, l'*exequatur* du souverain comme les consuls ; dans d'autres pays, comme en France, ils sont autorisés par le ministère des affaires étrangères à exercer leurs fonctions : aux Indes anglaises ils reçoivent cette autorisation du gouvernement à Calcutta.

En Autriche ceux qui ont le titre de vice-consul, doivent être nommés par leur souverain pour être ensuite reconnus par S. M. I. ; les chefs de district ne peuvent donc y délivrer que des patentes d'agents consulaires, qui sont reconnus par le chef politique local (3).

Les officiers consulaires non nommés par un souverain et appelés à exercer leurs fonctions auprès du chef de district, ne sont ordinairement reconnus que par l'autorité supérieure locale (4).

Dans les Etats sardes de Terre-Ferme, les officiers consulaires subalternes sont reconnus par les sénats. Dans l'île de Sardaigne, par la Royale audience de Cagliari (5).

(1). Voy. §§ 120, 125 *infrà*. (2) Régl. pour l'admission des agents consulaires étrangers en Espagne, du 1er fév. 1765; extrait de la loi 6, tit. 2, liv. 6 de la nouvelle *compilation* citée par Salinas, pag. 66, dans son *Manuel des étrangers en Espagne*. (3) Voyez pag. 38, tom. 1 du *Guide consulaire* de M. Bursotti. Lettre du gouvernement de Trieste, déjà citée. (4) Voy. en outre ce qui a été dit au § 125 au sujet de l'*exequatur* des officiers consulaires en Turquie. (5) Voy. § 124, *infrà*.

§ 128. *L'Exequatur est accordé gratis. — Exception.*

L'*exequatur* est presque partout accordé gratuitement ; cette condition a même été stipulée par des traités (1). Il y a cependant des pays dans lesquels on le fait payer. Tels sont l'Espagne, où le consul le paie 32 piastres fortes (169 fr. 60 cent. à peu près) et le vice-consul 16 piastres ou 85 fr. : le Brésil où le consul le paie environ 400 fr., le vice-consul un tiers de cette somme. En Angleterre on le payait autrefois 10 liv. sterl., dans les Etats sardes, on paie un droit de 40 à 50 fr. à la secrétairerie du sénat par lequel l'*exequatur* est accordé.

(1) Art. 1 du traité de la France avec les États-Unis d'Amérique, du 14 nov. 1788.

LIVRE 2ᵉ — CHAPITRE 5.

RAPPORTS DES CONSULS AVEC LES AUTORITÉS LOCALES DES PAYS QU'ILS HABITENT.

§ 129. *Avant-propos.*

La protection que les consuls doivent aux sujets de leur nation, les tient dans des rapports continuels avec les différentes autorités du lieu de leur résidence, et c'est un de leurs principaux devoirs de s'efforcer de les maintenir aussi bons que possible, et de savoir se concilier l'estime et la bienveillance de ces autorités, tout en défendant les intérêts et la dignité de la nation à laquelle ils appartiennent.

§ 130. *Instructions du Gouvernement sarde sur la conduite que les consuls doivent tenir envers les autorités locales.*

Voici les instructions du gouvernement du Roi à ce sujet :

« Les officiers consulaires éviteront de se mettre sans besoin en opposition, soit avec les autorités de l'état où ils résident, soit avec celles des autres pays étrangers, et tâcheront par contre de se rendre agréables aussi bien à ces autorités qu'à toutes les personnes avec lesquelles ils auront affaire ; si cependant, malgré toute leur circonspection, ils se trouvaient dans la nécessité de devoir lutter, avant de faire des démarches formelles, ils prendraient les ordres du ministre des affaires étrangères, et si la discussion avait lieu avec le gouvernement de l'état où ils auraient leur résidence, ils en informeraient aussi l'ambassadeur ou le ministre de S. M. dans ledit état (1) »

Et ailleurs il est dit (2) : « Les officiers consulaires auront soin de ne pas s'exposer à des insultes et éviteront de faire surgir des désordres en opposant une résistance inutile aux mandements de la justice et aux ordres de l'autorité locale. »

Cependant les mêmes instructions ajoutent (3) : « Les consuls devront se conduire avec la plus grande prudence et prévoyance, refusant avec politesse et autant qu'ils le pourront, de se soumettre à des exigences injustes, jusqu'à ce qu'ils aient reçu les ordres et les instructions nécessaires des autorités auxquelles ils doivent en référer. »

Il n'est pas moins vrai que suivant les circonstances ils devraient protester contre les actes injustes qui seraient commis par les autorités étrangères, principalement si de l'accomplissement de ces actes il pouvait résulter, faute d'avoir protesté, du préjudice pour les droits de la nation ou de quelques sujets sardes. Tout récemment les consuls étrangers à la Vera-Cruz, ont protesté contre le gouvernement des Etats-Unis de l'Amérique du Nord, pour tous les dommages que les commerçants et les navigateurs de leurs pays auraient à souffrir à la suite des changements introduits dans les tarifs des douanes après la prise de possession de la ville par ses troupes.

(1) Art. 2, instructions en 13 aricles du 12 janvier 1816. (2) Art. 3 ibid. (3) Art. 4 ibid.

§ 131. *Suite au § précédent.*

A moins que les consuls aient reçu des ordres contraires de leur gouvernement, ils doivent toujours donner à l'autorité locale les démonstrations extérieures de politesse, qui sont consacrées par l'usage. Voici ce que le ministre des affaires étrangères écrivait à un consul de S. M. (1), qui lui demandait comment il devait se conduire à cet égard, à l'occasion d'illumination faite dans une circonstance exceptionnelle :

« Quant au désir que vous m'exprimez de connaître quelle
sera la conduite que vous devrez tenir en cas d'illumination
et pour les circonstances actuelles , je vous fais observer . que
ces démonstrations étant simplement commandées par les
convenances et par la politesse envers les autorités locales .
et envers les habitants, il n'y a aucun inconvénient à ce que
vous vous conformiez à ce qui sera pratiqué par les consuls
des autres nations (2). »

(1) Lettre du 18 août 1830. (2) On a vu le consul des villes han-
séatique à Bordeaux en butte aux injures des habitants et de la
presse, pour n'avoir pas, ou à dessein ou par négligence, arboré le
pavillon à demi mât en signe de deuil, à l'occasion de la mort du
duc d'Orléans en 1842 ; le gouvernement français s'est plaint à celui
des villes hanséatiques de l'inconvenance du consul et celui-ci fut
destitué.

§ 132. *Conduite des consuls à l'occasion des fêtes pu-
bliques.*

Ainsi, s'ils n'en sont pas empêchés par un motif légitime.
les consuls doivent intervenir aux solennités et cérémonies
publiques. auxquelles ils sont invités : ils déploieront leur
pavillon à l'occasion de l'arrivée des princes de la nation
chez laquelle ils résident, ou d'autres, ainsi que pour les
naissances et les mariages de ces hauts personnages (1) : à
Tunis et dans les autres pays musulmans , il est d'usage de
déployer le pavillon à l'occasion des deux Pâques des Maures,
et de sortir dans ces occasions en grand uniforme (2) . j'a-
jouterai enfin que les consuls doivent tenir dans les résidences du Levant et de Barbarie principalement, un train
décent et égal à celui du plus grand nombre de leur collègues du même grade (3).

(1) Il en est de même pour ce qui concerne les naissances . mariages, ou mort de princes sardes. A l'occasion de la mort du Roi,
les consuls mettent le pavillon à demi mât avec un crêpe au som-
met et avertissent les capitaines d'en faire de même : les consuls
prennent aussitôt le deuil suivant ce qui leur est prescrit chaque

fois par le ministère, quelquefois ils font célébrer aussi des messes de *requiem* pour le repos de l'âme du prince défunt. (2) A Tunis les consuls déploient en outre le pavillon à l'occasion de l'arrivée d'un navire de guerre quelconque, et à l'occasion de l'arrivée et du départ d'un consul de la résidence. (3) *Pianta degli officiali consolari in levante* R. P. du 23 fév. 1825 art. 15.

§ 133. *Objets pour lesquels les consuls sont le plus souvent en rapport avec les autorités étrangères. — Quelles sont ces autorités ?*

Les consuls sont très souvent dans la nécessité de recourir à l'autorité locale, pour des renseignements qui leur sont demandés par le gouvernement du Roi sur le commerce, la navigation, la santé publique ; pour des réclamations en faveur de leurs nationaux et en général sur tout ce qui concerne l'exercice des attributions consulaires. De leur côté les consuls doivent être agréables à ces autorités autant que les devoirs consulaires le comportent, et sont, entre autres choses, tenus de se prêter à fournir les documents qui leur sont officiellement demandés dans un but d'utilité publique (1).

Les principales autorités avec qui les consuls ont des relations, sont les chefs politiques, les autorités judiciaires et administratives, celles de la marine, de la douane, de la santé publique, et les consuls étrangers.

(1) Lettre du ministre des affaires étrangères, à un consul, du 8 déc. 1825.

§ 134. *Comment et en quelle langue les consuls s'adressent-ils aux autorités locales dans le Levant et en Barbarie ?*

Les consuls s'adressent ordinairement aux différentes autorités étrangères verbalement ou par écrit, suivant la nature de l'affaire dont il s'agit. Dans les pays du Levant et d'Afrique, l'assistance de l'interprète est de rigueur pour traduire les paroles des consuls dans la langue du pays et les réponses des autorités dans la langue des consuls : en Turquie on se sert de la langue turque ; en Egypte , à Tunis et au Maroc (1) de la langue arabe ; en Valachie de la langue Valaque, et en Moldavie de la langue Moldave.

Suivant que la question est plus ou moins importante , les consuls s'adressent au prince (là où ils ont un caractère diplomatique) ou aux autorités supérieures, ou subalternes : quand les consuls se transportent chez les autorités dans le Levant et en Barbarie, ils doivent être en uniforme et accompagnés par un drogman et par des gardes (2).

Si les consuls s'adressent par écrit , on leur répond de même ; ceci a même été stipulé par des traités : ainsi il a été convenu entre l'Angleterre et le bey de Tunis, que celui-ci répondrait par écrit aux lettres que le consul anglais lui écrirait sur des affaires importantes (3).

(1) A Maroc l'empereur ne recevrait pas une lettre qui ne serait pas écrite en arabe et de la main d'un de ses sujets. (2) Dans les pays dont la haute suzeraineté appartient à la Sublime-Porte , comme en Egypte et dans les principautés du Danube, les consuls peuvent s'adresser au gouvernement turc par l'intermédiaire des légations à Constantinople pour l'exécution des traités. (3) Art. 6 du traité de l'Angleterre avec Tunis , du 17 avril 1816.

§ 135. *Dans les autres pays on se sert généralement de la langue française.*

Dans les autres pays il est utile , on le conçoit aisément, que le consul en connaisse la langue, mais il lui est permis de se servir de la langue française, qui est plus généralement connue et admise pour les relations entre les autorités des différentes nations (1) ; cependant s'il ne connaît ni la langue du pays, ni le français, il peut écrire dans sa propre langue, mais presque partout on lui répond dans la langue du pays. Suivant l'importance des affaires le consul peut aussi les traiter en personne ou par écrit.

(1) Voy. art. 179 . tom. 2 . *Précis du droit public de l'Europe de M. Martens.*

§ 136. *Les consuls ne peuvent recourir au chef du gouvernement étranger que par l'intermédiaire de la légation du Roi.*

Les consuls qui n'ont pas un caractère diplomatique, s'adressent ordinairement aux autorités locales (1); si celles-ci ne veulent pas leur faire droit, ils n'ont recours au chef du gouvernement étranger, que par l'intermédiaire de la légation de S. M. près le même gouvernement (2).

(1) §§ 133 134 *infrà.* (2) § 150 *infrà.*

LIVRE TROISIÈME.

DES DEVOIRS DES CONSULS SARDES ENVERS LEUR GOUVERNEMENT.

CHAPITRE 1er.

LES CONSULS FONT RESPECTER LE PAVILLON NATIONAL ET LES TRAITÉS. — INDICATION DE LEURS DEVOIRS PAR RAPPORT AU COMMERCE, A LA NAVIGATION, A LA SANTÉ PUBLIQUE ET A LA CORRESPONDANCE.

§ 137. *Les devoirs des consuls sont de deux catégories.*

Les devoirs ou attributions des consuls à l'étranger se partagent en deux catégories : la première comprend le service consulaire en général, abstraction faite des particuliers qui ont recours à la protection des consuls ; la seconde règle les rapports des consuls avec leurs nationaux, établis ou de passage dans le lieu de leur résidence.

§ 138. *Les consuls doivent faire respecter le pavillon national et les priviléges consulaires.*

A la première catégorie se rapporte l'obligation de faire respecter le pavillon national et de lui faire accorder, ainsi qu'aux nationaux, les priviléges et facilités dont jouissent dans les mêmes cas et dans les mêmes pays, les sujets des autres nations les plus favorisées (1). Les consuls sont tenus d'en agir de même pour la conservation de leurs prérogatives.

(1) Art. 36 129-130 du régl. de 1815 ; voy. aussi les §§ 84 , 356 , 372 à 374 *infrà*, et art. 8 des instructions ministérielles en 13 art. du 12 janv. 1816.

§ 139. *Les consuls doivent faire observer les traités.*

« Les consuls-généraux, les consuls et les vice-consuls de S. M., dans les échelles du Levant et de Barbarie , doivent mettre le plus grand soin à faire respecter les traités existant avec la Porte Ottomane et les pays barbaresques (1). »

Cette obligation n'en est pas moins imposée à tout autre consul : il n'y a de différence que dans la manière de s'y conformer. Les consuls du Levant et de Barbarie ayant pour la plupart un caractère diplomatique (2) , adressent euxmêmes , s'il y a lieu , leurs réclamations au gouvernement local , tandis que les autres doivent se borner à les mettre sous les yeux de leur propre gouvernement, ou de l'ambassadeur du Roi près le gouvernement étranger.

(1) Art. 4 des RR. PP. du 16 sept. 1816. (2) Les consuls résidant dans les domaines de la Sublime-Porte, doivent s'adresser à la Royale ambassade à Constantinople Voy. § 118 et 119 *infrà*.

§ 140. *Les consuls sont tenus de faciliter le commerce et la navigation; de faire des rapports sur le commerce, la navigation et l'agriculture des autres peuples.*

Les consuls sont tenus de faciliter de tout leur pouvoir . le commerce et la navigation de leurs nationaux à l'étranger (1) , et c'est pour ce motif, qu'outre l'assistance qu'ils doivent leur prêter, ils sont encore obligés de tenir le gouvernement de S. M. au courant de tout ce qui tend à ce but.

Ainsi les consuls ont pour devoir d'observer tout ce qui peut être utile au commerce , à la navigation , à l'agriculture sardes et à toutes les branches de service public et d'en rendre compte au ministère des affaires étrangères . ainsi

qu'au ministère et à l'intendance générale de la marine (2) .
toutes les fois que cela est nécessaire : par conséquent, ils
doivent non-seulement faire connaître les nouvelles institutions adoptées en pays étrangers , à l'égard du commerce
et de la navigation, mais encore donner toutes les notions
qui pourraient leur être demandées à ce sujet. Ils sont tenus
d'envoyer au ministère des affaires étrangères , copie de
leur correspondance avec le ministère et avec l'intendance
générale de la marine sur ces differents objets (3).

Dans leur correspondance avec les différentes administrations , les consuls doivent bien se garder de proposer de
nouvelles mesures relativement au service , sans être bien
convaincus de leur nécessité et des avantages qui résulte-
raient de leur adoption (4).

(1) Art 28 n° 2 du régl. de 1835 et art. 30 , 31 du régl. de 1815.
(2) Autrefois les consuls correspondaient avec l'amirauté , voy. § 147
infrà. (3) Art. 31 et 32 du régl. cons. de 1815, et § 147 *infrà* .
(4) Circul. 14 du 4 déc. 1816.

§ 141. *Rapports annuels sur les objets indiqués dans le § précédent.*

D'après les réglements (1) , outre les informations ci-
dessus désignées , les consuls sardes adressent chaque année
au ministère des affaires étrangères et aux deux dicastères
dénommés au § précédent, un rapport détaillé sur ce qu'il
y aurait à faire pour le bien du commerce , de la navigation,
de l'agriculture et de l'industrie sardes dans les pays de
leur résidence , sur les facilités que le gouvernement local
accorde aux navires et aux commerçants nationaux et étrangers , en joignant à chaque copie de lettre le texte de la loi
qui se rapporte aux indications données (2). Au nombre de
ces renseignements on doit ajouter les traités , les tarifs des
douanes et maritimes, les différences entre les nationaux et
les étrangers , et entre ces derniers faire remarquer quels
sont les favorisés et ceux qui ne le sont pas: les avantages

accordés au pavillon national dans son commerce avec les colonies; les primes d'encouragement accordées aux nationaux et même aux étrangers, etc. (3) On doit ensuite indiquer la part que chaque nation prend à la navigation et au commerce dans le pays, les denrées que chacune y apporte ou en exporte avec le plus d'avantage, et les motifs qui déterminent le commerce à s'adresser plutôt aux navigateurs et aux produits d'une nation, qu'à ceux d'une autre; la quantité, la qualité, et le prix des denrées qu'on introduit dans le pays (4) : les articles pour lesquels il existe quelque monopole et dans les mains de qui il se trouve (5) ; les cultures qu'on y encourage le plus et celles qui sont le plus florissantes (6) ; enfin tout ce qui peut servir de guide au gouvernement pour améliorer la condition du commerce et de la navigation sardes à l'étranger, et procurer des débouchés aux produits agricoles et manufacturés des Etats sardes.

Ces rapports doivent être accompagnés par des tableaux statistiques de la navigation de toutes les nations, et de leurs importations et exportations. Les chefs d'arrondissement envoient leurs rapports et leurs tableaux aux chefs de district et ces derniers les expédient en original avec ceux faits par leurs soins, au ministère des affaires étrangères à la fin de chaque année.

Dans les localités où les officiers consulaires ne peuvent pas dresser des tableaux aussi complets que l'exigeraient les modèles, ils sont libres d'indiquer seulement le pavillon de chaque nation avec le nombre de navires et de tonneaux, la quantité et la qualité des marchandises sans la provenance ou la destination ; mais en ce cas ils doivent rendre plus riches le rapport et la colonne des observations, afin de suppléer à l'imperfection des tableaux.

Il suffira d'indiquer nominativement, dans les tableaux les articles d'une plus grande importance relative et de comprendre les autres sous la dénomination de divers (7).

(1) Art. 34 du régl. cons. de 1815 ; art. 5 des RR. PP. du 16 sept.

1816; circul. 13 du 2 nov. 1816. (2) Chap. 5 de la circul. 24 de
juin 1819, et circ. 99 du 13 fév. 1847. *Nota :* Les frais des textes
de lois sont payés par le ministère des affaires étrangères, voy. §
166, n° 4, *in nota*. (3) Circ. 76 du 21 sept. 1840. (4) Circ. 24 de juin
1819. (5) Circul. 41 du 31 janv. 1825 ; circul. 44 du 3 déc. 1825 ;
circ. 11 du 16 sept. 1816. (6) Circ. 99 du 13 fév. 1847. (7) Voy. circ.
99 susdite, et les modèles 5, 6, 7 et 8.

§ 142. *Les consuls sont tenus de donner les nouvelles politiques.*

Les consuls étant préposés à veiller non-seulement aux
intérêts commerciaux, mais aussi à tout ce qui se passe
d'intéressant pour leur gouvernement dans le pays de leur
résidence, ils doivent l'instruire des faits politiques qui
peuvent y avoir lieu, tels que les mouvements des troupes,
les armements maritimes (1), et lui donner toutes les nouvelles de cette nature, qui leur arriveraient des pays étrangers et qui ne pourraient, par d'autres voies, parvenir à la
connaissance du gouvernement, qu'après un certain délai (2) ; on peut en dire de même de tout ce qui intéresse
la tranquillité publique.

(1) Art. 31 et 32 du régl. de 1815. (2) Lettre d'un consul-général
au ministère des affaires étrangères, du 18 août 1817.

§ 143. *Rapports des consuls sur la santé publique.*

Un des principaux objets du service consulaire et sur lequel l'attention des consuls a été de tout temps appelée avec
plus d'insistance, est celui qui se rattache à la conservation
de la santé publique : je vais donc mentionner les différentes
dispositions qui la concernent.

Les officiers consulaires chefs de district, sont obligés,
chaque fois qu'il leur parvient quelque nouvelle intéressant
la santé publique, de la transmettre au ministère des affaires étrangères et aux magistrats de santé de Gênes, Nice et
de Sardaigne, laissant de côté, s'ils résident dans un port de
mer, ceux de Turin et de Chambéry.

Les consuls de Toulon et de Cette doivent aussi en faire part à ces deux derniers magistrats.

Le consul de Milan doit écrire au ministère et aux magistrats de santé de Turin et de Gênes ; celui de Genève au ministère et aux magistrats de Chambéry et de Turin , et celui de Lyon au ministère et au. magistrat de santé de Chambéry (1).

(1) Circ. 67 du 4 nov. 1837, et art. 79 du régl de 1835: l'art. 35 du régl. de 1815 , prescrivait aux consuls de donner aussi au ministre de la marine et à l'amirauté, communication des nouvelles intéressant la santé publique.

§ 144. *Suite au § précédent.*

Les consuls ne doivent pas se borner à donner les nouvelles sanitaires du lieu de leur résidence , mais ils sont tenus d'y ajouter en outre toutes celles qui leur parviennent des pays voisins ou éloignés avec lesquels ils sont en relation , où dans lesquels ils n'y aurait pas d'agents consulaires sardes ; ils se feront rendre compte par leurs vice-consuls de l'état de la santé dans leurs arrondissements respectifs (1), et ceux-ci peuvent même, en cas d'urgence, écrire directement aux ministère et aux magistrats de santé (2) : les uns et les autres doivent indiquer l'époque du commencement de la maladie et celles de son décroissement et de sa fin (3).

Les consuls qui oublieraient de tenir le gouvernement et les magistrats sanitaires au courant des nouvelles concernant la santé publique, pourraient être destitués (4).

En cas d'urgence on a vu des consuls envoyer des courriers au gouvernement , pour lui donner des nouvelles qui ne lui seraient arrivées que trop tard par la voie de la poste , et les frais faits à cet effet ont été approuvés (5).

(1) Circ. 27 du 10 avril 1820 ; circ. 67 du 4 nov. 1837 ; circ. 85 du 3 mars 1843 et § 142 *in fine*. (2) Circ. 85 précitée et art. 80 du régl. de 1835. (3) Circ. 85 précitée. (4) Art. 35 du régl. de 1815. (5) Lettre du ministre des affaires étrangères à un consul-général du 27 sept. 1821. § 113 *infrà*.

§ 145. *Correspondance sur des matières concernant la santé publique.*

Les consuls ne se bornent pas à entretenir le gouvernement et les magistrats sanitaires de ce qui arrive, mais ils répondent aussi chaque fois que des questions leur sont adressées à ce sujet, et transmettent les déterminations que les magistrats étrangers prennent pour la conservation de la santé publique (1).

(1) Circ. 27 du 10 avril 1820.

§ 146. *Les consuls doivent écrire au ministère des affaires étrangères, au moins une fois par mois.*

Les consuls sont tenus de correspondre avec le ministère des affaires étrangères toutes les fois que cela est nécessaire, soit dans l'intérêt général du service, soit dans celui des particuliers, et hors le cas d'un besoin spécial, ils sont obligés de lui écrire au moins une fois par mois : quant aux autres administrations, ils suffit qu'ils leur écrivent toutes les fois que les besoins du service l'exigent (1).

(1) Art. 83 du régl. cons. de 1833.

§ 147. *Les consuls correspondent avec l'intendance générale de la marine pour tout ce qui concerne la marine marchande.*

L'intendance générale de la marine ayant été appelée en 1839 à s'occuper d'une manière plus étendue que par le passé de certaines attributions de l'administration de la marine marchande, la correspondance concernant cette partie du service, doit être adressée à M. l'Intendant général de la marine : tels sont la comptabilité des papiers de bord des navires marchands, la caisse des invalides, et généralement tout le personnel et le matériel de la marine marchande (1).

(1) Circ. 72, chap. 2 du 27 sept. 1839.

§ 148. *Les consuls correspondent avec les gouverneurs
des divisions-frontières.*

Les consuls sont aussi en correspondance avec les gouverneurs des divisions des frontières, comme ceux de
Chambéry, Nice, Gênes et Novare, principalement pour
des affaires de police et toutes les fois que les besoins du
service l'exigent (1).

(1) 353. *Infrà* au sujet du rapatriement gratuit, des sujets sardes.

§ 149. *Les consuls correspondent aussi avec d'autres
autorités de l'intérieur.*

Il est aussi *toléré* que les consuls correspondent avec
d'autres autorités supérieures, et même subalternes des
États sardes, comme syndics et juges de mandement, toutes
les fois qu'il y a nécessité évidente : je dis toléré, car il a
été répondu en sens contraire par M. le ministre des affaires
étrangères à un consul du Roi, le 3 décembre 1825. Cette
dépêche dit que les consuls ne sont tenus de faire aucune
démarche près de l'autorité locale, d'après la simple invitation des syndics, attendu que ceux-ci doivent s'adresser à un tel effet au ministère des affaires étrangères,
par l'intermédiaire de celui de l'intérieur dont ils dépendent.

§ 150. *Les consuls correspondent avec les légations du
Roi près le gouvernement de l'État de leur résidence.*

A l'étranger les consuls correspondent avec les ambassadeurs ou ministres de S. M. auprès du gouvernement de
l'état de leur résidence, pour les affaires importantes qui
ont lieu dans leur juridiction consulaire; pour celles surtout
qui concernent leurs relations avec les autorités locales,
comme les réclamations qui n'auraient pas été entendues
par ces dernières (1).

(1) Art. 87 du régl. cons. de 1835 et § 130 *infrà.*

§ 151. *Les consuls correspondent entr'eux.*

En cas de besoin les consuls correspondent aussi entre eux , en se communiquant réciproquement tout ce qui peut intéresser le service du Roi (1).

(1) Art. 81 du régl. de 1835.

§ 152. *Correspondance des simples consuls avec les consuls-généraux.*

Il y a aussi échange de correspondance entre les chefs de division et les consuls qui en dépendent, en ce qui concerne les relations hiérarchiques (1) et les affaires de service dans lesquelles l'intervention simultanée des deux fonctionnaires peut être nécessaire. Les consuls sont tenus d'informer leur chef de division de ce qui peut arriver d'important dans le district , et de le mettre à même de connaître la marche générale du service dans la division (2).

(1) Voy §§ 19 et 20 *infrà*. (2) Art. 82 du régl. cons. de 1835.

§ 153. *Les consuls correspondent avec les autorités et les consuls étrangers de leur résidence.*

Enfin , ainsi qu'il a déjà été dit (1), les consuls correspondent avec les autorités supérieures du lieu de leur résidence et avec leurs collègues étrangers (2).

(1) Chap. 5 , liv. 2 *infrà*. (2) § 133 *infrà*.

§ 154. *Avec qui correspondent les chefs d'arrondissement?*

Les chefs d'arrondissement correspondent avec le chef de district, dont ils relèvent , quelquefois avec les autorités supérieures des états sardes, et habituellement avec les autorités et les agents consulaires étrangers , qui se trouvent dans le lieu de leur résidence (1).

(1) §§ 144 et 513 et suiv. en ce qui concerne les nouvelles intéressant la santé publique.

§ 155. *Mode de tenir la correspondance.—Forme intrinsèque.*

Les consuls ont reçu, à différentes époques, des instructions sur le mode de tenir la correspondance et de l'expédier à sa destination ; pour ce qui concerne sa forme intrinsèque, je crois bien faire de citer textuellement la circulaire
58, du 5 septembre 1835 *in fine.*

« Les consuls doivent éviter dans leurs lettres toute di-
gression inutile et une prolixité excessive, en faisant cependant attention que la concision ne nuise en rien à la clarté
nécessaire à l'exposition des faits, et ne fasse pas oublier
quelque circonstance qu'il serait indispensable de connaître.

« Les consuls s'abstiendront de donner des nouvelles de
peu ou d'aucune importance, et de se servir de longues pé-
riphrases pour dire ce qui serait exprimé en peu de mots.

« Il s'abstiendront également d'expédier copie de correspondances tenues par eux avec des particuliers, ou avec
d'autres officiers consulaires de S. M., dont le contenu serait sans importance ou pourrait être dit en peu de mots. »

§ 156. *Forme extrinsèque de la correspondance.*

Quant à la forme extrinsèque voici ce que ladite circulaire
exige :

« Dans leurs rapports au ministère, les consuls ne doivent se servir que de la langue italienne, et traduire dans
la même langue les documents et correspondances qu'ils se
trouvent dans le cas de devoir lui communiquer, et toutes
les fois que cette traduction pourra être faite sans trop de
dérangement ; cependant, comme la langue française est
parlée et écrite dans une partie des Etats sardes, elle est
tolérée quant au consuls choisis parmi les étrangers et pour
les documents que les consuls en général sont dans le cas de
communiquer au ministère.

Les consuls feront écrire en caractères clairs et intelligibles, leur lettres ainsi que les noms qui y sont cités ; le n[uméro] et la date des dépêches auxquelles ils répondent doivent être cités dans leur réponse (1).

(1) Lettre à cet égard du ministère des affaires étrangères à un consul de S. M. du 14 fév. 1827.

§ 157. *Qualité et dimension du papier à lettre.* — *Lettres confidentielles.* — *Enveloppes des lettres.*

Les consuls sont tenus de se servir exclusivement de papier fin d'une dimension de 21 à 22 centimètres de largeur, sur 25 à 26 de hauteur, afin que les lettres puissent être rangées avec ordre dans les archives du ministère, et à l'effet d'éviter des frais de poste inutiles, qui auraient lieu si le papier était d'une plus grande dimension (1).

Les lettres doivent porter sur le côté droit et en haut l'indication du consulat, immédiatement en dessous le numéro d'ordre et à gauche en haut la date.

Elles seront écrites au 3/4 de la largeur du papier et en marge à droite il y aura un abrégé de leur contenu à côté de chaque article (2).

Les lettres confidentielles seront séparées de la correspondance ordinaire (3).

L'enveloppe doit être en papier pareil à celui des lettres, et pour les cacheter on ne se servira que de pains destinés à cet usage (4) ; les lettres destinées au ministère des affaires étrangères doivent toujours être adressées au ministre, même en son absence (5) ; celles destinées aux magistrats de santé doivent porter l'adresse suivante : *All'Eccellentissimo magistrato di sanità sedente in..... (6).*

(1) Circ. 58 déjà citée, et circ. 3 du 9 fév. 1816. (2) Circ. 17 du 29 avril 1817. (3) Lettre du ministère des affaires étrangères à un consul, du 13 juillet 1839. (4) Circ. 16 du 31 janv. 1817. (5) Circ. 5 du 1er avril 1816, et 48 du 27 janvier 1831. (6) Circ. 15 du 7 déc. 1816.

§ 158. *La correspondance officielle doit être enregis-*
trée. — Nombre des registres.

Toutes les lettres doivent être enregistrées *ad extensum*,
un n° d'ordre (1) doit être apposé à toutes les lettres adressées au ministre des affaires étrangères, à celui de la marine
et à l'amirauté, commençant pour chacune de ces administrations du n° 1 et n'ayant de fin déterminée : à cet effet les
consuls sont obligés d'avoir autant de registres qu'il y a
d'administrations avec lesquelles ils sont en correspondance;
les réglements n'en ont jamais indiqué le nombre, mais
jugeant d'après l'importance et la multiplicité de chaque
correspondance, il me semble que les consuls pourraient
avoir les suivants :

1° Un registre pour la correspondance ordinaire avec le
ministre des affaires étrangères ;

2° Un pour la correspondance confidentielle avec le
même ;

3° Un pour le ministre de la guerre et de la marine, et un
pour l'amirauté ;

4° Un pour l'intendance générale de la marine et autres
administrations qui en dépendent ;

5° Un pour les magistrats de santé et autres autorités de
l'intérieur ;

6° Un pour la légation de S. M. près le gouvernement local ;

7° Un pour les vice-consuls ou pro-consuls dépendants :

8° Un pour les consuls du Roi de la division et autres ;

9° Un pour les autorités et les consuls étrangers de la
localité ;

10° Un pour les correspondances diverses.

(1) Art. 33 du régl. cons. de 1815.

§ 159. *Les lettres reçues doivent être conservées. — Re-*
gistre des frais de poste.

Les lettres reçues doivent être conservées avec soin et déposées dans les archives de la chancellerie, ainsi que les registres, que les consuls sont obligés d'avoir (1) en conformité du § précédent. Les consuls tiennent en outre un compte exact des frais de poste dans un registre à ce destiné (2).

(1) Art. 86 du régl. de 1835; art. 33 du régl. de 1815. (2) § 166, n° 1 et modèle 20.

§ 160. *Comment les consuls doivent expédier les lettres à leur destination. — Défense de mettre dans la correspondance officielle des lettres de particuliers. — Affranchissement des lettres adressées aux vice-consuls et aux pro-consuls.*

Dans le but d'éviter des frais de poste inutiles les consuls sont invités à se servir pour l'envoi de leurs lettres et plis, principalement pour les plus volumineux, des bâtiments nationaux et même étrangers destinés pour les Etats Sardes ou pour des pays qui sont sur leur ligne; ils peuvent aussi se servir d'occasions particulières (1). La voie de la poste et les autres moyens coûteux sont réservés pour les communications pressantes (2).

Les consuls auront le soin d'avertir, soit le ministère des affaires étrangères, soit les autres administrations des envois de correspondance ou d'autres objets, qu'ils leur auraient faits par des voies indirectes (3).

Les lettres écrites aux chefs d'arrondissement doivent être affranchies (4).

Je ferai remarquer enfin, que par la même raison d'économie dont il a déjà été fait mention, il est expressément défendu aux consuls d'expédier avec la correspondance officielle des lettres de particuliers ou qui seraient adressées à des particuliers, excepté le cas où le besoin en serait démontré dans l'intérêt de quelque sujet du Roi (5).

(1) Circ. 58 du 5 sept. 1835. (2) Circ. 7 du 22 mai 1816; circ. 13 du 17 déc. 1816 et circ. 67 du 4 nov. 1837. (3) Circ. 7 du 22 mai 1816. (4) Circ. 13 du 17 déc. 1816. (5) Circ. 67 du 4 nov. 1837, et circ. 81 du 22 mars 1842.

LIVRE 3ᵉ — CHAPITRE 2.

ÉTATS PÉRIODIQUES.

§ 161. *Etat des sujets sardes, des successions et des sentences. — Extraits des actes de naissance et de décès. — Extraits des testaments.*

Pour que le ministère des affaires étrangères soit à même d'exercer sur les consuls et sur leurs actes la surveillance qui lui est attribuée par les réglements, un des moyens les plus efficaces est celui de l'envoi, que les consuls doivent lui faire, à des époques déterminées, des états constatant les différentes opérations consulaires et le montant des droits perçus.

Ainsi chaque trimestre ou pour le plus long délai chaque semestre, les consuls doivent expédier au ministère (1) :

1° Le contrôle des sujets domiciliés dans leur district, qui n'ont pas été compris dans les contrôles précédents (2);

2° L'état des successions laissées par les sujets décédés, indiquant la quantité exacte et la nature des objets compris dans chacune, et les personnes auxquelles ils croient que ces successions peuvent appartenir (3).

3° L'état des sentences prononcées (4), dont une copie, suivant l'article 64 du réglement de 1815, s'il s'agit de matières criminelles ou de contravention (5), doit aussi être remise chaque trimestre au ministère de la marine et au président du conseil d'amirauté à Gênes, pour qu'ils en provoquent l'exécution dans le cas où elles n'aient pas encore été exécutées, ce qui doit être indiqué sur la copie (6);

4° Les doubles extraits des actes de naissances et de décès, ou de leur présentation (7) ;

5° La copie des testaments ou des actes de leur présentation faite au consulat (8).

(1) Art. 84 du régl. de 1835. (2) Art. 84 id. et modèle n° 9. (3) Circulaire 70 du 4 janv. 1839, modèle 10 et art. 84 dudit régl. (4) Voy. art. 84 susdit et modèle 11. (5) §§ 256 à 277 *infrà*. (6) Même art. 64 du régl. de 1815. (7) Circ. 68 du 2 juin 1838, art. 38 des RR. PP. du 20 juin 1837, et circ. 70 du 4 janv. 1839. — Nota. L'état des naissances et des décès, après la publication du code civ., a été supprimé. Voy. circ. 70 précitée. Voyez en outre les modèles 27 à 33, et § 312 et suiv. (8) Art. 799 cod. civ.

§ 162. *Etat des jeunes gens soumis à la levée militaire.*

A la fin de chaque année les consuls expédient en outre au ministère des affaires étrangères, une note de tous les jeunes gens nationaux domiciliés dans les pays compris dans leur juridiction, qui en raison de leur âge auraient dû satisfaire à la levée militaire et n'ont pas encore concouru au tirage ; cette note doit être accompagnée d'un état indiquant la situation de la famille de chaque individu (1).

(1) Circ. 74 du 4 mars 1840, et modèle 12 et 14. Voy. en outre § 245 *infrà*.

§ 163. *Etat des sommes perçues. — Forme de l'état des sommes perçues.*

A la fin de chaque trimestre ou au plus tard de chaque semestre, les consuls sont obligés d'envoyer les états concernant la comptabilité du consulat (1), ce sont : les états des sommes perçues dans leur chancellerie et dans celles des pro-consuls ou vice-consuls dépendants, avec une indication claire et précise du droit payé, de la personne qui l'aura payé, du motif du payement et de la répartition qui aura été faite entre le trésor et les employés qui y auront participé (2).

Le produit des passeports doit former un seul numéro comprenant le total perçu dans le trimestre (3).

Pour plus de régularité et de précision dans la comptabilité, les consuls doivent indiquer dans les états des sommes perçues, quel est le nombre des voyages que les navires à vapeur ont fait pendant le mois (le 1er, le 2me) (4). Une annotation doit aussi avoir lieu dans les cas prévus par les circulaires 97, du 21 octobre 1846 et 98 du 7 décembre suivant (5).

La répartition des droits perçus doit être faite suivant ce qui est dit au chapitre des revenus consulaires (6).

(1) Art. 67 du régl. de 1835. (2) Voy. modèle 13 et circ. 15 du 17 déc. 1816. (3) Circ. 7 du 22 mai 1816. (4) Circ. 78 du 18 mai 1841. (5) §§ 539 à 543 et 345 à 347 *infrà*. (6) §§ 54 à 56, 72 et 73 *infrà*, et art. 56 à 58 du régl. de 1835.

§ 164. *Etat des arrivées et des départs des navires. — Idem des passeports. — Etat des sommes perçues pour la formation des procès criminels.*

Comme pièces justificatives les consuls expédient en outre au ministère des affaires étrangères à chaque trimestre ou semestre :

1° Les états des arrivées et des départs des navires (1), pour lesquels ils font la même annotation du nombre des voyages faits dans le mois par ces navires, et dans les cas indiqués au § précédent (2) :

2° L'état des passeports délivrés ou visés (3) ;

3° Les consuls envoient aussi, quoiqu'ils soient tout à fait à leur bénéfice et à celui des officiers consulaires qui ont concouru avec eux à la formation des procès criminels, l'état des droits payés en conformité du tarif pour les affaires criminelles du 5 août 1818 (4).

(1) Voy. modèle n° 15 et art. 67 du régl. de 1835. (2) Circ. 78 du 18 mai 1841, et § 500 *infrà*. Nota. — Comme souvent des navires

arrivés dans un trimestre partent dans un autre, il est reçu de faire de ceux-ci un état spécial qu'on place en tête de l'état général, où l'on indique seulement ce qui est prescrit par la 1re, 3e, 5e, 6e, 7e 9e et 11e colonnes du modèle. (3) Art. 67 du régl. de 1835 et modèle 16. (4) Circ. 22 du 31 août 1818 et modèle 17.

§ 165. *Les vice-consuls et les pro-consuls envoient les états périodiques aux chefs de district. — Ils tiennent leur comptabilité avec ces chefs.*

Les vice-consuls ou pro-consuls chefs d'arrondissement, expédient les états ci-dessus énoncés à leurs chefs de district respectifs, en autant d'exemplaires que ceux-ci doivent en envoyer aux différentes administrations, outre un exemplaire qui doit rester déposé au consulat (1) ; ils ne leur en remettent cependant qu'un de l'état des sommes perçues pour rester déposé à la chancellerie, car les consuls sont obligés d'expédier un seul état de toutes les perceptions consulaires de leurs districts (2).

Les pro-consuls et les vice-consuls tiennent avec les consuls, auxquels seuls ils ont affaire, la comptabilité que les consuls tiennent avec le gouvernement (3).

(1) Circ. 15 du 17 déc. 1816. (2) Art. 51 du régl. cons. de 1813. Cependant, la circ. 15, pag. 2 et la circ. 41, pag. 3, chap. 8, admettent la copie faite par les chefs d'arrondissement, quand il s'agit de consulats où il y a beaucoup d'occupations. (3) Art. 80 du régl. de 1835.

§ 166. *Etat des dépenses remboursables. — Appointements des drogmans et des attachés au consulat-général de Milan. — Secours, subsides, aumônes aux églises et aux indigents. — Etat des frais de commission, de change et autres.*

Les consuls envoient en outre, aux époques ci-dessus déterminées, une note exacte des dépenses remboursables telles que (1) :

1° Frais de poste du chef-lieu et des chancelleries dépendantes (2) ;

2° Appointements des drogmans, gardes et desservants du consulat dans les consulats de la première catégorie ;

3° Le consul général à Milan transmet la note des appointements payés par lui aux attachés de son consulat (3) ;

4° Tous les consuls envoient une note des secours donnés aux indigents, des subsides et aumônes donnés aux églises catholiques, spécialement en Afrique et dans le Levant, et de toutes les dépenses qui auront été autorisées par le ministère des affaires étrangères et que les consuls devront faire avec la plus grande économie (4), et justifier avec les documents y relatifs (5) ;

5° Chaque année les consuls remettent au ministère susdit, une note séparée indiquant les frais de commission et de change qu'ils auront faits pour retirer le montant des dépenses remboursables, parmi lesquelles ils peuvent compter celles faites pour lui transmettre la portion de revenus dûs au trésor (6).

(1) Art. 49, § 3 du régl. de 1835. (2) Circ. 3 du 9 févr. 1816, modèle 20. (3) Art. 44 et 49, § 3 du régl. de 1835. (4) On peut comprendre ici les frais faits pour procurer les documents prescrits par le § 141 *infrà*, note 2. Voy. en outre modèles 18 et 19 *infrà*. (5) Art. 49, §§ 4 et 5 du régl. de 1835. (6) Art. 49, § 6 susdit.

§ 167. *Les consuls envoient aussi des états à l'intendance générale de la marine. — Etat des arrivées et des départs des navires. — Idem des expéditions provisoires des navires. — Catalogue des navires vendus. Etat des matelots embarqués et débarqués.*

En conformité des réglements les consuls sont aussi tenus de transmettre à M. l'intendant général de la marine, à chaque trimestre ou semestre :

1° Une copie de l'état des arrivées et des départs des navires (1), à la fin duquel ils ajoutent un résumé du nombre des navires dont ils indiquent le tonnage, en distinguant ceux qui ont été affectés à des opérations de commerce, de ceux qui n'ont été qu'en relâche (2) ;

2° Un état des expéditions provisoires délivrées en vertu de ce qui sera dit au chapitre des papiers de bord (3) ;

3° Un catalogue des ventes de navires qui ont eu lieu dans le district consulaire, indiquant l'époque de ces ventes, ainsi que celle de la remise des papiers de bord à Gênes (4) ;

4° L'état des embarquements et des débarquements des matelots, suivant ce qui sera dit au chapitre susdit (5).

5° Une copie de chaque sentence prononcée en matière criminelle, ou pour des contraventions (6).

(1) Art. 67 du régl. de 1835. (2) Annexe du modèle 15, et lettre de l'amirauté à ce sujet. (3) Art. 10 des RR. PP. du 30 oct. 1841, contenant des instructions ministérielles de la marine. V. § 470 et modèle 21 *infrà*. ,4, Art. 10 dites instructions du 30 oct. 1841, modèle 22. (5) § 484, *infrà*, et art. 10 des dites instructions, n° 1 et modèle 23. (6) Voy. § 161, n. 3, *infrà*.

§ 168. *Les états portent la date, le timbre du consulat et la signature des officiers consulaires.*

Les états énumérés jusqu'ici doivent porter la date de leur formation (1), et le timbre du consulat et être signés, savoir : ceux des sommes perçues par tous les officiers consulaires attachés à la chancellerie (2), les autres par le consul seulement et ceux qui ont été formés dans les vice-consulats ou dans les pro-consulats, après avoir été signés par les officiers y attachés, ou par les chefs d'arrondissement seulement, doivent être certifiés conformes par le chancelier du chef-lieu de district, et signés par le consul (3).

Chaque fois que le consul n'a pas d'états de comptabilité à envoyer au ministère, il doit lui en donner avis, afin que celui-ci soit averti que le manque d'états ne dépend pas d'une négligence, ou d'une perte de ces états (4).

Quant à la manière de faire parvenir les états, soit au ministère des affaires étrangères, soit à l'intendance générale de la marine, il n'y a qu'à se conformer à ce qui a été dit précédemment au § 160, relativement à l'envoi de la correspondance (5).

(1) Ponr la régularité on donne toujours la date des premiers
jours qui suivent le trimestre ou le semestre dont il s'agit d'expédier les états (2) Circ. 15 du 17 déc. 1816. (3) Même circ. 15. (4)
Art. 23 des instructions ministérielles en 27 art. du 12 janv. 1816.
(5) Voy. circ. 7, nᵒˢ 4, 5 et 6.

LIVRE 3ᵉ — CHAPITRE 3.

COMPTABILITÉ CONSULAIRE. — MATÉRIEL DES CONSULATS.

§ 169. *Vérification des états de comptabilité.*

Les états de comptabilité sont vérifiés par le ministère des
affaires étrangères et par le contrôle général des finances (1).

Après que cette double vérification a été faite et que le
consul en a reçu l'avis, il doit opérer le versement des produits appartenant au trésor, s'il en reste ; ce versement se
fait par l'intermédiaire du procureur fondé du consul (2),
dans une des trésoreries provinciales des Etats sardes de
Terre-Ferme, pour en être tenu compte par celle-ci à la
trésorerie générale, en conformité des RR. PP. 21 janvier
1819. Les versements doivent être faits le plus régulière-
ment possible, à chaque trimestre ou au plus tard à chaque
semestre (3).

(1) Art. 67 du régl. de 1835, *in principio.* (2) Voy. art. 44 du régl.
de 1835 et modèle de procuration nᵒ 4 et circ. du 27 octobre 1832.
d'où ce modele est extrait. (3) art. 68 du régl. cons. de 1835.

§ 170. *Quittances provisoires et définitives.*

1° Les quittances des trésoriers provinciaux pour les
sommes qui ont été versées dans leurs caisses respectives.

par les procureurs fondés des officiers consulaires, sont transmises sans retard par ces procureurs au ministère des affaires étrangères, dont ils reçoivent une contre quittance qui sert aux mandants de décharge provisoire, pour les sommes qui ont été payées pour leur compte (1) :

2° La copie du compte annuel de chaque chef de district faite par le ministère des affaires étrangères, reconnue conforme par le contrôle général et signée par les chefs des deux dicastères, sert à chaque officier consulaire, auquel elle est expédiée, de décharge de sa comptabilité annuelle (2).

(1) Voy. art. 69 du régl. de 1835. (2) Art. 78 ibid

§ 171. *La comptabilité est arrêtée du jour que le consul quitte son poste.*

Si un consul vient à être déplacé, sa comptabilité est arrêtée dès le jour de la cessation de ses fonctions (1). Cette comptabilité étant reconnue régulière par le ministère, il ordonne le paiement de ce qui résulte être dû au consul. (2).

(1) Art. 49 du régl. de 1825. (2) Dans les états des sommes perçues, le gérant ajoute une colonne indiquant la portion qui lui revient en cas d'absence du titulaire ou de tout autre vacance, en vertu des réglements ou de disposition ministérielle. Voy. à ce sujet l'art. 64 du régl. de 1835, et le modèle n° 13.

§ 172. *Libération des héritiers d'un consul décédé.*

Si la comptabilité est arrêtée pour cause de décès, la quittance du successeur délivre les héritiers du prédécesseur de toute responsabilité pour les objets compris dans l'inventaire, sauf toujours au gouvernement ou à d'autres, ayant droits, à faire leurs réclamations pour ceux qui n'y auraient pas été compris, et que le successeur viendrait à découvrir comme appartenant au consulat ou y ayant été déposés (1).

(1) Art. 97 du régl. de 1835, voy. en outre l'art. 28 du réglement de 1815.

§ 173. *Règles pour l'émission du budget consulaire. — Exception.*

Toutes les dépenses concernant l'administration des consulats sont, autant qu'il est possible de le faire, eu égard à la nature de cette branche de service public, soumises aux mêmes règles établies pour les administrations générales (aziende), et les mandats y relatifs sont conséquemment communiqués au contrôle général pour leur vérification et leur enregistrement. Cependant si quelque dépense ne pouvait pas être remboursée suivant les règles ordinaires, par défaut de pièces justificatives ou par d'autres motifs, et que néanmoins on crût convenable d'en admettre le remboursement le ministre pourrait, après en avoir obtenu l'autorisation du Roi, donner les ordres nécessaires pour leur paiement (1).

(1) Art. 72 du régl. de 1835.

§ 174. *Les consuls ne peuvent faire des traites sur le trésor, ni se rembourser de leurs avances sur les comptes trimestriels.*

Il est rigoureusement défendu aux officiers consulaires, sous peine de suspension et même de destitution, de tirer des lettres de change pour compte et à charge directe ou indirecte des fonds alloués ou bilan de l'étranger (1).

Les consuls ne peuvent pas non plus déduire sur le compte de chaque trimestre le montant des dépenses faites par eux, même de celles dont ils ont le droit d'être remboursées (2).

(1) Art. 73 du régl. de 1835 et circ. 52 du 27 oct. 1832. (2) Art. 39 du tarif cons. de 1825 et § 166 *infrà*.

§ 175. *Règles relatives aux avances de fonds pour des dépenses extraordinaires.*

S'il arrive qu'un consul ait à faire une dépense, pour laquelle on croit convenable d'avancer des fonds, le ministre peut provoquer à cet effet l'émission d'un mandat provisoire sur quelque trésorerie provinciale ; mais ce mandat doit être ensuite régularisé le plus tôt possible (1).

(1) Art. 74 du régl. de 1835.

§ 176. *Les fonds du service secret ne peuvent être alloués à l'administration consulaire.*

On ne peut pas employer pour l'administration des consulats, les fonds portés au budjet du service secret, et s'il arrivait que par l'ordre de S. M., on confiât aux officiers consulaires quelque commission secrète ou autre étrangère à leurs attributions ordinaires, la dépense relative à cet objet serait passée avec la somme qui est ordinairement allouée en masse sur le même budjet pour un tel service (1).

(1) Art. 75 du régl. de 1835.

§ 177. *Les secours donnés aux marins sont remboursés par la caisse des invalides de la marine.*

Les dépenses que les consuls se trouvent dans la nécessité de faire pour secourir les marins sardes, ou pour en procurer le *rapatriement* en cas de naufrage de navires sardes sont remboursées par l'intendance générale de la marine avec les fonds de la caisse des invalides de la marine (1).

(1) Voy. art. 50 du régl. de 1835, circ. 57 de 1835, circulaires 24 et 36, et § 427 *infrà.*

§ 178. *L'intendance générale de la marine doit fournir des éclaircissements sur la comptabilité consulaire.*

L'intendance générale de la marine doit fournir au ministère des affaires étrangère et au contrôle général, toutes les informations qui peuvent, autant que possible, aider à prouver la régularité de la comptabilité consulaire, tant pour les produits que pour les dépenses. (1).

(1) Art. 76 du régl. de 1835.

§ 179. *Quelques observations sur la tenue de la comptabilité consulaire.*

Le ministère des affaires étrangères tient, quant aux produits et aux dépenses consulaires, un compte séparé et dis-
tinct de toute autre comptabilité (1) et les produits consulaires appartenant au trésor, sont compris dans le bilan
général des fonds de ce dernier (2) ; l'*azienda* générale économique de l'extérieur doit fournir les dépouillements ordinaires des produits consulaires, dont elle rend annuellement compte à la Royale chambre des comptes (3).

(1) Art. 77 du régl. de 1835. (2) Art. 66 ibid. (3) Circ. 70 ibid.

§ 180. *Matériel des consulats.*

Je crois opportun de donner ici une indication de tout ce
que les consuls doivent conserver ou se procurer pour le service consulaire, et qui en forme, pour ainsi dire, le matériel.

Les consuls doivent, en premier lieu, avoir soin des réglements consulaires, des lois, etc., qu'ils reçoivent du ministère des affaires étrangères et des autres administrations
avec lesquelles ils sont en relation, ainsi que du sceau de
leurs consulats respectifs ;

2° Ils doivent conserver la correspondance (1), les registres dont les noms suivent, et les actes de toutes sortes qui
ont été faits ou remis à leur chancellerie (2).

Les consuls doivent avoir un registre :

1° Pour enregistrer les patentes et les serments des officiers consulaires ainsi que les *exequatur* accordés, soit à
eux, soit à leurs subalternes 3) :

2° Un pour les arrivées et les départs des navires (4) :

3° Un pour les copies des rôles d'équipages (5) :

4° Un pour les *passavants* provisoires (6) :

5° Un pour l'inscription des sujets sardes (7) :

6° Un pour les passeports délivrés (8) :

7° Un pour les visas :

8° Dix pour la correspondance (9) ;

9° Un pour les extraits des actes notariés (10) :

10° Un pour les procès criminels (11) ,

11° Un pour les procès civils et un pour les correctionnels (12) ;

12° Un pour les sommes perçues ordinaires (13) ;

13° Un pour celles concernant les frais des procès criminels (14) ;

14° Un pour les frais de poste (15) ;

15° Un pour les déboursés en aumônes et secours aux indigents et aux églises (16) ;

16° Un pour les dépôts (17) ;

Les consuls devraient en outre avoir des registres pour tenir note des légalisations, des manifestes, des certificats d'origine, des certificats de santé et des embarquements et débarquements des marins (18).

L'article 84 du réglement de 1835 prescrivait aux consuls d'avoir un registre pour les naissances et les décès auquel a été substitué celui prescrit par la circulaire 70 du 4 janvier 1839 (19).

Les consuls doivent en outre avoir tous les imprimés qui exigent uniformité et dont l'usage est fréquent.

(1) § 159 *infrà*. (2) § 307 et 321 *infrà*. Les devoirs mentionnés aux nᵒˢ 1 et 2 du § 180, sont aussi imposés aux chefs d'arrondissement. (3) § 48 *infrà* (4) Art. 108 du régl. de 1815; circ. 58 citée au § 430 *infrà* et modèle 15. (5) § 467 *infrà*. (6) Art. 112 du régl. de 1815, et § 468 et suiv. *infrà*. (7) Art. 24 des RR. PP. du 16 sept. 1816, art. 133 du régl. de 1815; circ. 55 et § 240 *infrà*. (8) Circ. 58, pag. dern. et § 333 *infrà*. (9) § 158 *infrà*. (10) Art. 87 du régl. de 1815 et § 304, 4ᵉ alinéa. (11) §§ 412, 413, 414, 254 *infrà*, et art. 60 du régl. de 1815. (12) Art. 73 ibid. (13) Art. 47, 51 du régl. de 1815. (14) Circ. 22 du 31 août 1818, et § 164 *infrà* n° 3; voyez aussi art. 18 et 19 du tarif pour les procès criminels, du 5 août 1818. (15) Circ. 3 du 9 fév. 1816, et modèle n° 20. (16) § 68, n° 4, *infrà*. (17) Ce registre n'est point prescrit par les réglements sardes; mais le chancelier, devant, selon l'art. 29 du régl. de 1835, concourir avec le consul à la conservation des dépôts, il paraît utile que ce registre soit tenu; voy. une ordon. franç. à ce sujet du 24 oct. 1833 qui le prescrit, et modèle 56 *infrà*. (18) Circ. 68, et §§ 314 à 322 *infrà*. Voy. modèles 27 à 33, à la fin de l'ouvr. (19) Voy. à la fin projets de modèles de ces registres, aux nᵒˢ 23, 43, 54 et 55.

LIVRE QUATRIÈME.

ÉNUMÉRATION DES ATTRIBUTIONS ET DES DEVOIRS DES CONSULS SARDES PAR RAPPORT AUX PARTICULIERS. — TRAITEMENT DES SUJETS SARDES EN PAYS ÉTRANGER.

CHAPITRE Ier.

SOMMAIRE DES ATTRIBUTIONS ET DES DEVOIRS DES CONSULS SARDES PAR RAPPORT AUX PARTICULIERS.

§ 181. *Attributions des consuls sardes vis-à-vis de leurs nationaux en général.*

Parmi les attributions d'un consul sarde envers ses nationaux, soit résidants, soit de passage, il en est qui sont générales pour tous, d'autres qui concernent les marins en particulier (1).

Voici les premières :

1° Le consul accorde sa protection aux sujets sardes demeurant ou de passage dans sa résidence, et exerce sur eux une juridiction plus ou moins active, suivant les traités et les usages des différents pays (2) ;

2° Il reçoit les actes que les sujets sardes passent entre eux ou avec des étrangers s'il en est requis, et légalise les actes faits à l'étranger, toutes les fois qu'ils doivent faire foi dans les Etats du Roi (3).

3° Le consul délivre des passeports à ses nationaux et

vise ceux qui lui sont présentés, soit par eux, soit par les étrangers qui désirent se rendre dans les Etats sardes (4).

(1) Art. 28 du régl. de 1835. (2) § 227 et suiv. *infrà*. (3) Voy. § 302 *infrà*. (4) Art. 28 du régl. de 1835 et §§ 333 et suiv.

§ 182. *Attributions des consuls relativement à la marine.*

4° Le consul doit prêter aux navires et aux équipages de sa nation, une assistance active et bien entendue sur tous les points de son district et en raison des nombreux besoins auxquels ils sont exposés (1);

5° Il doit veiller à ce que le bon ordre règne à bord des navires nationaux qui se trouvent dans le port de sa résidence et que les réglements maritimes y soient observés. Il surveille aussi la conduite des capitaines et les opérations qu'ils font dans tous les pays qu'ils parcourent (2).

(1) Art. 69 du régl. de 1815 et §§ 372 et suiv. *infrà*. (2) Voy. §§ 449 et suiv. *infrà*.

LIVRE 4ᵉ — CHAPITRE 2.

ADMISSION DES ÉTRANGERS DANS UN PAYS. — DIVERSES CONDITIONS DE CETTE ADMISSION, DE LEUR SÉJOUR ET DE LEUR DÉPART.

§ 183. *Avant-propos.*

J'ai précédemment expliqué quels sont les devoirs des consuls envers le gouvernement du Roi, abstraction faite de l'assistance due à leurs nationaux; je viens maintenant d'énumérer leurs principales attributions par rapport aux sujets sardes de résidence, ou de passage dans leurs districts consulaires : avant de développer les différentes dispositions qui règlent ces dernières, je crois convenable d'exposer brièvement quelles sont les conditions d'admission et le traitement des étrangers en pays étrangers. Je ferai observer que dans ce chapitre il n'est question que des conditions générales du traitement des étrangers, qui presque toutes se rapportent aux pays hors du Levant et de Barbarie : quant à ces derniers pays j'entrerai dans de plus grands détails dans les chapitres suivants.

§ 184. *Conditions générales de l'admission des étrangers en pays étrangers.*

Partout où il y a des consuls, il est permis aux sujets de leur nation de s'établir et de commercer ; ceux qui ont usé de cette faculté, sont, ainsi que leurs héritiers, maîtres de leurs biens, à la condition de se conformer aux lois du pays, en ce qui concerne la police, la soumission due aux arrêts de la justice, la transmission de la propriété (1), la navigation, le commerce, l'exercice de certains arts, exercice qui est souvent plus ou moins restreint à l'égard des étrangers, etc. Les traités modifient quelquefois plus ou moins les dispositions des lois des différents pays. Ces modifications seront indiquées dans les §§ suivants, ainsi que dans l'appendice contenant les traités de la Sardaigne avec les puissances étrangères (2).

(1) Au Chili, par exemple, les héritages se transmettent d'après les lois du pays d'origine des étrangers, soit qu'ils consistent en immeubles ou en effets mobiliers. Dans les autres pays, ces derniers seuls sont partagés entre les héritiers, suivant les lois du pays du défunt et d'après la maxime *bona mobilia ossibus personæ inhérent.* (2) La réciprocité étant, à défaut des traités, une des bases du droit des étrangers en pays étrangers, les consuls doivent connaître quel est en général leur traitement dans le pays qu'ils représentent.

§ 185. *Les étrangers doivent offrir des garanties de moralité et dans la plus part des pays être munis d'un passeport.*

Lorsqu'un étranger se présente à la frontière d'un étaquelconque pour aller y établir son domicile ou pour y passer seulement, il est reçu à condition d'offrir toutes les garanties, que cet état exige ordinairement des étrangers qui veulent mettre le pied sur son territoire.

La première de ces garanties est la moralité de l'individu : ce qui en fournit la preuve est le plus souvent un passeport régulier, délivré par les autorités de son pays à l'intérieur ou à l'étranger, et visé par l'agent diplomatique ou consulaire de l'état dans lequel l'étranger veut entrer (1).

(1) § 235 *infra*, relatant la circulaire 77, qui donne la définition du passeport. Par l'art. 3 du traité avec le bey de Tunis, du 17 avril 1816, il a été convenu que ce passeport soit délivré par le ministre des affaires étrangères ; il en est de même pour les sujets sardes qui se rendent dans les Etats de la Porte et du Maroc. — En Suisse le sujet sarde qui veut s'y établir doit avoir un passeport dit *à domicile*, valable pour deux ans, qui lui est délivré et renouvelé à l'échéance par la légation sarde : voy. art. 1 de la convention faite le 12 mai 1827 avec le directoire fédéral au nom de plusieurs cantons suisses et les adhésions postérieures de quelques autres de ces cantons et la convention du 31 juillet 1837, avec plusieurs cantons et la déclaration y relative du directoire fédéral du 18 nov. 1838, au nom des autres cantons qui n'avaient pas été compris dans la convention : voy. en outre pour la Turquie le réglement de son gouvernement du 1er août 1844, ou du 16 de *regeb* 1260, composé de 17 articles et inséré dans la *Gazette de Piémont* du 17 sept. 1844, n° 211. Pour le Mexique voy. le réglement au sujet des passeports du 6 sept. 1844, inséré dans la *Gazette de Piémont* du 10 déc. 1844, n° 282, plus les lois du 1er mai 1823, relatives aux étrangers et les réglements du 22 juill. 1844 ; pour la Suède et la Norwège, voy. une ordonnance insérée dans la *Gazette piémontaise*, n° 12, du 16 janvier 1845, conforme. ainsi que les réglements concernant le Mexique et la Porte, au contenu du § 185. Voy. aussi l'acte du parlement anglais du 19 mai 1836, dans lequel il est dit que tout étranger arrivant en Angleterre, doit faire sa déclaration à l'officier de la douane et lui présenter son passeport : l'officier susdit délivre gratis à l'étranger un certificat constatant sa déclaration. Les réglements concernant les passeports étant très variables, je m'abstiens d'en citer davantage.

§ 186. *Moyens d'existence.*

Dans quelques pays on demande en outre à l'étranger de

prouver qu'il a des moyens d'existence, ou bien à la frontière on exige qu'il montre une somme déterminée, qui est censée suffisante pour vivre jusqu'à ce qu'il se soit procuré une occupation productive ou simplement pour faire son voyage (1).

Les gouvernements défendent généralement à leurs agents à l'étranger, de viser le passeport à des individus susceptibles de se trouver plus tard dans le cas de recourir à la bienfaisance publique, ou qui n'offriraient pas toutes les garanties de moralité voulues (2).

(1) Ceci a lieu en France et aux Etats-Unis d'Amérique. (2) § 345 *infrà*. A Gibraltar, les étrangers qui y séjournent plus de trois jours, doivent déposer comme caution, une somme de 5 liv. sterl. Aux îles Ioniennes, les étrangers présentent, pour répondant, un individu établi, etc.

§ 187. *Les étrangers paient souvent des droits d'entrée ou de séjour.*

Souvent on fait payer aux étrangers un droit d'entrée ou de séjour plus ou moins élevé (1). Ces droits on les acquitte une fois pour toujours (2) ou toutes les fois que l'individu passe d'une localité dans une autre, ou périodiquement.

(1) En Espagne, par exemple, les étrangers paient 2 fr. à l'entrée et 2 fr. à la sortie et un petit droit pour la carte de sûreté. Aux îles Ioniennes, ils paient 26 sous par trimestre en renouvelant leur permis de séjour. A Naples on paie 41 *grane* pour ce même permis. Dans quelques-uns des Etats de l'Amérique du Nord, les étrangers paient de 1 à 10 dolars par an. (2) Dans les Etats sardes, les étrangers ne paient aucun droit d'entrée ni de séjour, si ce n'est le droit de *visa* de leur passeport qui est de 4 ou de 2 fr., suivant leur condition, au ministère des affaires étrangères à Turin, ou bien au gouverneur de la division par laquelle ils entrent ou dont ils sortent Voy. l'art. 4 du traité du 22 mai 1827 avec la Suisse, qui défend de faire payer aux sujets des deux nations respectives plus de 8 fr. pour droit d'établissement. Voy. en outre l'art. 12 de la convention du 16 anv 1847, avec les cantons du Tessin, de St-Gall et des Grisons au

sujet du *visa* des passeports. En France on paie aussi un droit de *visa* de 10 fr. au ministère des affaires étrangères, si l'on va à Paris.

§ 188. *Les étrangers paient les impositions aussi bien que les regnicoles.*

En conséquence de la dépendance dans laquelle l'étranger se place vis-à-vis des lois du pays où il voyage, ou qu'il habite, il s'en suit qu'il est tenu de payer, aussi bien que les régnicoles, les impositions qui pèsent sur le commerçant, le propriétaire ou sur le *simple habitant,* selon qu'il réunit ces diverses qualités ou rien qu'une partie.

Ainsi comme commerçant il doit payer les droits de patentes, de douane, d'octroi, etc., imposés sur les commerçants et sur les marchandises (1); comme propriétaire il paie les impositions foncières et est soumis aux corvées, etc., et comme simple habitant il est sujet aux charges personnelles, connues sous le nom de personnel et mobilier (2), portes et fenêtres (en France), de logement militaire, etc., excepté celles qui affectent directement la personne, comme le service militaire (3), ou une fonction publique dans l'exercice de laquelle l'étranger serait susceptible de se trouver en opposition avec l'obéissance due aux lois de son pays. En Russie, par exemple, aucun étranger n'est soumis à des impositions personnelles s'il n'exerce pas le commerce ; en Espagne aucun étranger ne paie des contributions s'il n'est domicilié ou négociant (4).

(1) L'art. 23 du Royal Edit du 12 mars 1749, porte : « que toutes » les sommes d'argent et autres choses appartenant à des sujets » sardes ou à des étrangers qui seront employés dans des fabriques » ou manufactures, ou autrement dans le commerce, seront exemptes, » soit en temps de paix, soit en temps de guerre, de toute sorte » d'impositions : . . . . » mais ceci doit, à mon avis, être entendu des impositions qui frappent plutôt le capital que son produit. (2) Voy. art. 7 du traité du 9 sept. 1669 entre la Sardaigne et l'Angleterre : il existe cependant des pays où les étrangers ne paient

aucune contribution personnelle, tels sont : le Portugal, le Mexique. Voy. en outre les traités de commerce et de navigation de la Sardaigne avec les Deux-Siciles, les Etats-Unis, l'Uruguay, etc. (3) Pour être exempt de ce service, il faut prouver qu'on est fils d'étranger, si l'on est né en pays étranger et qu'on entend conserver la qualité du père. En France, outre la preuve de l'origine étrangère, on assujettit la personne intéressée à une déclaration par laquelle elle affirme vouloir conserver la nationalité du père ; cette déclaration doit être faite devant le maire de la commune où le déclarant est appelé pour le tirage au sort. On exige en outre un certificat de l'agent diplomatique ou consulaire du pays d'origine de l'individu, par lequel il le reconnaît comme sujet de sa nation; voy. lettre du préfet du département du Var du 6 février 1840, à un consul étranger à Toulon, et ensuite les §§ 236, 245, 330, 332 *infrà*, et modèles nᵒˢ 24, 25. Dans les villes en état de siége on oblige souvent les étrangers à prendre les armes, mais pour la défense de la ville seulement ; c'est ce qui a lieu à Alger et qui avait aussi lieu à Montevideo avant 1842. Voy. art. 2 du traité de la Sardaigne avec l'Uruguay, de 1840; voy. Concordat fait en 1827 avec la Suisse, art. 5 ; voy. Ordonnance du roi d'Espagne, du 2 déc. 1792, etc. (4) Voy. la loi 3 du 8 mars 1716 et l'ordre Royal de S. M. C. du 6 juillet 1815.

§ 189. *Dans quelques pays les étrangers sont exclus de l'armée et des fonctions publiques.*

Il est des pays où les services des personnes étrangères dans l'armée et dans toutes les fonctions publiques sont rigoureusement refusées. Tels sont une grande partie des états européens (1).

En France ce ne sont pas seulement les fonctions publiques salariées qui sont refusées aux étrangers, mais encore l'exercice des professions, dont les titulaires peuvent être considérés comme fonctionnaires publics. Telles sont les professions d'avocat, de notaire, d'avoué (2), de courtier, d'huissier, etc. Dans les pays, où le droit de publier des écrits est considéré comme un droit politique (3), il faut être du pays pour exercer l'art du typographe et du lithographe.

Dans aucun pays civilisé on ne permet aux étrangers

d'exercer des professions libérales , comme on ne le permet pas non plus aux régnicoles sans qu'ils fournissent des preuves de capacité ; ici c'est un motif d'ordre public (4).

(1) Dans les Etats sardes cependant, un étranger peut devenir magistrat sans perdre pour cela sa qualité d'étranger. Voy. Sentence du sénat de Savoie du 29 mai 1738 , citée dans le *Manuale forense*, pag. 62, à la fin de l'art. 24 : voyez art. 22 du R. édit du 12 mars 1749 , abrogé par les RR. PP. du 30 juin 1835. (2) Aux iles Ioniennes, les avocats et les avoués doivent aussi être citoyens ioniens; en Russie également. Dans ce dernier pays un étranger, ne pourrait pas non plus être maître de pension. En Prusse il faut être pour cela bourgeois d'une ville. (3) Art. 7, Charte française de 1830. Voy. à ce sujet les RR. PP. du 4 août 1829. (4) Voy. RR. PP. du 14 fév. 1835 et du 16 mars 1839 , relativement à l'autorisation d'exercer la médecine et la chirurgie en Piémont.

§ 190. *Les étrangers ne jouissent ni des droits politiques ni des droits civils.*

On dénie dans tous les pays aux étrangers les droits politiques, comme celui d'élire ou d'être élu à la députation, au conseil municipal , etc., et les droits civils , tels que de posséder des propriétés, de pouvoir en disposer par testament, de les transmettre à leurs successeurs du pays ou étrangers, etc.

Il y a cependant cette différence entre les droits politiques et les droits civils , que le sujet étranger ne peut acquérir la jouissance des droits politiques, qu'en renonçant à sa nationalité et adoptant celle du pays où il veut jouir de ces droits , tandis que pour exercer les autres il suffit qu'un traité (1), la coutume, ou une loi de ce pays (2), lui en accorde la jouissance sans que pour cela il perde sa nationalité ; les étrangers en Espagne , par exemple , jouissent des droits civils s'ils sont domiciliés.

Relativement à la jouissance des droits civils , le principe de la réciprocité est maintenant reconnu par presque toutes les législations modernes (3) et par de nombreux traités (4).

(1) Voy. le § 191 ci-après. (2) Voy. le décret de l'assemblée constituante de France du 13 avril 1791, admettant tout étranger, sans condition de réciprocité, à succéder à un français. Cet art. de loi a été aboli et modifié par des lois suivantes. (3) Voy. art. 26, du cod. civ. sarde, art. 11, 13, 726, 912 cod. civ. français, etc. (4) Voy. l'appendice à la fin de l'ouvrage.

§ 191. *Les étrangers paient dans quelques pays, les droits de détraction et d'émigration.*

Dans bien des pays, à des époques peu éloignées de nous, même après que le droit d'aubaine a été aboli, on a continué l'usage de prélever sur les héritages laissés ou déférés à des étrangers, des droits de sortie sur les effets héréditaires mobiliers et connus sous les noms de droits de déctraction et d'émigration ; mais de nombreux traités et l'usage on fait bonne justice de ce reste de barbarie, qui nous a été léguée par le moyen-âge, et il est à présumer que sous peu de temps ces droits seront supprimés partout (1).

(1) Voy. dans l'Appendice les conventions avec la Suisse, du 16 mars 1816 ; avec la France, du 24 mars 1760 ; avec l'Espagne, du 27 nov. 1782 ; avec le Portugal, du 11 sept. 1787, avec le duché de Modène, du 8 janv. 1817 et du 27 fév. 1830 ; avec le duché de Parme, du 3 juillet 1817 ; Toscane, du 5 janv. 1818 ; Masse, Carrara, 30 janv. ; et Rome, 20 juillet 1818 ; Prusse, 9 sept. 1797 et 18 fév. 1820 ; Pays-Bas, 1er janv. 1820 ; Naples, 3 mai 1818, et un art. séparé, du 29 janv. 1822 ; Autriche, du 31 août 1763 et 19 nov. 1824 ; Saxe Royale, 5 déc. 1823 ; Lucques, 7 mars 1826 ; Wurtemberg, 24 juin 1826 ; Hambourg, 10 sept., 1827 ; Danemark, 23 déc. 1826 ; Hohenzollern-Sigmaringen, 28 déc. 1837 ; Hannover 21 oct. 1837 ; Belgique, 20 déc. 1838 ; Saxe-Weimar, 22 janv. 1839 ; Hesse-Grand-Ducale, 29 juillet 1839 ; Bavière, 5 oct. 1830 ; Monaco, 18 nov. 1760 ; Hohenzollern-Hechingen, 16 mai 1838 ; Hesse électorale, 19 déc. 1838 ; Grèce, 7 fév. 1839 ; Russie, 12 juillet, (30 juin) 1841 ; Suède et Norwège, 20 sept. 1842. Voy. art. 32 du traité avec la République de l'Uruguay, du 29 oct. 1840 ; Art. 18 du traité avec les Etats-Unis, du 26 nov. 1838, et art. additionnel du traité avec le G.-D. d'Oldenbourg, du 21 avr. 1846 ; voyez en outre art. 22 du traité de la France avec la Porte, de 1740, où il est dit qu'aucun

officier du fisc ou du droit d'aubaine ne pourra inquiéter et faire payer des droits pour les successions des Français qui y seront ouvertes. — *N. B.* au Brésil, les droits d'aubaine, d'émigration et de détraction n'ont jamais existé : en Portugal non plus.

§ 192. *Dans beaucoup de pays les étrangers ne peuvent pas être propriétaires.*

Il n'y a plus aucun pays, parmi ceux avec lesquels l'Europe est en relation continuelle et fréquente, excepté l'Empire Turc, les pays de Barbarie, la Chine, Haïti et l'Angleterre, où l'on dénie aux étrangers, d'une manière absolue, la faculté de posséder des propriétés immobilières (1) : en Turquie et en Barbarie c'est par principe de religion, en Angleterre par politique, en Chine par haine des étrangers, à Haïti par crainte de la race blanche; dans d'autres pays, si exclusion il y a, elle n'est que partielle.

(1) A Tanger, quelques étrangers ont des maisons; voy. § 260 *infrà.* A Tunis les étrangers se rendent indirectement propriétaires de maisons, en faisant avec les indigènes des baux de 100 et de 200 ans.

§ 193. *Dans d'autres pays il y a exclusion de certaines classes de personnes ou de quelques nations.*

Dans quelques pays il y a des propriétés, dont la possession est réservée à certaines classes de citoyens, comme les fiefs là où il en existe encore, en Allemagne par exemple. En Russie pour être propriétaire, il faut être inscrit à la première guilde du commerce : en Autriche tout le monde est libre d'être propriétaire dans les ports, mais non dans l'intérieur : en Prusse les étrangers doivent se faire naturaliser s'ils veulent être propriétaires. Il y a des localités, où certaines propriétés, par mesure politique, ne peuvent pas être possédées par des étrangers : telles sont les propriétés situées à une distance déterminée des frontières (1).

Il existe également des exclusions, à l'égard de certaines classes de personnes : ainsi dans les États sardes les juifs ne peuvent posséder aucune propriété (2) ; les protestants n'en possèdent que dans des limites déterminées (3).

Les Genevois en Piémont et les Piémontais à Genève ne peuvent posséder aucun immeuble (4) ; les pays où tous les étrangers sans aucune distinction de nationalité, de rangs ou de religion, sont admis à posséder des biens fonds, sont : l'Amérique continentale, la France, les Deux-Siciles, le Portugal, l'Espagne, la Grèce, les îles Ioniennes, et quelques autres.

(1) Voy. art. 28 du cod. civ. sarde et *Manuale forense* sur le même code art. 28. Voy. art. 2 du traité pour la suppression du droit d'aubaine avec le duc de Modène, du 18 janv. 1817. (2) Art. 18 cod. civ. et chap. 3, n° 1, liv. 1ᵉʳ, tit. 8 des RR. CC. 1770 ; quelques Juifs cependant possèdent déjà des immeubles avec l'autorisation de S. M. (3) Art. 18 précité du cod. civ. ; plusieurs protestants ont aussi des propriétés hors de leurs limites. (4) RR. PP. du 6 fév. 1818. Voyez en outre la convention avec le duc de Modène, de 1817, art. 2 et art. 28 du cod. civ. sarde.

§ 194. *Les étrangers ne peuvent pas posséder certains effets mobiliers ni faire certains contrats, etc.*

Outre les propriétés immobilières il y en a aussi de mobilières, qui ne peuvent pas non plus être possédées par des étrangers, tels sont les navires (1), les fonds placés dans certaines entreprises (2), le privilège d'exercer seul une certaine industrie (brevet d'invention), le droit de faire certains contrats (3), ou d'être membre d'une association où l'on exige des garanties qui ne peuvent être fournies par des étrangers, le droit de publier et de vendre seul par un certain temps des ouvrages littéraires ou artistiques tels que gravures, lithographies, etc.

Des traités pour la garantie de ce droit, appelé à juste titre propriété littéraire, ont eu lieu tout récemment entre plusieurs nations ; la Sardaigne en a un avec l'Autriche du 22 mai 1840, auquel ont adhéré dans la même année la Toscane , les duchés de Parme, Modène et Lucques et le Saint-Siége, et un avec la France du 28 août 1843.

(1) Chap. 60 du statut de la sixième année de Georges IV, Roi d'Angleterre ; art. 54 du régl. marit. sarde de 1827; art. 2 de l'acte de navigation de France, du 27 sept. 1793, etc. (2) Voy. art. 3, tit. 1 du décret du 16 janv. 1808, relativement aux actions de la Banque de France. Voy. Legat, *Manuel des Etrangers en France,* pag. 183. (3) En Angleterre , un artisan *alien* ne peut pas prendre une maison à bail pour plusieurs années, voy. Okey, *Droits des Etrangers en Angleterre,* pag. 63, Paris, 1837.

§ 195. *Les étrangers peuvent faire généralement tous les contrats du droit des gens.*

Hors des exclusions ci-dessus indiquées qui sont plus ou moins étendues suivant les convenances des différentes nations, les étrangers peuvent faire toutes sortes de contrats qu'on appelle du droit des gens, pourvu, bien entendu, qu'ils se conforment aux lois en vigueur dans le pays par rapport à leur forme extrinsèque et intrinsèque, et à l'objet qui a motivé la convention.

§ 196. *Les étrangers peuvent faire le commerce.*

Les étrangers peuvent donc faire le commerce en conformité des lois locales et des traités y relatifs, avoir des établissements de commerce fixes , exporter ou vendre sur les lieux leurs marchandises en payant les taxes et les droits imposés sur les marchandises (1) et sur les commerçants , sans qu'on puisse les obliger à vendre ou à acheter plutôt une marchandise qu'une autre et d'une personne plutôt qu'une autre; ceci a même été convenu par des traités (2).

(1) Traité de la Sardaigne avec la Porte , de 1839; avec la République de l'Uruguay, de 1840; avec le Saint-Siége , de 1843; avec Tunis, de 1816; avec le Maroc , de 1825, etc. (2) Art. 4 du traité de la Sardaigne avec le Maroc , de 1825. En vertu de ce traité, les sujets sardes ne peuvent être obligés à fournir des canons et des munitions de guerre à l'empereur. V. aussi l'art. 6 du traité du 22

fév. 1832 avec Tunis, relativement à la liberté du commerce, et art. 16 et 17 du traité avec la République orientale de l'Uruguay, du 29 oct. 1840 ; art. 4 et 6 du traité avec la Russie, du 12 décembre 1845, art. 1 à 5 du traité avec les Deux-Siciles, du 7 fév. 1846. Voy. en outre l'Appendice à la fin de l'ouvrage, aux mots *Commerce* et *navigation*.

§ 197. *Les étrangers peuvent exercer les pratiques de leur religion.*

On permet aux étrangers d'exercer les pratiques de leur religion dans l'intérieur de leurs maisons, ou chez l'agent diplomatique ou consulaire, là où il n'y a pas d'églises publiques consacrées à leur culte.

Tel est le cas des protestants à Turin, à Lisbonne, etc., et des chrétiens dans plusieurs échelles du Levant et de Barbarie (1).

(1) Art. 13 du traité de la France avec Tunis, de 1742 ; art. 16 du traité de la Sardaigne avec Maroc, de 1825 ; art. 14 du traité du Danemarck avec Tunis, de 1751, etc. Voyez le § 89 *infrà*: art. 9 du traité du 9 sept. 1669, de la Sardaigne avec l'Angleterre, et art. 12 et 13 avec la confédération suisse et le canton de Genève, du 16 mars 1816.

§ 198. *Les étrangers sont libres de voyager dans le pays en se conformant aux lois de police.*

Les étrangers sont libres de parcourir le pays en se conformant principalement aux lois de police : voici par exemple, ce qui est convenu avec la Sublime-Porte (1) à cet égard :

« Les sujets sardes sont libres d'aller et de venir pour leurs affaires dans toute l'étendue desdits pays ; dans l'empire turc ceux qui veulent aller à Jérusalem ou dans quelque autre endroit de l'empire ottoman, par dévotion ou par tout autre motif, sont munis d'un commandement impérial, afin de passer librement et en sûreté sans rencontrer d'obstacles et pour être protégés et assistés »

(1) Art. 6 du traité de la Sardaigne avec la Porte, de 1823, et art. 9 idem du 2 sept. 1839. (2) Les pays de l'Empire ottoman mentionnés dans le traité cité en ce §.

§ 199. *Formalités pour voyager dans les Etats d'Italie, en Suisse, en France et en Autriche.*

Dans les pays hors du Levant et de Barbarie, pour voyager dans l'intérieur, c'est ordinairement la police locale qui vise le passeport original, comme dans tous les états d'Italie, en Suisse, en Autriche, etc. ; ou on l'échange avec un autre, comme en France (1), dans les Deux-Siciles et dans l'Amérique du Sud (2). Pour sortir du pays c'est ordinairement le consul qui vise le premier, on donne le passeport (3). Cependant il y a des pays, où le consul ne vise les passeports de ses nationaux qu'après la police locale (4).

(1) Les sujets sardes, depuis le 15 sept. 1840, et les Suisses depuis quelque temps, ont le droit de retenir leur passeport original. (2) Dans l'Amérique du Sud, on ne peut voyager et même partir sans un passeport délivré par les autorités du pays; il en est de même en Russie. (2) Un ordre royale du 21 déc. 1826, imposait aux étrangers domiciliés en Espagne, l'obligation de demander leur passeport à l'autorité de police. Les transeuntes seuls pouvaient l'obtenir de leurs consuls. (4) Ce sont l'Autriche et la Suisse. Voy. quant à la Suisse le traité de la Sardaigne avec elle du 12 mai 1827.

§ 200. *Formalités pour voyager en Angleterre, aux Etats-Unis d'Amérique et dans les Etats sardes.*

Il y a enfin des pays comme les Etats-Unis de l'Amérique du Nord et l'Angleterre, d'où l'on peut sortir sans qu'il soit nécessaire d'avoir un passeport, mais comme on ne serait pas toujours reçu dans les pays, où l'on voudrait entrer, si l'on n'en était pas muni, l'agent diplomatique ou consulaire du voyageur lui en fournit un, ou lui vise celui dont il serait porteur.

Dans les Etats sardes ce sont les commandants des provinces, ou les directeurs de la police dans les chefs-lieux de division, qui visent les passeports pour voyager dans l'intérieur : pour sortir il en est de même, excepté dans les localités où il y a un consul de la nation à laquelle appartient le voyageur; en ce cas les dites autorités ne visent qu'après le consul (1).

(1) Circulaire de Son Exc. le ministre de l'intérieur aux gouverneurs et commandants, de 1833, à l'égard des sujets sardes voyageant en Suisse : voy. Concordat du 12 mai 1827.

§ 201. *Pour séjourner dans les pays étrangers, il faut obtenir un permis de séjour. — Formalités pour l'obtenir.*

Pour séjourner dans un pays étranger, indépendamment d'un passeport national régulier, il faut souvent encore obtenir un permis de séjour des autorités locales (1). Ce permis de séjour doit dans quelques pays être renouvelé dans une période de temps plus ou moins longue, suivant qu'il s'agit d'un étranger de passage (*transeunte*), ou de quelqu'un qui veut fixer sa demeure dans le pays (2).

Pour obtenir ce permis, il faut remplir certaines formalités : elles consistent ordinairement dans le dépôt du passeport national au bureau de la police, ou dans un certificat de nationalité ou dans tout autre document délivrés par le consul (3).

Mais toutes ces lois de police étant très variables à cause des circonstances qui peuvent exiger plus ou moins de rigueur, soit pour les établir, soit pour les appliquer, je m'abstiens de relater en détail les législations des différents pays à ce sujet (4).

(1) Voyez § 332 *infrà*. Voyez modèle n° 25. (2) Voyez dans le recueil des traités de la Sardaigne avec les puissances étrangères, ceux faits avec la Confédération suisse à ce sujet, et les notes du § 185 *infrà*. (3) Aux îles Ioniennes, il faut le faire renouveler tous les trois mois : en Espagne, les étrangers domiciliés le renouvellent tous les ans, les *transéuntes* tous les trois mois. (4) Dans les États de l'Amérique du Sud, le consul délivre à ses nationaux un certifi-

cat de nationalité en la langue du pays, qu'il renouvelle tous les ans et **que** les étrangers doivent toujours avoir sur eux. Dans les Deux-Siciles, la police délivre un permis de séjour d'après un certificat consulaire, constatant que l'étranger a des moyens d'existence. En France, on délivre un permis gratuit de séjour d'après le dépôt du passeport à la police, et ce permis n'est pas renouvelé ; en Russie on le donne aussi au prix de 2 R. d'argent, et il doit être renouvelé tous les ans. En Toscane, on le prend également, mais il n'est pas renouvelé. Il coûte 2 fr. 50 environ. En Prusse, en Autriche on le demande aussi, et il ne coûte rien.

§ 202. *Dans quelles circonstances il y a lieu d'expulser les étrangers?*

Chaque nation est trop intéressée à attirer dans son sein les étrangers susceptibles d'augmenter par leurs capitaux, et par leur industrie la richesse du pays, pour qu'ils n'y soient pas bien reçus et qu'ils aient à craindre d'en être expulsés, si ce n'est pour des motifs tout-à-fait légitimes.

§ 203. *Suite du § précédent.*

Cette expulsion a lieu (et c'est le cas le plus fréquent) quand les étrangers se livrent au vagabondage et à la mendicité, quand ils troublent de quelque manière la tranquilité et la sécurité publique ; ou bien s'ils viennent de subir une peine corporelle pour un crime ou délit commis dans le pays, etc. (1)

Il y a encore le cas, où l'étranger serait atteint d'une maladie exigeant des soins longs et continus ; comme il ne serait pas juste d'en faire supporter les frais à une nation, outre que celle à laquelle il appartient et que d'autre part, il serait contraire au lois de l'humanité de refuser un asile temporaire à un étranger malade ou privé pour cause de malheur de moyens d'existence, partout les hôpitaux et les bureaux de bienfaisance sont ouverts aussi bien aux étrangers qu'aux régnicoles (2).

(1) Voy. art. 6 du concordat fait avec la Suisse en 1827, et son annexe. (2) C'est en ce sens qu'il a été écrit par M. le ministre des affaires étrangères de S. M. au consul à Toulon, le 20 oct. 1817, dans une circonstance où, dans cette ville, on refusait de donner, à l'hôpital communal, un asile gratuit à des sujets sardes malades. Le ministre disait au consul que les hôpitaux des Etats sardes étaient ouverts à tous les étrangers, sans distinction de nationalité. Dans presque tous les pays il y a exception pour les individus atteints de maladies chroniques, et pour les aliénés en particulier, afin de ne pas exposer l'Etat, pour un temps infini, aux frais de leur entretien. — N. B. Les consuls sardes sont obligés, avant de délivrer un passeport à ces individus, de prendre les ordres du ministère des affaires étrangères. — Dans beaucoup de pays où les hôpitaux n'ont pas des rentes considérables, on fait payer les étrangers. C'est ce qui a lieu aux îles Ioniennes, en Russie, à la Havane, à Gibraltar, à Montevideo, au Brésil. Dans ces deux derniers pays, tous les capitaines qui arrivent avec leurs navires, paient un droit pour l'hôpital, et à cette condition les étrangers y sont traités gratis. En Corse les étrangers paient tous un droit pour l'hôpital; mais ils y sont, au besoin, reçus gratis. Dans beaucoup de pays où l'on admet les étrangers sans difficulté à l'hôpital, on en excepte les marins faisant partie d'un équipage. C'est ce qui a lieu en France, aux Etats-Unis. En Espagne, dans les Deux-Siciles on admet gratuitement, même les matelots d'un équipage.

§ 204. *Suite aux deux §§ précédents.*

Enfin il arrive souvent en temps de guerre d'expulser les étrangers appartenant à une nation ennemie, mais outre que chez les nations civilisées cela n'a lieu que dans des cas extrêmes, on donne même dans ces circonstances, un délai suffisant pour réaliser les capitaux et partir en toute sûreté.

Beaucoup de nations ont stipulé des traités pour régler ce point important de droit international; la Sardaigne n'en a que deux à mentionner : celui de 1825, avec le Maroc et l'autre de 1840, avec l'Uruguay (1).

Il a aussi été stipulé avec le Bey de Tunis, qu'en cas de guerre, les négociants et les passagers ou autres sujets sardes qui tomberaient au pouvoir des Tunisiens, seraient traités comme prisonniers de guerre d'après l'usage des nations européennes (2).

(1) Art. 19 du traité avec le Maroc et 2 de celui avec l'Uruguay.
(2) Art. 2 du traité avec Tunis de 1832. Voy. en outre l'Appendice à la fin de l'ouvrage.

§ 205. *Dans quelles circonstances on empêche les étrangers de partir.*

Si l'état de guerre entre deux puissances amène souvent l'expulsion des sujets respectifs, il n'est pas rare aussi de voir que ceux-ci soient empêchés de partir et retenus eux et leurs effets.

Hors le cas de guerre, on n'empêche aucun étranger de quitter un pays aussi librement qu'il y est entré, que s'il s'est engagé au service du gouvernement, s'il a commis un crime ou un délit pour lequel il ait à subir une peine, ou s'il a contracté une dette entraînant, en cas de non paiement, la contrainte par corps, etc. (1).

(1) Voy. Traité du 30 juin 1825, art. 7 et 19 avec le Maroc, et art. 2 de celui avec l'Uruguay du 29 oct. 1840. Traité avec Tunis, de 1832, art. 2, et les législations de tous les pays.

LIVRE 4ᵉ — CHAPITRE 3.

A QUELLE JURIDICTION SONT SOUMIS LES ÉTRANGERS DANS LES AFFAIRES CIVILES ET COMMERCIALES.

---

§ 206. *Différence de traitement des étrangers dans les affaires criminelles et dans les affaires civiles, ou commerciales.*

Dans les affaires civiles et commerciales la position des étrangers n'est pas la même que dans les affaires criminelles.

car dans ce dernier cas , c'est l'intérêt public qui est le mobile de la poursuite judiciaire , tandis que dans le premier,
il ne s'agit que d'intérêts privés , dont, en règle générale , la
loi ne prend la défense qu'en faveur des sujets du pays.
Ainsi les magistrats poursuivent sans distinction de nationalité, tous les individus qui violent les lois pénales du
pays (1) ; et souvent ils s'abstiennent de connaître de certaines questions civiles et commerciales dans lesquelles des
étrangers sont seuls intéressés.

(1) Voy. 399 et suiv. *infrà*. En Espagne, les autorités locales
s'abstiennent de procéder à une visite domiciliaire chez un étranger,
de visiter ses livres de commerce , de l'arrêter sans en prévenir le
consul Si un étranger était soupçonné de posséder dans sa maison
des marchandises de contrebande, les douaniers pourraient la visiter sans en avertir le consul (*a*). Au Brésil, on prévient aussi le
consul lorsqu'il s'agit de procéder à l'arrestation d'un étranger-
pourvu que celui-ci appartienne à une nation jouissant du traite.
ment dû aux nations les plus favorisées. Voy. art. 6 du traité de
la France avec le Brésil, du 8 janv. 1826. En Prusse , on avertit
également les consuls lorsqu'on veut arrêter un de leurs nationaux ,
ainsi qu'à Montevideo, à Buenos-Ayres , au Mexique.

(*a*) Voy. à ce sujet : Résolution du roi Charles III du 20 oct. 1778

§ 207. *En France, les étrangers ne peuvent pas toujours*
plaider devant les tribunaux. — Ce qui se pratique à
ce sujet dans d'autres pays.

En France, un étranger ne peut plaider devant les tribunaux civils, que contre un français ou contre un étranger domicilié, ou lorsqu'il s'agit d'affaires commerciales, ou qu'il
y a un traité qui oblige les juges à lui rendre justice, et enfin lorsque l'étranger est défendeur contre une personne qui
a droit de plaider devant les tribunaux français.

En Angleterre, aux États-Unis de l'Amérique du Nord ,
dans les États d'Allemagne, en Autriche, aux Pays-Bas.
dans les États pontificaux , dans les Deux-Siciles , dans les
États Sardes, en Pologne, au Brésil, etc., les étrangers son

admis a plaider entre eux sous différentes conditions (1)
en Espagne et en Portugal, les étrangers de passage (*transeuntes*) sont autorisés à poursuivre leurs compatriotes,
également non domiciliés, devant le juge *conservateur* des
étrangers ; les domiciliés sont justiciables des tribunaux ordinaires comme les régnicoles (2).

(1) Voy. Félix : *Droit international privé*, is, 1842, liv. 2, t. 2,
chap. 2, sect. 2 et § 209 *infrà*. (2) Voy. *Manuel des droits civils, etc.,
des Français en Espagne*, par Salinas, pag. 51. *Nota* : Par le traité
du 9 sept. 1669, le même genre de tribunaux avait été accordé aux
sujets anglais à Nice (art. 10.) ; mais cette juridiction exceptionnelle
n'existe plus, et il paraît qu'on se propose aussi de l'abolir, soit en
Espagne, soit en Portugal.

§ 208. *Il y a des contestations qu'on ne peut pas porter devant les tribunaux étrangers.*

La faculté accordée aux étrangers, chez plusieurs nations,
de plaider devant les tribunaux du pays, ne s'étend pas aux
questions sur l'état des personnes, comme celles où il s'agirait
de décider si un mariage est valable ou non, si un fils est ou
n'est pas légitime ; elle ne s'étend pas non plus aux questions relatives à des biens situés en d'autres pays (1) : cette
faculté se borne par conséquent aux actions personnelles et
encore sous certaines modifications, car s'il s'agissait d'ob-
bligations devant recevoir leur exécution hors du lieu où la
contestation s'élève entre les deux étrangers, les autorités
locales ne pourraient pas s'en saisir et la juger (2).

(1) Art. 12 du cod. civ. sarde. (2) Voy. lettre du ministère des
affaires étrangeres à un consul de S. M., du 21 juin 1816.

§ 209. *Les étrangers, demandeurs dans un procès, donnent la caution* judicatum solvi.

Quand un étranger est admis à plaider comme demandeur
devant les tribunaux étrangers, il doit fournir la caution,
connue sous le nom de *judicatum solvi* (1).

Il y a exception dans les affaires commerciales, ou bien pour les affaires civiles, dans le cas où l'étranger ne serait que défendeur, ou si par un traité ou par suite de l'usage entre les deux nations, il en était dispensé (2), ou enfin s'il possédait un établissement ou des immeubles en quantité suffisante, pour faire face aux frais du procès (3).

Aux États-Unis de l'Amérique du Nord, on n'oblige l'étranger à donner caution que lorsqu'il n'a pas des biens immeubles dans le pays ou un établissement, et qu'en même temps il y a probabilité qu'il veuille partir ; hors de là il est traité comme les nationaux. Dans quelques pays ce sont les tribunaux eux-mêmes qui exigent la caution; dans d'autres, et ils sont les plus nombreux , on ne l'exige que quand le défendeur la demande.

(1) Art. 33 du cod. civ. sarde, (2) Voy. traité avec la France, du 24 mars 1760 ; avec Parme. du 3 juillet 1847 ; avec Modène, du 3 fév. 1817: avec la Toscane du 5 juin 1818 ; avec Rome, du 31 déc. 1829, (3) Voy. les codes de Bavière, des Pays-Bas, de Prusse, d'Autriche, de Bade , de la Grèce, des îles Ioniennes , des États sardes, des Deux-Siciles, des cantons de Genève et de Vaud, le régl. judiciaire des États pontificaux et du grand-duché d'Hesse. Voy. aussi les arrêts des tribunaux anglais.

§ 210. *Les consuls n'interviennent que comme arbitres dans les différends entre leurs nationaux pour des conventions dont l'exécution doit avoir lieu en pays étranger.*

Les consuls, en aucun pays hors du Levant et de Barbarie. dans les différends qui s'élèvent entre leurs nationaux, ne peuvent intervenir que comme arbitres (1), et dans le cas seulement où les parties se présentent volontairement à leur chancellerie. Si après que les consuls ont prononcé, les parties ne sont pas d'accord, le sujet en litige peut encore être porté devant les tribunaux du lieu, quand la convention qui donne lieu à des contestations, doit recevoir son exécution dans le pays où elles s'élèvent (2). Les consuls ne sont même pas admis à servir d'interprètes à leurs nationaux devant les tribunaux des pays où il y a des interprètes agréés par le gouvernement, et là où tout individu peut servir d'interprète, les consuls ne sont admis qu'aux conditions accordées à toute autre personne, et surtout à celle de prêter serment. Il en serait de même s'il s'agissait de traduire des pièces dans la langue du pays, si elles devaient être produites en justice, ou devant une administration quelconque (3).

D'après ce que je viens de dire et qui est généralement pratiqué partout, la disposition de l'article 71 du règlement consulaire de 1815, qui défend aux sujets sardes, sous peine d'une amende (4), de recourir aux tribunaux étrangers et de refuser la juridiction consulaire, à moins que le consul ne les y autorise, n'est pas applicable dans les pays hors du Levant et de Barbarie.

(1) Art. 11 du traité de la Russie avec la Suède, du 1—13 mars 1801 ; ordonn. de S. M. C. relative aux consuls étrangers en Espagne, publiée à Madrid le 8 mai 1827, art. 1, 3; art. 11 et 12 du traité avec les Deux-Siciles, du 7 fév. 1846. (2) Art. 31 du traité de la Sardaigne avec la république de l'Urugay, du 29 oct. 1840. Voy. art. 21 de l'édit de l'Empereur d'Autriche, du 12 nov. 1785, et art. 19 du manifeste de l'Empereur de Russie, du 1er nov. 1785. (3) Je ne dois pas oublier de faire observer que quelques traités, entre autres celui de la Russie avec le Danemarck, du 19 oct. 1782, conclu pour 12 ans, portait que si les parties, d'un commun accord, se soumettaient au jugement de leur consul, non seulement ce jugement devait être valable, mais les tribunaux auraient dû prêter main-forte pour le faire exécuter. L'art. 15 du traité du 29 juillet 1641, entre le Portugal et la Suède, contenait aussi une disposition à peu près semblable. L'ordre royal de S. M. C. du 8 juillet 1818, portait « que les magistrats devaient se prêter pour faire exécuter les décisions arbitrales des consuls étrangers, lorsque les parties s'étaient soumises volontairement à leur jugement. » (4) Suivant ledit art 71, cette amende est égale à la moitié de la somme demandée, si celle-ci est déterminée, ou de 300 fr., s'il s'agit d'une somme indéfinie

§ 211. *Exception à la règle signalée dans le § précédent relativement à la juridiction consulaire. — Comment s'exécutent les sentences prononcées par les consuls?*

Toutefois si les parties se soumettent à la juridiction consulaire, rien n'empêche que le consul juge les questions sur lesquelles l'autorité locale ne voudrait ou ne pourrait pas prononcer (1) : de ce dernier genre sont les questions soulevées entre les capitaines des navires marchands et les passagers pour nolis et nourriture, et entre les capitaines susdits et les marins pour leurs salaires, nourriture, etc. (2); telles sont encore les contestations sur des droits dépendant des successions (3), celles relatées au § 208 *infrà*, etc.

S'il s'agissait de faire exécuter les sentences consulaires dans le pays où elles auraient été prononcées, je pense qu'il y aurait lieu de procéder aux mêmes formalités que pour l'exécution des jugements prononcés par les autorités de l'intérieur des États sardes (4).

(1) Voy. les codes étrangers. (2) Voy. * 404 *infrà*, et art. 12 du traité du 7 fév. 1846 avec les Deux-Siciles. (3) Voy. § 212, 293 à 299 *infrà*. (4) Voy. § 287, 225 *infrà*.

§ 212. *Les consuls exercent sur leurs nationaux une juridiction volontaire. — Successions. — Actes notariés.*

Tous les consuls exercent sans difficulté, une juridiction volontaire sur leurs nationaux, comme celle de convoquer et de présider des conseils de famille (1), de recevoir un acte d'émancipation, une reconnaissance d'enfant, etc.; s'il n'y a pas de créanciers étrangers, c'est aux consuls qu'est laissé le soin de recueillir les héritages mobiliers de leurs nationaux absents, ou bien on les leur remet afin qu'ils les distribuent aux héritiers légitimes suivant les lois de leur pays (2) : enfin, les consuls reçoivent les actes notariés qui ont eu lieu entre les individus de leur nation (3), et dans quelques cas entre ceux-ci et des étrangers (4).

(1) Voy. lettre de M. le garde des sceaux du Roi à M. le ministre des affaires étrangères de 1841, remise en copie au consul-général de Sardaigne, à Marseille, dans la même année; voy. en outre le § 292 *infrà*. (2) Voy. lettre du procureur-général à Aix (France), aux procureurs du roi sous sa juridiction du 9 janv. 1837; v. liv. 5, chap. 8 *infrà*. Voy. art. 37, 38, 39, pag. 67 et suiv du droit international privé de Félix, Paris, 1842, et art. 66, 70, tom. 2, pag. 93 du *Droit commercial dans ses rapports avec le droit civil et public*, de M. Massé, Paris, 1844; voy. § 293 *infrà*, et en outre, art. 32, 33 du traité avec la République de l'Uruguay, du 29 oct. 1840. Voy. § 184 *infrà*. Nota. — En France, le juge de paix, dans les Etats sardes, le juge de mandement en Espagne et en Portugal, le juge conservateur, procèdent avec les consuls à l'apposition des scellés et à l'inventaire des successions mobilières des étrangers. Aussitôt qu'il est reconnu qu'aucun indigène ou autre étranger n'est créancier de la succession, on laisse les consuls agir seuls. Dans toute l'Amérique on laisse aussi ce soin aux consuls aux mêmes conditions (*a*); la même chose a lieu en Grèce, en Toscane et dans les Deux-Siciles; dans ce dernier pays, d'après une convention spéciale: dans le Danemarck, en Autriche et en Russie, un inventaire doit avant tout, être dressé par un notaire en présence du juge ou des tribunaux du lieu, de deux personnes dignes de foi et du consul étranger. L'inventaire fait, le consul confie les objets dépendant de l'héritage, à la garde de deux ou trois négociants, ou les dépose dans un établissement public. Aux îles Ioniennes, c'est le tribunal du pays qui s'occupe seul des successions échues à des absents, et les consuls ne peuvent faire autre chose à ce sujet que d'appuyer auprès de lui les ayant-droits ou solliciter des mesures pour la conservation de la succession. Aux Indes orientales, si personne ne réclame, les consuls s'en occupent seuls; si quelqu'un s'adresse au tribunal, les consuls doivent s'abstenir de s'en mêler. A Gibraltar, si les héritiers sont absents, le consul de la nation du défunt ne peut prendre possession de la succession qu'en s'adressant au tribunal compétent et en donnant caution pour la conservation des objets composant l'héritage, comme tout autre particulier. Dans quelques autres pays, on exige que le consul soit muni d'une procuration des héritiers légitimes.

(*a*) On m'a assuré que par une disposition toute récente, c'est le juge des orphelins et des absents qui s'occupe seul, au Brésil, de la liquidation des successions laissées par des étrangers à des absents

LIVRE 4ᵉ — CHAPITRE 4.

A QUI APPARTIENT LA CONNAISSANCE DES AFFAIRES CIVILES ET COMMERCIALES EN BARBARIE ET DANS LE LEVANT.

§ 213. *Contestations dans lesquelles un indigène est intéressé.*

Dans les pays du Levant et de Barbarie, s'il s'agit d'une question dans laquelle un indigène soit intéressé, c'est aux juges du lieux à la décider suivant les lois locales, mais pour que le jugement soit valable la présence d'un drogman de la nation de l'étranger est indispensable (1), et c'est la partie intéressée qui doit en procurer l'intervention. S'il s'agissait de la part des autorités locales de condamner un sujet étranger à la prison pour affaires civiles, le consul pourrait toujours y mettre opposition en offrant un caution solvable (2).

Aucun étranger européen ne peut être obligé de payer les dettes d'autrui, à moins qu'il s'y soit engagé par écrit (3), ni à payer une lettre de change qui aurait été tirée sur lui en faveur d'un indigène (4).

Quoique les traités portent que, toutes les fois qu'un étranger a une contestation avec un indigène, la connaissance en appartient aux tribunaux locaux, sans faire de distinction entre le cas où l'étranger serait demandeur ou seulement défendeur, il est cependant avéré que dans la pratique cette distinction est admise quelquefois dans les provinces dépendant directement de la Porte au Maroc et en Egypte. En tous cas dans le Levant et en Afrique, l'exécution des sentences contre les étrangers, a toujours lieu par les soins de leurs consuls et sur la demande de l'autorité qui les a prononcées. Il en est de même en Chine.

(1) Art. 10 du traité entre le Danemarck et la Porte, de 1756; art. 8

du traité de la Sardaigne avec la S. Porte, de 1823, et art. 14 du traité avec le Maroc, de 1825. (2) Art. 4 du traité de l'Autriche et de la Porte, de 1747, et art. 5 idem de la Prusse et de la Porte, de 1790. (3) Art. 14 du traité de la Sardaigne avec Tunis, de 1816; art. 66 du traité de la France avec la Porte, de 1740; (4) Art. 66 du traité de la France avec la S. Porte, de 1740 et autres.

§ 214. *Procédure civile et commerciale dans les provinces turques.*

Dans le cas où une cause doit être portée devant les tribunaux du lieu, voici à qui il appartient de la juger avec l'assistance, comme il a été dit au § précédent, d'un drogman de la nation de l'étranger. En Turquie, y compris l'ancienne régence de Tripoli, s'il s'agit d'affaires civiles, c'est au cadi ou juge ordinaire, que le jugement en appartient. Si la cause dépasse 4,000 âpres (1), elle peut être portée à Constantinople et jugée *suivant les lois Saintes* (2) ; s'ils s'agit d'affaires commerciales, et elles sont les plus fréquentes, elles sont portées devant le tribunal de commerce (4).

Si un consul ou un négociant étranger ont quelque contestation avec un consul ou avec un autre négociant, ils peuvent (ce dernier avec la permission de son propre consul), se pourvoir par devant leurs ambassadeurs respectifs à Constantinople, et tant que le défendeur et le demandeur n'y consentent pas, ils ne peuvent pas être forcés de comparaître devant les autorités locales (5).·

(1) L'âpre vaut of. 01 c. 33. (2) Art. 8 du traité de la Sardaigne avec la Sublime-Porte de 1823. (3) Art. 52 du traité de la France avec la S. Porte de 1740. (4) Il est à ma connaissance qu'il est question d'organiser à Constantinople un tribunal de commerce composé en partie de négociants étrangers qui seraient choisis par les légations et siégeraient alternativement avec les juges du lieu choisis par les autorités turques.

§ 215. *Procédure civile et commerciale dans les principautés de Moldavie et de Valachie et en Égypte.*

Dans les principautés de Moldavie et de Valachie, où par

l'effet d'une civilisation plus avancée que dans le reste de l'empire ottoman, on tente de se rapprocher le plus possible du droit de l'Europe, l'étranger demandeur ou défendeur contre un indigène, doit toujours paraître devant le tribunal local, soit en conformité de la lettre des traités de la Sublime-Porte avec les puissances européennes, qui y sont encore en vigueur, soit en vertu du réglement organique des principautés. Dans ces pays il y a des tribunaux civils et de commerce, dont on appelle au *divan appellatif* siégeant dans les deux capitales. On peut encore appeler des arrêts de ce tribunal au *Divan du Prince* : on ne fait pas usage du droit d'appel à Constantinople.

En Egypte les procès commerciaux, les seuls qui aient lieu entre indigènes et européens, sont portés, quand les derniers sont demandeurs, devant le tribunal mixte de commerce qui est composé de négociants du pays et des autres nations. Comme les traités de la Sublime-Porte avec les puissances étrangères y sont en pleine vigueur, rien n'empêche qu'on appelle à Constantinople toutes les fois que ces traités le permettent.

§ 216. *Procédure civile et commerciale à Tunis?*

La Régence de Tunis étant de fait absolument séparée et indépendante de l'empire turc, si une contestation s'élève entre un étranger et un indigène, le consul dont dépend l'étranger et l'anim, ou toute autre autorité du pays désignée par le Bey, nomment, chacun de son côté un nombre égal de négociants de leur nation pour juger le différend ; si la commission ne peut, à cause du partage des opinions, parvenir à terminer l'affaire, elle est portée devant le Bey qui prononce d'accord avec le consul étranger, conformément à la justice (1).

(1) Art. 8 du traité de l'Angleterre avec Tunis, du 19 oct. 1751. art. 14, du traité de la France avec Tunis, de 1824 et 1825.

§ 217. *Procédure civile et commerciale au Maroc?*

Au Maroc, quand un indigène est intéressé dans une discussion quelconque, c'est au juge ordinaire, c'est-à-dire, au gouverneur de la ville (1) à décider la question en présence du sujet étranger, ou de son fondé de pouvoir et de son consul ou d'un officier consulaire. Chacune des parties a la faculté d'appeler de la sentence du gouverneur à l'empereur (2), mais lorsque un indigène est demandeur, il s'adresse ordinairement, ainsi qu'il a été remarqué au § 213, au consul dont dépend l'étranger.

(1) Art. 12 du traité de la France avec le Maroc, de 1767. (2) Art. 22 du traité de la Sardaigne avec le Maroc, de 1825.

§ 218. *Les procès entre étrangers sont soumis à la juridiction des consuls des plaideurs. — Les consuls prennent possession des héritages revenant à des nationaux absents — Traités à cet égard.*

Les contestations entre étrangers sont jugées dans tous ces pays par les consuls respectifs ou par celui dont dépend le défendeur, s'il s'agit de deux individus de différentes nations (1).

C'est encore aux consuls qu'il appartient d'avoir soin des héritages revenant à leurs nationaux absents, et d'en prendre possession au nom de ces derniers, si les biens se trouvent dans le lieu de leur résidence, ou de les recevoir du juge du lieu où le sujet est décédé, s'ils sont situés ailleurs.

Voici les dispositions des traités à cet égard (2) : « si un sujet sarde vient à décéder en Turquie ou au Maroc, le consul résidant dans le lieu où l'individu est mort, se saisit de ses biens pour les faire parvenir à ses héritiers ; s'il n'y a pas de consul sur le lieu, le juge local fait l'inventaire des objets laissés par le défunt, lesquels sont expédiés avec l'inventaire signé par lui au consul qui se trouve dans l'endroit le plus rapproché : il en est de même à l'égard des sujets turcs et marocains qui décèderaient en Sardaigne (3). »

(1) Voy. § 214 *infrà*. (2) art. 7 du traité de la Sardaigne avec la Porte, de 1823; et un autre de la Sardaigne avec le Maroc, de 1285, art 17. (2) Voy. §§ 293 à 299, des Successions, et 212 *infrà*.

§ 219. *Ce qui se pratique dans le Levant et en Barbarie quand un indigène est créancier d'une succession.*

S'il arrive dans lesdits pays qu'un indigène soit créancier du défunt, il a recours au juge ou cadi ou bien au bey, quand c'est à Tunis, pour qu'ils fassent auprès du consul les démarches nécessaires pour obtenir ce qui lui est dû (1).

(1) § 296 *in fine*.

§ 220. *Les contrats entre étrangers se font devant leurs consuls respectifs.*

Tous les contrats entre sujets sardes se font au consulat (1). S'il s'agit d'un sujet sarde et d'un étranger, ils peuvent se présenter ou au consul sarde, ou au consul de la nation à laquelle appartient l'étranger : il en est de même de tout autre acte où l'intervention d'un notaire est nécessaire.

(1) Voy. §§ 212 à 301 et suiv. *infrà*.

LIVRE 4e — CHAPITRE 5.

SOUMISSION DES ÉTRANGERS AUX LOIS PÉNALES ET DE POLICE.

§ 221. *Les étrangers sont soumis aux lois pénales et de police des pays où ils voyagent.*

Dès qu'un étranger est entré sur le territoire d'une nation quelconque, il est par ce fait, comme cela a déjà été dit (1), soumis à toutes les lois qui tendent au maintien de l'ordre et de la sûreté publique, c'est-à-dire celles qui forment le sujet des codes pénaux et de police de chaque pays (2) : par conséquent s'il viole ces lois, il est justiciable des autorités du pays, soit que le fait ait été commis au préjudice de l'ordre public en général ou d'un particulier indigène ou étranger (3).

(1) Voy. §§ 184 et 205, etc. (²) Art. 12 du cod. civ. sarde ; art. 3 du cod. civ. franç. (3) Dans les pays hors du Levant et de Barbarie, le ministère du consul se borne à procurer un défenseur au coupable, s'il en est requis par ce dernier : voy. art. 93 du réglement de 1815.

§ 222. *Exceptions au principe énoncé dans le § précédent.*

Cette règle générale est soumise aux exceptions suivantes :

La première a lieu dans tous les pays à l'égard des délits commis à bord des navires marchands entre les personnes de l'équipage. En ce cas c'est au consul de la nation de l'individu coupable, à prendre connaissance du délit commis, suivant ce qui sera dit en son lieu (1).

La seconde exception a lieu pour les pays du Levant et de Barbarie (2), quand le crime ou le délit n'a pas été commis au préjudice d'un indigène, car si le crime avait été commis au préjudice d'un indigène, le coupable serait justiciable de l'autorité du pays, mais le consul aurait le droit de l'assister devant les juges, afin qu'il ne fut pas puni injustement (3).

(1) §§ 399 et suiv *infrà*. — La juridiction criminelle des autorités étrangères ne s'étend pas aux crimes commis par un étranger hors du territoire. Il y a cependant exception : 1º En cas de piraterie, parce qu'il s'agit d'un crime violant le droit des gens, et que toutes les nations ont le droit de punir (*a*) ; 2º S'il s'agit de crimes commis contre la sûreté de l'Etat, ou de contrefaçon du sceau de l'Etat, de papiers nationaux (*b*), etc. ; 3º S'il s'agit d'une certaine classe de crimes commis à l'étranger contre un sujet de la nation près de laquelle

se trouve l'individu coupable (c). (2) Voy. la 3ᵉ note du § 221.
(3) Sous le nom de pays du Levant, sont compris l'Egypte et les
principautés du Danube, et dans ces pays les traités de la S. Porte
avec les puissances étrangères sont en pleine vigueur. En Egypte,
en vertu du traité de 1840, dans les principautés, en vertu du traité
d'Andrinople de 1829.

(a) Voy. § 260, Kluber, *Droit des Gens moderne de l'Europe.* (b) Art.
5, 7 du cod. d'instr. crim. franç.; art. 6, 8, 9 du cod. pén. sarde,
§ 32, 33, 34; cod. pén. autrichien, art. 4, 31, 32; cod. pén. bavarois, etc. (c) Art. 6, 8, 9 du cod. pén. sarde, et 643, 647 ibid; art.
31, 32 du cod. pén. bavarois, et les codes saxon, wurtembergois,
oldenbourgois et hanovrien, etc.

§ 223. *Traités au sujet des crimes commis par les étrangers dans le Levant et en Barbarie.*

Si un étranger tue ou blesse un turc ou un maure, et s'il
est pris, il doit être jugé et puni selon les lois du pays, mais
avec l'assistance d'un officier consulaire de sa nation (1);
l'intervention de l'officier consulaire est aussi nécessaire,
quand les agents de l'autorité du pays ont à s'introduire
dans la maison d'un étranger, soit pour l'arrêter, soit pour
toute autre cause (2). Si un étranger a été arrêté hors de sa
maison, l'autorité locale à 24 heures de temps pour en don-
der avis à son consul; suivant une déclaration faite à l'Angleterre par le bey de Tunis, dont les dispositions sont ap-
plicables à la Sardaigne, aucun sujet de ces deux puissances,
coupable d'un crime commis contre un indigène, ne peut
être condamné à la peine de mort, sans que les consuls respectifs aient été avertis deux jours avant le jugement pour
qu'ils y assistent: un sursis de deux jours est en outre accordé avant l'exécution : si le coupable prenait la fuite, personne de sa nation ne pourrait être inquiété pour lui.

Quoique les traités soient très précis au sujet de la compétence de l'autorité locale à juger les étrangers dans les cas
susnommés, je crois cependant pouvoir affirmer que dans
beaucoup de ces pays, du consentement même du gouver-

nement local, les coupables sont livrés ou abandonnés à leurs consuls.

(1) Art. 18 du traité de la Sardaigne avec le Maroc, du 30 juin 1825 ; art. 9 du traité de la Sardaigne avec la S.-Porte, du 25 oct. 1823 ; art 42 et 64 du traité de 1740 entre la France et la Subl.-Porte ; art. 24 du traité de la France avec Tunis, du 30 août 1685 ; traité de l'Angleterre avec le Maroc, de 1824 ; id. avec Tunis, de 1751. et autres relatés dans l'Appendice ; id. avec la S.-Porte, de 1675, etc.
(2) Art. 70 du traité de la France avec la S.-Porte, de 1740, etc.

§ 224. *Suite au § précédent.*

Si le meurtre ou la blessure est le fait d'un étranger sur un autre étranger, c'est aux consuls des nations auxquels appartiennent les individus, à prendre connaissance de l'affaire, suivant les pouvoirs qu'ils tiennent de leurs gouvernements (1) : en ces cas l'autorité locale n'intervient que pour aider les consuls, si elle en est requise, à arrêter les coupables et à exécuter les jugements consulaires (2).

Quand il s'agit de violation des lois de simple police, comme de sortir sans lumière le soir, de passer dans certaines rues à des heures indues, si l'individu a été arrêté, l'autorité locale le fait consigner de suite à son consul pour qu'il ait à le punir suivant les lois de sa nation.

(1) Art. 15 du traité de la France avec la Porte, de 1740 ; art. 14 du traité de la Sardaigne avec le Maroc, de 1825 ; art, 7 du traité de la Sardaigne avec la S.-Porte, de 1823 ; traités de la Sardaigne avec Tunis, de 1816 et 1832. Voy. en outre les §§ 252 et 411 *infrà*.
(2) Art. 2 du traité de la Sardaigne avec Tunis, de 1832 ; art. 14 du traité la Sardaigne avec le Maroc, de 1825, et § 222 *infrà*. Voy. en outre les traités des autres puissances avec la S.-Porte et les princes de Barbarie, et notamment ceux de l'Angleterre avec Tunis, relatés dans l'Appendice.

LIVRE 4° — CHAPITRE 6.

EXÉCUTION DES JUGEMENTS EN PAYS ÉTRANGER. — EXTRA-
DITION DES CRIMINELS.

§ 225. *Exécution des jugements en pays étranger.*

Quoique le consul ne puisse rendre la justice à ses nationaux, que dans de certaines limites, qui sont cependant
moins bornées dans le Levant et en Afrique que dans les
autres pays, les sujets de sa nation peuvent toutefois l'obtenir dans plusieurs cas (1), non-seulement des autorités
locales, mais encore en poursuivant, en vertu des traités,
devant les tribunaux étrangers, l'exécution des jugements
prononcés par les autorités judiciaires de leur pays.

La Sardaigne a des conventions à ce sujet, avec plusieurs
puissances : elle a avec la France le traité de 1760, avec les
duchés de Modène et de Parme les traités de 1817, avec la
Toscane un traité de 1818, et enfin avec l'Autriche une
convention mentionnée dans les déclarations échangées les
11 et 22 novembre 1841, au sujet de la signification des
actes judiciaires, mais qui n'existe pas dans le recueil officiel des traités (2).

S'il n'y a pas de traités, aucun jugement prononcé en pays
étranger ne peut, en règle générale, recevoir son exécution,
ni conférer une hypothèque sur des biens situés dans un autre pays (3).

Il en est de même des actes publics (4) à l'égard du droit
d'hypothèque, quoiqu'ils soient valables, quant aux autres
effets, s'ils ont été faits suivant les formes voulues par les lois
du pays, où ils ont été passés (5).

Il est vrai de dire cependant que ce rigorisme tend à diminuer de jour en jour et beaucoup de législations admettent, surtout en fait d'exécution des jugements, une parfaite réciprocité (6).

(1) §§ 205 206 *infrà*. (2) Ces déclarations portent que les significations des actes judiciaires, doivent être transmises par la voie diplomatique; voy. l'Appendice à la fin de l'ouvrage. (3) Art. 2181 du code civ. sarde; voy. en outre § 211 et 287 *infrà* (4) Art. 1418 ibid. et autres codes presque tous conformes au code sarde. (5) Art. 2188 du code sarde. (6) Voy. Félix, de l'exécution des jugements en pays étrangers, pag. 155, Paris, 1843, 1 vol. Cet auteur explique la législation de 57 états, relative à cette matière.

§ 226. *Dans quels cas on peut demander l'extradition des criminels?*

Par le même principe qu'un jugement en matière civile ne peut recevoir son exécution en pays étranger, s'il n'y a pas un traité qui l'autorise, les criminels condamnés dans un pays ne peuvent être saisis quand ils se sont réfugiés dans un autre, hors le cas où une nation en a, par des traités, accordé à une autre le droit d'en demander l'extradition, ou bien qu'il s'est établi à ce sujet une parfaite réciprocité Toutes les nations connaissent maintenant combien il leur convient de s'entr'aider pour poursuivre les criminels partout où ils se trouvent et lorsqu'il s'agit de crimes graves, elles s'accordent généralement l'extradition malgré l'absence d'un traité à ce sujet. Cependant il y a des nations qui s'y refusent s'il n'y a pas un traité : l'Angleterre, la Grèce, les Etats-Unis d'Amérique sont de ce nombre.

La demande d'extradition doit être faite par la voie diplomatique; mais de leur côté les consuls ont à remplir, dans ces circonstances, d'importants devoirs qui seront énoncés ailleurs (1). Je me borne à mentionner ici les traités par lesquels il a été stipulé avec diverses puissances, l'extradition réciproque de certaines classes de criminels; ce sont les traités avec le duché de Modène du 3 février 1817 et de

1830, pour les malfaiteurs et les déserteurs, avec le duché
de Parme et Plaisance du 3 juillet 1817, pour les malfaiteurs
et les déserteurs, avec le duché de Lucques du 16 mai 1838,
pour les malfaiteurs, avec l'Autriche pour les déserteurs,
du 11 juillet 1823, et pour les malfaiteurs du 21 avril 1792,
et du 6 juin 1838, avec la Toscane pour les déserteurs, du
7 décembre 1825, et pour les malfaiteurs, du 14 janvier
1836, avec la France pour les malfaiteurs, du 23 mai 1838.
avec Naples du 29 mai 1819, pour les malfaiteurs, avec le
Saint-Siége du 10 mars 1842, pour les déserteurs; avec
quelques cantons de la Suisse la convention du 28 avril
1843 (1), et 1er et 4 août 1843, pour les malfaiteurs, ainsi
que l'adhésion du canton de Vaud et du Valais, du 24 février 1844, avec Monaco du 7 et 9 novembre 1817, pour les
malfaiteurs et les déserteurs, art 2 du traité avec Tunis du
22 février 1832, pour tout sujet sarde qui serait réclamé
par le gouvernement du Roi, pour une cause quelconque,
et art. 35 du traité avec l'Uruguay de 1840.

(1) Ces cantons sont ceux de Lucerne, Berne, Uri, Schwitz, Unter_
walden le haut et le bas, Glaris, Zug, Fribourg, Soleure, Bâle-
Campagne, Scaffouse, Argovie, Thurgovie, Tessin et Vaud; voy.
traités de commerce et de navigation dans l'Appendice pour ce qui
concerne les marins; voyez aussi les §§ 400 et 401 *infrd.*

LIVRE CNQUIÈME.

RAPPORTS DES CONSULS SARDES AVEC LEURS NATIONAUX.

CHAPITRE Ier.

A QUELS INDIVIDUS LES CONSULS PEUVENT PRÊTER LEUR ASSISTANCE.

§ 227. *Avant-propos. — Individus qui sont munis d'un passeport.*

Je viens de montrer quels sont les droits et les devoirs des étrangers et des sardes en particulier en pays étranger ; je vais maintenant faire connaître les rapports de ces derniers avec les consuls de S. M., et comment ceux-ci leur prêtent assistance et protection.

En règle générale toute personne qui se présente à un consul, munie d'un passeport sarde régulier, a le droit d'invoquer sa protection quelle que soit sa véritable nationalité, et le consul ne peut pas la lui refuser ; ce serait à l'autorité sarde qui la première lui a accordé son assistance, à rendre compte à qui de droit, de la violation des lois sur la matière, si elle avait eu lieu (1).

(1) Ceci cependant est toujours subordonné au cas où il serait prouvé, que l'individu muni du passeport a trompé la religion de l'autorité qui lui aurait accordé son assistance ; car ceci étant, il n'y aurait aucune obligation de la lui continuer : on devrait au contraire la lui refuser.

§ 228. *Suite au § précédent.*

Il n'en est pas ainsi vis-à-vis des autorités locales ou d'autres autorités étrangères : elles auraient droit de ne pas reconnaître, dans plusieurs cas, cette protection accordée à des personnes d'une autre nation que celle représentée par le consul. Il a même été convenu avec les régences de Tunis et de Tripoli, que le gouvernement sarde n'accorderait sa protection et des passeports qu'à ses propres sujets (1).

(1) Art. 3 des traités de 1816, faits avec ces deux pays.

§ 229. *Quel est la valeur d'un passeport pour constater les droits d'un individu à la protection consulaire.*

Du reste, un passeport régulier est une attestation, jusqu'à preuve contraire, de la nationalité du titulaire et de son droit à la protection d'un consul : ce principe a été consacré par le traité de commerce et de navigation avec l'Uruguay (1), traité par lequel il a été convenu que tout individu appartenant aux états de l'une des deux hautes parties contractantes, serait considéré comme sujet du pays des autorités duquel il présenterait un passeport en bonne et due forme, ou un certificat équivalent, où dans le consulat duquel il prouverait d'être inscrit. Cependant cette stipulation, aux termes du traité susmentionné, ne doit nuire en rien à la véritable nationalité d'origine, quand l'individu porteur d'un des documents susdits ou inscrit comme dessus, n'y aura pas renoncé dans les formes établies par les lois locales.

(1) Art. 34 du traité de 1840.

§ 230. *Étrangers jouissant de la protection des consuls sardes.*

Souvent il arrive qu'une puissance accorde sa protection à des étrangers dans telle ou telle localité, c'est ce qui a lieu pour la Sardaigne à l'égard des sujets du Prince de Monaco à Maroc ; car en vertu du dernier article du traité de 1823 avec cet empire, il a été convenu que les sujets de Monaco seraient admis à jouir , comme les Sardes , des bienfaits du traité (1).

Les Lucquois ont souvent recours aux consuls sardes dans les localités où ils n'y a pas des consuls de leur pays : ceci a principalement lieu dans les Etats ottomans , où les sujets des nations qui n'ont pas de traités avec ce pays, viennent sous la protection d'une autre puissance. Dans ces circonstances le consul leur accorde une patente de protection qui équivaut au certificat de nationalité donné aux nationaux (2). Dans les pays ottomans, il existe des familles indigènes qui jouissent depuis un temps immémorial de la protection de tel ou tel consul (3).

Enfin , on accorde quelquefois des passeports à des étrangers qui ne peuvent pas en obtenir des autorités compétentes de leur nation ; ceci n'a lieu que dans des cas exceptionnels et d'après des ordres spéciaux du ministère des affaires étrangères.

(1) Voy. Art. 47 du tarif consulaire de 1823 , tabl. 3 et §§ 248, 332 *infrà*, et modèle 40. (2) Voy. art. 14 du traité de 1843, avec le Hanovre, art. 18 du traité de 1845, avec la Prusse et le Zollwerein , art. 18 du traité de 1845, avec la Russie , art. 13 du traité de 1846 , avec le grand duché d'Oldenbourg , et déclaration de la France à S. A. le Prince de Monaco admettant les Monacois à participer aux effets du traité fait avec la Sardaigne en 1843, mis en exécution le 20 mai 1846. (3) Cependant cette protection a été de beaucoup restreinte dans ces derniers temps , et elle est presque limitée aux employés indigènes des consulats. En 1844, par exemple , à Constantinople (voy. note 1 du § 185) , les consuls d'accord avec l'autorité locale , ont fait paraître dans leurs chancelleries tous leurs nationaux et protégés , et ils leur ont délivré un permis de séjour pour un an ; mais depuis il n'a pas été renouvelé et on ne l'a plus délivré qu'aux nouveaux arrivés : voy. en outre art. 13 du traité de 1823 avec la Porte.

§ 231. *Comment les consuls peuvent-ils reconnaître la nationalité d'un individu ?*

Les consuls reconnaissent encore le droit qu'a un individu

à leur protection, par des lettres de naturalisation, des certificats de nationalité ou par tout autre document dont il serait porteur, et qu'on n'accorde qu'à des sujets sardes et même quelquefois, mais d'une manière très-restreinte, par des témoins.

Les consuls sont ensuite autorisés à reconnaître, comme sujet sarde, tout individu inscrit en cette qualité au consulat, celui qui produit son acte de naissance, s'il est né dans les États Sardes, ou le même acte de son père jouissant des droits civils sardes (1), s'il est né à l'étranger (2). Si le père a perdu la jouissance des droits civils, le fils né à l'étranger doit, dans l'année qui suit sa majorité, déclarer à une légation ou à un consul sardes, son intention de rentrer dans les états sardes, pour y établir son domicile et rentrer effectivement dans l'année qui suit sa déclaration, dont la légation ou le consulat expédient une copie au ministère des affaires étrangères (3).

(1) Art. 19 du code civ. sarde. (2) Ce que je viens de dire des enfants nés à l'étranger, est applicable à ceux qui sont issus d'un mariage légitime ou considéré comme tel par rapport à eux, ou qui sont reconnus comme fils naturels de sujets sardes (a), mais non aux enfants, adultérins ou autres indiqués dans les art. 172, 180 du code civil (b) et ce, quoiqu'ils aient été reconnus par leur père. Ains, ces enfants, suivent la condition de leur mère, en conformité de l'arti 22 du même code. (3) Art. 20 du code civil.

(a) Art. 176, 183 du code susdit. (b) Circ. 77, Questions sur les enfants adultérins.

§ 232. *A quelle condition un enfant, né en pays étranger, peut-il réclamer la nationalité de son père?*

Le principe que l'enfant suit la condition de son père, est conforme à presque toutes les législations. En effet, suivant la plus part des codes modernes, pour être citoyen d'un pays il ne suffit pas d'y être né, mais il faut encore, si le père est étranger, déclarer à un âge déterminé, sous une forme ou sous une autre, vouloir appartenir à ce pays (1).

La législation anglaise est contraire à ce principe, car tout individu né sur le territoire anglais, ou considéré comme tel (2). est anglais, et y est admis à jouir de tous les droits dont jouissent les sujets anglais (3).

(1) Voy. la 3ᵉ note du § 188 *infrà*. (2) On sait que l'on considère comme territoire d'un pays, non-seulement le sol, mais encore les navires de guerre, partout où ils se trouvent et les bâtiments marchands quand ils sont en pleine mer. (3) L'art. 22 du R. édit du 12 mars 1749, accordait dans le comté de Nice aux étrangers catholiques, la jouissance des droits civils et ceux même qu'on appelle politiques, jusqu'à la quatrième génération sans que pour cela ils perdissent. dans l'intervalle. leur nationalité d'origine; cet art. avec 3 autres du même édit. a été supprimé par les RR. PP. du 30 juin 1835

§ 233. *Suite du même sujet.*

Cependant si un individu né sur le sol anglais va à l'étranger et devient sujet d'un prince étranger, et s'il ne rentre pas en Angleterre dans les six mois après la sommation qui lui en a été faite par l'ambassadeur ou le consul britannique, ou par autre personne à ce autorisée, il perd ses droits de citoyen anglais que lui avait donné le seul fait de sa naissance et devient *alien*, c'est-à-dire étranger, il ne peut plus par conséquent avoir des fiefs par héritage, partage ou achat et ses propriétés sont acquises à titre de forfaiture à la couronne (1).

(1) Voy. Ockei, Droits, priviléges et obligations des étrangers dans la Grande-Bretagne. Paris 1837. 1 vol.

LIVRE 5ᵉ — CHAPITRE 2.

COMMENT UN INDIVIDU PEUT PERDRE SA NATIONALITÉ OU SES
DROITS A LA PROTECTION DES CONSULS.

§ 234. *Individus naturalisés en pays étranger.*

Tout individu né, ou devenu sujet sarde après sa naissance, est susceptible de se voir refuser la protection d'un consul sarde, soit parcequ'il n'est pas en position de fournir la preuve de sa nationalité, faute des documents nécessaires, soit parce qu'il aurait perdue cette qualité.

Le livre 1, titre 1, chapitre 2 du code civil, indique comment on peut perdre les droits civils, et par suite la nationalité sarde. Viennent en premier lieu les individus naturalisés en pays étrangers, parmi lesquels on devrait ranger ceux qui se seraient faits musulmans, ce changement de religion donnant à l'apostat la nationalité de ses nouveaux coréligionnaires dans les pays où elle est dominante (1).

(1) Art. 11 du traité de 1823 entre la Sardaigne et la Porte.

§ 235. *Individus émigrés de leur pays sans pensée de retour. — Si la prolongation du séjour en pays étranger peut faire perdre la nationalité?*

Viennent ensuite les individus qui ont quitté leur pays sans pensée de retour : mais, le consul ne peut jusqu'à ce qu'il en ait la preuve, refuser sa protection à un sujet, s'il doute seulement qu'il ait renoncé à retourner dans son pays. Ainsi celui qui prolonge sa résidence à l'étranger au-delà du temps fixé par le passeport, ne peut pas, par ce seul motif, être privé de la protection sarde : voici ce qui est dit à ce sujet dans la circulaire n° 77, du 17 mars 1841 :

« Le passeport, suivant la législation sarde, n'est considéré
que comme une mesure de police ; ce document ou permis de
voyager à l'étranger, est un acte de l'autorité publique qui
est accordé pour certifier que l'individu qui sort des Etats
du Roi, y a tenu une bonne conduite : cet acte est pour le
porteur un sauf conduit, et pour le pays où il va, une preuve
qu'on n'y reçoit pas un malfaiteur (1) ».

Quoique la durée du passeport soit limitée, il n'existe
aucune loi pénale qui punisse le sujet qui reste à l'étranger au-delà du temps fixé par le passeport, sans en demander un autre, afin de prolonger son absence des Etats
Sardes ; on peut donc en conclure qu'un sujet sarde n'est
pas tenu de retourner après l'expiration du passeport, ou
d'en demander un autre pour prolonger son séjour au
dehors, sauf ce qui est prescrit par l'article 36 et 42 du code
civil et les exceptions qui seront mentionnées aux §§ concernant plus spécialement les passeports (2).

(1) § 185 infrà. (2) Voy. §§ 339 à 347 infrà.

§ 236. *Les individus qui prennent du service en pays
étranger, perdent la nationalité. — Il en est de même
des déserteurs. — Les femmes qui se marient avec des
étrangers, perdent aussi leur nationalité.*

Dans ledit livre 1, titre 1, chapitre 2 du code civil, parmi
les sujets qui perdent les droits civils et par conséquent la
protection consulaire, sont mentionnés : les individus qui
auraient pris du service militaire ou autre chez un gouvernement étranger ; les individus qui, étant nés en pays étrangers, arrivés à l'âge de la majorité, n'obéiraient pas à l'in-
jonction qui leur serait faite par le gouvernement du Roi,
de se porter sous les drapeaux du royaume (1) ; il en est de
même des déserteurs, ainsi qu'il résulte de la circulaire 80,
du 15 novembre 1841 (2). Encourent aussi la perte de la nationalité, mais temporairement seulement, les femmes qui
se marient avec des étrangers. (3).

(1) Circ. 77 susdite. (2) § 352 *infrà*. (3) Voy. art. 40 du cod. civ. qui s'exprime ainsi : « La femme, sujette sarde, qui épouse un étrenger, suit la condition de son mari. Si elle devient veuve, elle rentre dans les droits inhérents à la qualité de sujette, à la condition qu'elle réside dans les Etats sardes ou y retourne avec l'autorisation du Roi et s'y établisse dans l'année qui suit l'autorisation obtenue.

§ 237. *Les condamnés à des peines corporelles ne peuvent pas réclamer la protection du consul.*

Les condamnés à des peines corporelles contumaces ne me semblent pas non plus pouvoir réclamer la protection du consul, spécialement pour avoir un passeport ou être appuyés auprès des autorités locales pour en obtenir justice, car ayant lésé la société dont ils sont membres, ils n'ont pas droit à la protection de ses agents tant que cette société n'a pas obtenu d'eux la satisfaction qui lui est due.

§ 238. *Si les condamnés peuvent passer certains actes par devant les consuls.*

Il y a des actes qui ne sont pas interdits à certaines classes de condamnés et qu'ils peuvent passer avant d'avoir achevé de subir leur peine, s'ils sont dans les Etats sardes ; mais je crois que le consul devrait, malgré cela, se refuser à les recevoir, car le condamné détenu dans les Etats, est en voie de subir la peine qu'il a méritée et il donne ainsi à la société offensée la satisfaction qui lui est due, tandis que celui qui est à l'étranger, est en état de révolte envers elle et par conséquent n'a pas le droit d'en être protégé par l'intervention de ses consuls.

LIVRE 5ᵉ — CHAPITRE 3.

INSCRIPTION DES SUJETS SARDES AUX REGISTRES DES CONSULATS.

§ 239. *Pourquoi les sujets sardes doivent se faire ins-*
crire aux consulats ?

Pour rendre plus efficaces la protection que les consuls doivent accorder à leurs nationaux et la surveillance qu'ils sont obligés d'exercer sur eux, il a été prescrit de tous les temps aux sujets sardes, allant s'établir en pays étrangers, de se faire inscrire aux consulats dans les registres qui y sont tenus à cet effet.

Quelquefois le gouvernement désirant connaître au juste le nombre des sujets sardes domiciliés à l'étranger, ordonne le renouvellement de l'inscription. Le consul en donne ordinairement avis par la voie des journaux, ou par tout autre moyen qui ne rencontre pas d'obstacles de la part des autorités locales (1).

(1) Voy. lettre du ministère des affaires étrangères à un consul du Roi, du 25 avril 1835.

§ 240. *Peines contre les sujets qui ne se font pas ins-*
crire aux consulats.

Des peines ont en même temps été prononcées contre tout sujet sarde allant dans le Levant et en Barbarie, qui ne se présenterait pas au consulat avec tous ses papiers justifiant sa nationalité et son arrivée dans l'Echelle, pour déclarer s'il entend s'y fixer ou non. Cette déclaration doit être faite dans les 24 heures de l'arrivée.

Ces peines sont, 300 francs d'amende, ou un mois de prison en cas de non paiement et le renvoi dans les États sardes, surtout si l'individu contrevenant est sans moyens d'existence (1).

L'article 133 du réglement consulaire de 1815 va même plus loin, car il y est dit : « Que tous les sujets sardes qui s'établiront en pays étrangers *et voudront conserver leur qualité de sujets sardes*, devront se présenter au consul dans la juridiction duquel ils fixeront leur domicile, pour se faire inscrire dans un registre qui sera tenu par lui à cet effet sauf toujours les prohibitions et exceptions portées par les lois. »

(1) Art. 24 des RR. PP. du 16 sept. 1816.

§ 241. *Note des individus qui ne veulent pas se faire inscrire. — Facilités accordées pour se faire inscrire.*

Plus tard par une circulaire du 2 novembre 1816 n° 13, il a été prescrit aux consuls de donner une note des sujets sardes qui n'auraient pas voulu se faire inscrire et d'en indiquer les motifs probables. Il y était dit aussi que les consuls devaient faciliter, autant que possible, aux nationaux l'inscription en question en faisant ouvrir des registres *ad hoc* par leurs vice-consuls ; pour les personnes établies dans des localités de leur district où il n'y en aurait pas, ils pouvaient admettre l'inscription par lettre, prenant, bien entendu, des mesures pour ne pas donner lieu à des inscriptions indues ou à des déclarations nuisibles (1).

En 1835, par la circulaire n° 55 du 9 février, il a été de nouveau recommandé aux consuls de se mettre à même de fournir tous les renseignements prescrits à l'égard de l'état des sujets sardes demeurant à l'étranger et des étrangers jouissant de la protection des consulats sardes (2).

(1) Voy. art. 25 des RR. PP., 16 sept. 1816, où il est dit. que les sujets établis dans une échelle où il n'y aurait pas d'officier consulaire, peuvent se faire inscrire par le consul dans le district duquel se trouve le lieu qu'ils habitent : voy. § 311. (2) §§ 230. 248 *infra*.

§ 242. *Motifs des peines dont étaient passibles les individus qui n'auraient pas voulu se faire inscrire.*

On voit par ce qui précède que le gouvernement du Roi a toujours, comme de raison, attaché une grande importance à connaître l'état et le nombre de ses sujets demeurant à l'étranger.

Les peines mêmes infligées aux individus qui ne se feraient pas inscrire, semblent le démontrer. Je crois cependant que la peine de la perte de la nationalité prononcée par le réglement de 1815, contre ceux qui n'auraient pas rempli cette formalité, n'est plus applicable aujourd'hui, attendu que le code civil n'en a pas parlé ; ce qui me confirme dans cette opinion, c'est que, quand ledit réglement a été fait, beaucoup d'individus, qui avaient servi sous le gouvernement français, avaient le droit de se déclarer Français ou Sardes, et le gouvernement sarde voulait de suite savoir à quoi s'en tenir à ce sujet.

§ 243. *Suite au § précédent.*

Ce que je viens de dire dans le § précédent est aussi confirmé par le contenu de la circulaire 81 du 22 mars 1842, ou il est dit, que les consuls ne peuvent dans les circonstances où les sujets du Roi ont recours à leur assistance pour des actes notariés ou autres, exiger l'inscription au registre, que de ceux qui sont nés à l'étranger ou qui y sont domiciliés depuis longtemps ; cela signifie que l'inscription est admise toutes les fois que les sujets se présentent pour des affaires où elle est indispensable. La circulaire 77 du 17 mars 1844, est plus explicite à ce sujet ; il y est dit : « L'institution des registres de l'inscription ayant uniquement pour but de faciliter aux sujets de S. M. domiciliés à l'étranger, le moyen de conserver pour eux et pour leurs enfants la qualité de sujets, et de s'assurer la continuation de la protection du gouvernement de S. M., et aucune loi n'imposant l'obligation de remplir une telle formalité, il s'en suit que ceux qui ne l'auront pas remplie, ne seront passibles d'aucune peine. »

Cette circulaire ajoute cependant, que comme une telle négligence peut avoir et a effectivement le plus souvent pour conséquence d'exempter du service militaire sarde, un certain nombre d'individus qui sont obligés d'y concourir et violent ensuite ouvertement les lois en vigueur, ces individus outre qu'ils deviennent passibles des peines établies par les lois contre les réfractaires, sont déclarés indignes de jouir de la protection de S. M. à l'étranger. Pour ce motif tous les jeunes gens non inscrits aux registres de l'immatriculation ou de l'état civil, ainsi que ceux qu'y étant inscrits n'obéiront pas aux ordres qu'ils recevront de rentrer dans leur patrie pour y concourir au service militaire, devront être privés entièrement de l'assistance consulaire dans quelque temps ou circonstance qu'ils y aient recours (1).

(1) Voy. chap. des Passeports, §§ 333 à 347, et § 352 *infrà*.

§ 244. *Les consuls ne peuvent refuser l'inscription à certains individus.*

Il est bon d'observer toutefois, que les consuls ne peuvent refuser l'inscription et la protection consulaire à des individus munis de titres suffisants (1), sur le doute seul que ces individus paraissent peu disposés à obéir aux ordres qu'ils peuvent recevoir du gouvernement. Ce n'est qu'après une preuve de désobéissance formelle que ce refus doit avoir lieu (2), car au moment où ils demandent l'inscription, ils ont droit à la qualité de sujets, et sont censés avoir l'intention d'en remplir les devoirs, seules choses que les consuls doivent avoir en vue, sans se constituer juges de la volonté ultérieure des individus qui demandent l'inscription (3).

(1) Voy. chap. 1er, liv. 5 *infrà*. (2) Voy. circ. 81 du 22 mars 1842, et § 243 *in fine*. (3) Les individus dont il est question dans ce §. sont principalement les fils de sujets sardes nés en pays étranger qui demandent de suivre l'origine de leurs pères pour s'exempter

du service militaire dans le pays de leur naissance : à ces individus le consul accorde, après avoir reconnu leurs titres (a) et les avoir inscrits, un certificat de nationalité (b).

(a) § 231 *in fine*. (b) Voy. modèle n° 24.

§ 245. *Les consuls forment toutes les années un rôle des jeunes gens susceptibles d'être appelés au service militaire.*

Comme dès le moment de leur inscription, les individus susdits appartiennent définitivement à leur patrie d'origine, pour les forcer à satisfaire aux différentes obligations qu'ils contractent envers elle, et notamment au devoir du service militaire, il est prescrit aux consuls de former toutes les années (1) et expédier au ministère des affaires étrangères, un rôle des jeunes gens nationaux demeurant dans les limites de leurs districts respectifs, lesquels en raison de leur âge auraient dû satisfaire à la levée militaire et qui n'ont pas encore concouru au tirage : ce rôle doit être accompagné d'un état indiquant la situation de la famille de chaque indididu, en conformité du modèle n° 14 (2) : cet état est en outre certifié par trois pères de familles sujets sardes, et signé par eux, par l'inscrit et par le consul.

Les chefs d'arrondissement reçoivent des consuls des instructions à ce sujet.

(1) Circ. 74 du 2 mars 1840 et modèle n. 12 *infrà*. (2) Voy. régl. pour la levée militaire, du 16 déc. 1837, et § 330 *infrà* pour la visite des inscrits.

§ 246. *Quelles sont les conséquences des instructions sur l'inscription des sujets sardes aux consulats?*

De tout ce que je viens de dire au sujet de l'inscription il en résulte :

1° Que dans les pays du Levant et de Barbarie tous les sujets sardes, en arrivant, sont obligés de se présenter au consulat ou au pro-consulat, pour déclarer s'ils entendent fixer leur domicile dans le pays, et dans le cas affirmatif se faire inscrire à la chancellerie sous les peines portées par les lois (1) ;

2° Que dans les pays hors du Levant et de Barbarie l'inscription est obligatoire , mais elle n'est pas sanctionnée par une loi pénale (2) ;

3° Que le défaut d'inscription ne prive pas l'individu de sa qualité de sujet sarde (3), mais l'empêche de l'acquérir et de la constater dans certaines circonstances (4) ;

4° Que le consul ne peut accorder son assistance aux sujets établis ou nés en pays étrangers, que sous la condition, suivant leur position , de prouver leur qualité, de se faire inscrire et de se rendre sous les drapeaux chaque fois qu'ils y sont appelés (5) ;

5° Que l'inscription ou déclaration de vouloir conserver la qualité de sujet sarde , doit être renouvelée une fois par an (6) ;

6° Que les sujets sardes munis d'un passeport régulier et qui ne sont que de passage , sont exempts de la formalité de l'inscription (7).

(1) Art. 24, 25 des RR. PP du 16 sept. 1816. (2) Circ. 77 de 1841. et § 242 *infrà*, note 2. (3) Circ. 77 de 1841, et § 243 *infrà*. (4) § 243 *infrà*, *in principio*. (5) Circ. 81 susdite et 74 du 2 mars 1840, et § 243 *in fine infrà*. (6) Voy. circ. 55 du 9 fév. 1835. (7) Circ. 81 précitée.

§ 247. *Forme de l'inscription. — Supplément à l'état des sujets sardes inscrits.*

L'inscription ou registre des sujets sardes doit énoncer l'âge, les nom, prénoms et la profession de l'inscrit, la date de son arrivée, de son départ et le lieu de sa destination (1).

La circulaire 55 du 9 février 1835 , par laquelle le ministère des affaires étrangères avait demandé aux consuls un état général de tous les sujets sardes, demeurant dans leurs districts , exige en outre qu'on y énonce le jour de la naissance de l'individu , le lieu de sa résidence et l'époque à laquelle il s'y est établi : le même ministère a aussi prescrit d'y ajouter une notice sur la conduite de chacun et sur ses qualités personnelles, ainsi que sur l'état de sa fortune.

En conformité de la circulaire précitée, le consul doit envoyer un supplément de l'état desdites inscriptions, toutes les fois qu'il y a mouvement dans la résidence des sujets sardes, ou qu'il y a lieu à des naissances ou à des décès : le consul est tenu en outre de mentionner dans ce supplément le renouvellement qui aura été fait par quelques-uns, de la déclaration de vouloir conserver leur qualité de sujets sardes, suivant ce qui est prescrit par les réglements (2).

(1) Art. 25 du RR. PP. du 16 sept. 1816, et art. 11, instructions en 13 art. du 12 janv. 1816, cité à la note 2 ci-après, où il est relaté en entier. (2) Les consuls devront, à la fin de chaque année, expédier au ministère des affaires étrangères un extrait du registre de tous les sujets sardes qui s'établissent en pays étranger et veulent conserver leur qualité, sur lequel ils ajouteront les observations qu'ils auront faites sur les moyens d'existence, les occupations et la conduite de ces individus. Voy. art. 11 des instruct. en 13 art. de 1816, et art. 133 du régl. de 1815 cité au § 240 *infrà*. Voy. enfin le modèle 9.

§ 248. *Les étrangers, jouissant de la protection des consuls sardes, doivent être inscrits.*

Comme il arrive souvent aux consuls d'accorder leur protection à des individus d'autres nations, ladite circulaire 55 exige que ceux-ci soient inscrits comme les sujets du Roi ; les consuls doivent, cependant, faire mention dans une note à part du motif qui les a déterminés à admettre ces étrangers à jouir d'une telle faveur.

Ces étrangers devraient recevoir ensuite des consuls une patente de protection (1), mais les autorités dans la plupart des localités n'exigeant pas la production de cette pièce, elle n'y est plus en usage.

(1) Voy. art. 10 du traité de l'Angleterre avec la Porte, du 5 janv. 1809, §§ 230 et 332 *in fine*, et art. 47 du tarif cons. de 1825, tabl. 3 et modèle n° 40.

LIVRE 5ᶜ — CHAPITRE 4.

SUBORDINATION DES SUJETS SARDES AUX CONSULS. — POLICE
ET JURIDICTION CRIMINELLE.

§ 249. *Les sujets sardes sont soumis à la juridiction
consulaire.*

Les sujets sardes, voyageant ou demeurant en pays étranger, sont soumis à une juridiction consulaire plus ou moins étendue, suivant ce que les lois et les traités permettent aux consuls de l'exercer dans le lieu de leur résidence. Ceci, cependant, ne doit pas être entendu dans ce sens, que les sujets sardes ne sont obligés d'obéir aux consuls qu'autant que ceux-ci pourraient les y contraindre directement, mais bien d'après ce qui est établi par les lois sardes, lesquelles à cet égard ne font aucune différence entre un pays et un autre (1) ; ainsi si un consul donnait un ordre à un sujet sarde en conformité des lois sardes, celui-ci devrait l'exécuter aussi bien dans un pays où le consul aurait les moyens de l'y forcer, que dans celui où il en serait totalement dépourvu.

(1) Voy. cependant ce qui a été dit au § 210 *infrà* au sujet de la juridiction des consuls dans les affaires judiciaires.

§ 250. *Les sujets sardes ne peuvent refuser d'exécuter
les ordres consulaires.*

Voici ce qui est prescrit par les réglements :

« Les sujets sardes doivent obéir immédiatement sans pouvoir, pour quelque motif que ce soit, suspendre l'exécution des ordres qui leur seraient signifiés par écrit de la part d'un consul: ils ont cependant le droit de faire parvenir leurs doléances, s'ils se croient lésés par ledit consul, au ministère des affaires étrangères ou de la marine, ou à l'intendance générale de la marine (1), suivant qu'il s'agit de personnes appartenant à la marine militaire ou marchande, ou d'autres, afin d'en obtenir le redressement de leurs griefs.

De son côté le consul est toujours responsable des ordres qu'il a donnés, dont il doit chaque fois expédier une copie avec les informations y relatives aux ministères susmentionnés et à l'intendance de la marine, comme il est dit ci-dessus, et au consul-général, si les ordres ont été donnés par un simple consul.

Dans les cas plus graves et plus urgents, le consul et le consul-général doivent en outre rendre compte des faits à la Royale légation près le gouvernement local (2).

(1) Voy. aussi § 147 *infrd*. Avant la circul. 72, c'était au président du conseil d'amirauté qu'il fallait s'adresser. (2) Art. 131 du régl. de 1815.

§ 251. *Les consuls surveillent la conduite des sujets sardes à l'étranger.*

Les consuls doivent veiller, chacun dans le pays de sa résidence, à ce que les sujets du Roi observent les lois et réglements en vigueur, et tiennent dans les états étrangers où ils se trouvent, une bonne conduite, tâchant de faire punir les coupables de la manière spécifiée par les réglements (1).

Les consuls doivent non-seulement surveiller la conduite de leurs nationaux, mais encore en rendre compte au gouvernement (2), à l'occasion de l'envoi des états d'inscription prescrits par les réglements (3), et ce indépendamment des cas particuliers, où il est utile de signaler la conduite de tel ou tel individu.

Il est expressément ordonné aux consuls de surveiller les sujets sardes qui sont au service du gouvernement du pays où ils résident (4).

(1) Art. 54 du régl. cons. de 1815. Comme dans le Levant et en Barbarie, la police des sujets y domiciliés, appartient aux consuls, ce sont eux-mêmes qui les punissent ou les renvoyent dans les Etats du Roi pour être punis ; voy. §§ 254, 399, 403, 412, 419-20 infrà, et art. 46 des RR. PP. du 16 sept. 1816 ; circ. 1, S P., du 14 avril 1823. (2) Art. 66 du régl. de 1815. (3) Voy. circ. 55 citée au § 247 ; art. 11, instruct. ministérielles en 13 art., de 1816, cité au § 247, à la note 2. (4) Art. 12 des instruc. susdites de 1816 ; circ. 13, art. 4. Nota. — La prescription de l'art. 12 desdites instructions n'est plus applicable aujourd'hui qu'il n'y a presque plus de sujets sardes au service des gouvernements étrangers, si ce n'est des déserteurs et des réfractaires engagés dans la légion étrangère en Algérie.

§ 252. *Devoirs des consuls vis-à-vis des sujets criminels.*

Les individus qui doivent éveiller le plus souvent l'attention des consuls, sont les criminels de toute sorte se réfugiant dans le pays de leur résidence, afin de pouvoir en demander l'extradition, s'il y a lieu (1), et ceux qui auraient commis des crimes dans le pays étranger et qui seraient susceptibles d'être consignés au gouvernement sarde en vertu des traités, où à la suite d'une expulsion spontanée de la part du gouvernement local (2).

(1) Voy. § 226 où sont cités les traités concernant l'extradition des malfaiteurs. (2) Voy. § 202 infrà.

§ 253. *Suite au § précédent.*

Je vais indiquer quel est le devoir des consuls dans les deux cas signalés au § précédent.

Dès qu'un consul a eu connaissance de la présence dans le pays d'un individu, dont le gouvernement du Roi a le droit de demander l'extradition, il est convenable qu'il requière l'autorité locale de faire procéder à son arrestation provisoire : il doit en donner avis au ministère des affaires étrangères de S. M., ainsi qu'à la légation sarde près le gouvernement local, afin que l'on puisse réclamer l'extradition par la voie diplomatique et dans les formes prescrites par les traités (1).

S'il s'agit d'un individu qui aurait commis un crime ou un délit punissable par les lois sardes (2), et dont le consul ne puisse pas connaître lui-même, il devra, s'il le peut, procéder à des informations judiciaires et les expédier aux autorités compétentes des Etats sardes (3).

(1) Voy. circul. 29 du 29 janv. 1821 et § 226 *infrà*. (2) Voy. art. 5, 6, 10 du code pénal sarde. (3) Ceci arrive principalement à l'égard des matelots des navires nationaux. (a) et des sujets en général établis dans le Levant et en Barbarie.

(a) § 411 et suiv. *infrà*.

§ 254. *Forme du procès-verbal que le consul doit dresser contre les sujets criminels.*

Les informations auxquelles le consul doit procéder, consistent dans un procès-verbal (1), dressé suivant les formes prescrites par les RR. CC. de 1770, les réglements pour le duché de Gênes, de 1815, et pour la Sardaigne, de 1827 : ce procès doit, entre autres choses, être signé par l'accusé, le consul, le chancelier et les témoins (2). S'il y a lieu, le consul fait aussi arrêter le coupable, pour l'envoyer avec le procès-verbal dans les Etats du Roi, par le premier navire partant pour cette destination, en l'adressant aux autorités de l'intérieur désignées pour recevoir cette classe d'individus (3).

Toutes les fois qu'un individu est expulsé, le consul doit indiquer s'il a subi une peine ou non, et quel a été le motif de son expulsion (4).

Si l'individu est escorté jusqu'aux frontières par les soins des autorités locales, le consul en donne avis au gouverneur ou au commandant de la division, ou de la province où il sera consigné; si c'est lui qui doit en procurer le rapatriement, il n'a qu'à se conformer au contenu de la circulaire n° 44, transcrite au § 353.

(1) Voy. §§ 412 et 413 *infrà*. (3) Art. 63 du régl. de 1815. (3) Voy. circ. 44 copiée au § 353 *infrà*, et art. 18 du tarif pour les procès

criminels. (4) Voy. §§ 202, 252 *infrà*, et les art. 5 à 11 du code pén.
sarde de 1839. *Nota*. — Suiv. le R. Billet du 17 oct. 1828, annexé à
la circ. 47 du 15 nov. de la même année, le consul devait, en expédiant les informations qu'il avait dressées, indiquer les peines dont le
coupable était passible dans le pays où il avait commis le délit,
parce que le même R. Billet prescrivait, en ce cas, la peine la plus
douce établie dans ledit pays pour le délit en question. Voy. art. 6
dudit code pénal.

§ 253 . *Quels sont les délits dont la connaissance appartient aux consuls ?*

Ainsi que je l'ai déjà dit (1) , il y a des délits dont la connaissance appartient aux consuls (2) ; tels sont les délits minimes (3) et de simple police (4) ; mais ce n'est que dans le
Levant et en Barbarie , que les consuls peuvent exercer cette
partie de leur juridiction sur tous leurs nationaux indistinc-
tement , car là seulement cela leur est permis par les autorités locales (5) et là seulement aussi , ils ont des moyens de
coercition à leur disposition.

Dans les autres pays ils ne sont compétents que pour juger
les délits commis à bord des navires sardes par les gens des
équipages , ce dont il sera parlé en son lieu (6) ; quant au
mode de procéder pour ces sortes de délits, soit qu'il s'agisse
de marins , soit d'autres sujets de S. M. , il n'y a qu'à se
conformer à ce qui est dit des poursuites à exercer pour les
mêmes délits contre les marins (7).

(1) § 253 *infine*. (2) Art. 55 du régl. de 1815. (3) Art. 58 ibid et
§§ 417, 418 *infrà*. (4) Art. 46 des RR. PP. du 16 sept. 1816. et circulaire 1 S. P. du 14 avril 1825. (5) §§ 93. 114, 206 à 218 et 221 à
225 inclusivement *infrà*. (6) §§ 417 et suiv. *infrà*. (7) 414 et suiv.
infrà.

LIVRE 5ᵉ — CHAPITRE 5.

OBLIGATIONS PARTICULIÈRES DES SUJETS SARDES DANS LE LEVANT ET EN BARBARIE , SANCTIONNÉES PAR DES LOIS PÉNALES.

§ 256. *Pour aller dans le Levant et en Barbarie il faut être muni d'un passeport délivré par le ministère des affaires étrangères.*

En considération de la position toute particulière faite aux étrangers dans le Levant et en Barbarie, il a fallu leur imposer certaines obligations , dont l'accomplissement a été mis sous la surveillance des officiers consulaires (1) et sanctionné par des clauses pénales. Voici quelles sont ces obligations : « Afin d'empêcher des sujets de mauvaise vie , d'une conduite équivoque , ou étant encore trop jeunes pour offrir au gouvernement toutes les garanties désirables en allant dans les pays dénommés ci-dessus , il a été décidé (2) , qu'aucun sujet sarde ne puisse s'y transférer sans avoir obtenu un passeport du ministère des affaires étrangères (3) , qui l'accorde seulement aux individus qui remplissent certaines formalités (4). Il y a exception en faveur des marins et des mousses faisant partie des équipages des navires sardes (5) , ainsi que des sujets signalés dans les §§ 336 et 337 *infrà.*

(1) Art. 46 des RR. PP., du 16 sept. 1816. (2) Voy. traité avec Tunis, de 1816. (3) Voy. § 336 *infrà.* (4) Art. 18, 21 des RR. PP., du 16 sept. 1816, (5) art. 21 desdites RR. PP.

§ 257. *Les sujets qui ne remplissent pas certaines conditions pour aller dans lesdits pays , sont soumis à une amende et arrêtés.*

Tous les individus qui contreviendraient aux articles 18 ,

19, 20, des dites R. P. 1816 (1) , seraient arrêtés, renvoyés dans les Etats du Roi et soumis à une amende de 600 fr. (2). Tous les sujets du Roi qui arriveraient dans les échelles du Levant et de Barbarie sans être munis du passeport prescrit par l'article 18 (3), ou qui en auraient extorqué un avant l'âge de 18 ans, seraient aussi arrêtés et renvoyés dans les états sardes (4) et le capitaine qui les auraient transportés, serait condamné à une amende de 1/m fr. (5).

La même mesure serait prise contre ceux qui se trouveraient dans lesdits pays sans exercer aucune profession et sans moyens d'existence (6).

(1) Voy. §§ 336, 337 *infrà*. (2) Art. 22 des RR. PP. susdites de 1816, et § 352 *infrà*. (3) Voy. §§ 336, 337 *infrà*. (4) Voy. Art. 47 des PP. susdites (5) Voy. art. 23 des RR. PP. de 1816. (6) Art. 24 ibid. et § 353 *infrà*.

§ 258. *Les sujets arrivant dans lesdits pays, doivent se faire inscrire aux consulats.*

Le sujet sarde arrivant dans lesdits pays, est obligé de se faire inscrire au consulat du lieu où il débarque (1), sous peine d'une amende de 300 fr., ou d'un mois de prison s'il ne peut pas payer l'amende; et s'il n'a pas les moyens de vivre décemment, il est renvoyé dans les Etats sardes où il doit, avant de pouvoir retourner dans les pays susdits, se justifier au ministère des affaires étrangères des motifs qui ont donné lieu à son renvoi.

Seraient également renvoyés des échelles et condamnés en outre à une amende de 6/m liv. et à défaut à six mois de prison, les sujets du Roi qui se mettraient sous la protection d'une puissance étrangère (2).

(1) Voy. pour l'inscription § 247 *infrà* (2) Art. 24, 26 et 48 des RR. PP. de 1816.

§ 259. *Les sujets qui passent d'une échelle à une autre, doivent être munis d'une autorisation consulaire.*

Les sujets du Roi qui veulent passer d'une échelle à une

autre, pour se fixer dans cette dernière, doivent, avant tout, en obtenir la permission du consul, ou du pro-consul qui exerce la juridiction dans le pays, où ils ont l'intention de fixer leur nouvelle demeure, sous peine de 600 fr. d'amende et faute de paiement, sous les peines indiquées à l'art. 24 des RR. PP. 1816 (1).

Les pro-consuls ne peuvent accorder ces permissions qu'avec l'assentiment du chef de district (2).

(1) Art. 257 *infrà* et note 6 ibid. (2) Art. 27 desdites patentes de 1816.

§ 260. *Défense aux sujets du Roi de posséder des biens immeubles. — Faculté de vendre les biens des débiteurs. — Id. d'en retirer les rentes dans les pays du Levant et de Barbarie.*

Ils est défendu aux sujets du Roi de posséder d'autres biens immeubles (1), que les maisons, magasins, ou autre local nécessaires à leur habitation et à celle de leurs familles, ou à contenir leurs meubles et marchandises, et ce, sous peine de confiscation des biens achetés, qui seront vendus par les consuls (2).

Il est permis cependant de faire vendre suivant les formes légales et par autorité de justice les biens des débiteurs ; mais il est défendu de les retenir sous prétexte de gage, ou d'hypothèque ou pour en jouir jusqu'à entier paiement (3).

Les sujets sardes sont également autorisés, dans le cas où ils ne peuvent pas être autrement payés, à retirer les rentes des immeubles de leurs débiteurs, des locataires, fermiers, ou autres possesseurs desdits biens (4).

(1) Voy. § 192 *infrà*. (2) Art 28 des RR. PP. du 16 sept. 1816, (3) Art. 29 ibid. (4) Art. 31 ibid

§ 261. *Prohibition d'être propriétaires d'un navire saïck. — Id. de prendre à bail des immeubles, droits de gabelle, etc.*

Il est ensuite interdit à un sujet sarde d'être propriétaire d'un bâtiment saick (1) , ou d'un autre du pays, sous peine d'être renvoyé dans les Etats du Roi et d'être condamné à une amende égale à la valeur du navire (2).

Il est pareillement défendu aux sujets sardes de louer , sans la permission du Roi , des biens immeubles , droits de gabelle ou autres objets appartenant au Grand-Seigneur . aux Princes de Barbarie , ou à leurs sujets , etc.; de s'associer avec des locataires, entrepreneurs , douaniers ou autres , sous peine d'être renvoyés de l'échelle et d'une amende de 3/m liv. (3).

(1) Traité avec la Porte de 1823. (2) Art. 32 des RR. PP. de 1816.
(3) Art. 30 des RR. PP. de 1816.

§ 262. *Prohibition de prêter le nom à des étrangers dans des opérations commerciales. — Id. aux consuls de délivrer certains certificats de propriété de marchandises.*

Les sujets sardes ne peuvent pas prêter leur nom à des étrangers pour des opérations de commerce , dans les pays du Levant et de Barbarie , sous peine d'une amende égale à la valeur des marchandises ou autres objets ayant donné lieu au contrat (1).

Les consuls n'ont pas non plus la faculté d'accorder des certificats constatant que les marchandises chargées sur des bâtiments saicks ou autres du pays, appartiennent à quelque sujet du Roi , sous peine de destitution (2).

(1) Art. 33 des R. P. de 1816. (2) Art. 34 ibid. et § 32 *infrà*.

§ 263. *Il est défendu aux sujets sardes de tenir auberge sans la permission des officiers consulaires. — Id., d'y admettre des étrangers sans ladite permission. — Défense aux sujets sardes d'aller dans les auberges tenues par des étrangers.*

Sous peine de 3/m fr. d'amende et d'être renvoyés de l'échelle, les sujets du Roi ne peuvent, sans la permission du consul, avoir une auberge ou une guinguette, et il ne doit jamais y avoir plus d'un de ces établissements dans chaque échelle ; les consuls ou les pro-consuls déterminent l'endroit où il peut être placé, et cet endroit doit être le plus possible à proximité du consulat pour être mieux surveillé (1).

Les aubergistes ne doivent admettre dans leurs établissements d'autres personnes que des sujets sardes sous peine de 200 fr. d'amende, et du double en cas de récidive et du renvoi de l'échelle, sauf le cas où ils obtiendraient l'ordre de l'officier consulaire supérieur, résidant dans l'échelle, de loger un ou plusieurs étrangers non sujets ; cet ordre doit être donné par écrit et être conservé par les aubergistes (2).

Aucun sujet sarde, marin ou autre, établi dans les échelles du Levant et de Barbarie, ne peut aller dans des auberges ou buvettes non tenues par des nationaux, sous peine de 100 fr. d'amende et même de l'arrestation personnelle (3).

(1) Art. 55 des RR. PP. de 1816. (2) Art. 56 ibid. (3) Art. 54 ibid.

§ 264. *Prohibition d'avoir des cercles sans la permission des officiers consulaires. — Id., de jouer à des jeux de hasard. — Id. d'aller dans les maisons des indigènes.*

Il est défendu à tous les sujets sardes d'avoir un lieu de réunion régulier, bien que le local soit public, comme un cercle ou autre, sans une permission spéciale du consul, dans la juridiction duquel doit se tenir cette réunion, et ce, sous peine de confiscation des meubles existant dans le local destiné à cet usage et de 2 m liv. d'amende : cette peine est doublée en cas de récidive (1).

Il est défendu de jouer à des jeux de hasard sous peine de 600 fr. d'amende par chacun des joueurs et d'être renvoyé dans les États Sardes (2).

Sous peine de 300 liv. d'amende, il est défendu d'aller dans la maison des puissances du pays, sans la permission du consul ou du pro-consul (3).

(1) Art. 49 des R. P. de 1816. (2) Art. 51 ibidem. (3) Art. 50,
ibid.

§ 265. *Prohibition de renfermer dans les lettres des échantillons de marchandises.*

Il est interdit aux sujets sardes demeurant dans lesdites
échelles, de renfermer dans leurs lettres destinées pour les
états du Roi, ou pour d'autres pays chrétiens, des échan-
tillons quelque petits qu'ils soient de draps ou d'étoffe en
laine, en soie, coton ou autres matières capables de communiquer la peste, sous peine de 1/m fr. d'amende par chaque
lettre expédiée, et même de l'emprisonnement suivant les
circonstances (1).

(1) Art. 52 des RR. PP. du 16 sept. 1816.

§ 266. *Les capitaines sont obligés de dénoncer les déser-tions de leurs marins, et ne peuvent laisser descendre les mousses à terre.*

Les dispositions mentionnées jusqu'ici, concernent tous
les sujets sans exception. Je vais relater celles qui s'adressent particulièrement aux marins.

Quand un marin ou mousse déserte d'un bâtiment sarde,
le capitaine est obligé, sous peine de 500 liv. d'amende,
d'en avertir immédiatement le consul ou le pro-consul, qui
fait arrêter le déserteur et le renvoie dans les états sardes,
l'adressant, avec le procès-verbal constatant la désertion, à
l'intendance générale de la marine(1).

Les capitaines ne peuvent laisser descendre aucun mousse
à terre sans la permission du consul et sans qu'il soit accompagné par un matelot, et ce sous la peine de 200 fr. d'a-
mende (2).

(1) Art. 57, 58 des R. P. de 1816; art. 64 du régl. pén. pour la
marine march.; art. 12, 13 des instr. du ministère de la marine, du
30 oct. 1841, et § 353 *infrà*. (2) Art. 53 des RR. PP. de 1816, et §
458 *infrà*.

§ 267. *Les capitaines sont tenus de recevoir à bord les passagers que les officiers consulaires leur donnent l'ordre d'embarquer.*

Tous les capitaines des navires nationaux sont obligés de recevoir à leur bord tous les passagers marins ou non, qui sont embarqués par l'ordre des officiers consulaires, moyennant une rétribution proportionnée fixée par ces derniers, et dont il est fait mention sur le rôle d'équipage. (1). Ils doivent consigner lesdits passagers, s'il s'agit de marins, à l'employé de la marine du premier port des états sardes où ils abordent : s'il s'agit d'autres personnes, à l'autorité que les officiers consulaires auront désignée (2).

(1) Art. 60 des R. P. du 16 sept. 1816, et circ. 44 mentionnée au § 353 *infrà*. (2) Art. 59 *in fine* desdites RR. PP. , et §§ 254 et 353 *infrà*.

§ 268. *Le officiers consulaires doivent, avant d'embarquer un marin, s'enquérir de sa provenance. — Les capitaines qui embarquent des passagers sans l'autorisation des officiers consulaires. sont passibles d'amende.*

Avant d'embarquer les marins qui se trouvent dans le Levant et en Barbarie, le consul doit chercher à savoir comment ils y sont arrivés, avec quel bâtiment et quel capitaine, et dans le cas où il s'agit d'un déserteur, si le capitaine avec lequel il était embarqué, l'avait dénoncé en son temps en conformité des réglements (1).

Sur le rôle dans lequel le consul inscrit un individu, il doit toujours faire mention des circonstances mentionnées ci-dessus et en donner en outre avis à l'intendance générale de la marine (2).

Les capitaines qui embarqueraient des passagers sans l'autorisation de l'officier consulaire de l'échelle, seraient punis d'une amende de 1/m fr. par chaque individu embarqué (3): il en serait de même s'ils en amenaient d'Europe dans les pays du Levant et de Barbarie, qui n'auraient pas rempli les formalités voulues par les art. 18, 19, 20 des RR. PP. du 16 sept. 1816 (4).

Si cependant quelque individu s'était caché dans le bâtiment sans que le capitaine le sût, celui-ci n'aurait qu'à le consigner au consul du premier port où il aborderait, et s'il arrivait directement dans les états sardes, à l'administration de la marine, et ce sous peine de 1/m fr. d'amende (5).

(1) Voy. art. 57 et non 50 des R. P. de 1816, comme il est dit dans lesdites patentes. (2) Art. 59 desdites patentes et §§ 266 et 511 *infrà*. (3) Art. 61 des RR. PP. de 1816 et circ. 78 du 18 mai 1841. (4) §§ 257, 336, 337 *infrà* (5) Art. 62 des R. P. de 1816, et §§ 417, 460 et 500 *infrà*.

§ 269. *On affiche dans les chancelleries consulaires les lois de police locale.*

Afin d'éviter des désagréments aux sujets sardes demeurant dans le Levant et en Barbarie, ainsi que les violations, même involontaires, des lois locales, celles de police principalement, il est d'usage de tenir affichée dans les chancelleries et à un endroit ostensible, une copie de toutes les dispositions des lois locales, dont la violation est plus facile et plus fréquente (1).

(1) § 224 *infrà*.

LIVRE 5ᵉ — CHAPITRE 6.

PROCÉDURE DEVANT LES CONSULS POUR LA PUNITION DES DÉLITS DE CONTRAVENTIONS.

§ 270. *Les consuls peuvent juger les délits de contraventions, où il y a lieu à confiscation ou à une peine pécuniaire. — A qui peut-on appeler des sentences des consuls et des consuls-généraux?*

Toutes les contraventions aux dispositions que je viens d'énumérer, sont soumises à la juridiction consulaire, chaque fois qu'il y a lieu à confiscation ou à une peine pécuniaire (1) ; il s'en suit donc, que s'il s'agit d'une peine corporelle en principal, ou subsidiaire, l'officier consulaire doit se borner à dresser procès-verbal et à l'envoyer, ainsi que le coupable, dans les états Sardes, pour que ce dernier y soit jugé par les autorités compétentes de l'intérieur (2). On peut appeler au consul général des sentences prononcées par les consuls, quand il s'agit d'une confiscation, ou d'une peine pécuniaire au-dessus de 500 fr. et au conseil de l'amirauté, des sentences des consuls généraux en première instance, où ils ont prononcé une confiscation ou une peine pécuniaire de 1500 fr. (3).

Le conseil d'amirauté juge en dernière instance des appels dont il vient d'être parlé (4).

(1) Art. 64 des R. P. de 1816; prem. partie. (2). C'est-à-dire par le conseil d'amirauté, comme il est dit à la fin du §. (3) Art. 64 desdites PP. de 1816. (4) Art. 65 ibid.

§ 271. *A qui faut-il appeler des sentences des pro-consuls?*

Les dispositions du § précédent ne déterminent pas à qui

il faut appeler des sentences prononcées par les pro-consuls en fait de contraventions, quoiqu'il n'y ait, ce me semble, aucun doute sur leur compétence pour les juger : en effet l'art. 46 des RR. PP. du 16 sept. 1816 (1), dit que la police dans le Levant et en Barbarie, est confiée aux consuls et aux pro-consuls (2).

Les art. 50, 53, 55, 68 (3), et autres des RR. PP. du 16 sept. 1816, font encore mention des vice-consuls (aujourd'hui pro-consuls) pour connaître des contraventions : l'art. 70 du réglement consulaire de 1815 dit de son côté, que les vice-consuls ne peuvent pas juger les procès civils et com-merciaux (4). Enfin l'art. 7 des RR. DD. du 12 janvier 1825, dit à son tour que les consuls peuvent, dans certains cas y indiqués, déléguer les vice-consuls pour tels actes de juridiction civile et criminelle, qu'ils jugent à propos et qui ne sont pas spécifiés dans l'art. 69 du réglement de 1815 (5).

De ce qui précède, il résulte que la compétence des pro-consuls pour juger les faits de contraventions, est la même que celle des consuls ou des vice-consuls chefs de district ; mais si l'un d'eux vient à prononcer une sentence, est-ce au consul ou au consul-général qu'il faut en appeler? c'est ce qui aura, peut-être, déjà été décidé par l'autorité supérieure.

(1) § 256 *infrà*. (2) Dans les DD. PP. de 1816, il est dit *consuls* et *vice-consuls*, parce que ce n'est que plus tard qu'on a donné le titre de pro-consul aux chefs d'arrondissement, afin de ne point les con-fondre avec les vice-consuls, chefs de district. (3 §§ 263, 264, &c. *infrà*. (4) § 518 *infrà*. (5) § 518 *infrà*.

§ 272. *Quel est le délai fixé pour les appels?*

Le temps fixé pour l'appel, est de dix jours pour l'in-terposer et de six mois pour l'introduire, à dater du jour de la signification de la sentence à la chancellerie consu-laire (1).

(1) Manifeste du conseil d'amirauté du 22 nov. 1858.

§ 273. *Quelle est la procédure dans les faits de contraventions ?*

La procédure dans les affaires de contraventions, consiste dans la formation du procès-verbal constatant la contravention (1), dans la saisie, s'il y a lieu, dont mention doit être faite au procès-verbal, et dans la décision de l'officier consulaire, en voie sommaire, suivant les art. 76 et 77 du réglement de 1815 (2), si le contrevenant n'est pas arrêté, car en ce dernier cas le consul ne serait plus compétent (3). La sentence ne peut pas cependant être exécutée, nonobstant appel, comme il est dit à l'art. 79 dudit réglement consulaire de 1815 *infrà*, mentionné au § 286, concernant les procès ordinaires.

(1) Voy. § 254 *infrà* pour ce qui concerne les personnes qui doivent intervenir à sa formation, et § 274 ci-après. (2) Les réglements ne parlent pas du mode de juger les affaires où il s'agit de contraventions, ni de proférer les sentences; mais comme elles entrent dans les affaires de police (a), j'ai cru que la procédure établie pour ces dernières par les art. 76 et 77 du régl. de 1815 (b) leur était applicable en ce qu'elle ne s'oppose pas à ce chapitre. (3) § 270 *infrà*.

(a) Voy. art. 45 des R. P. du 16 sept. 1816. § 256 *infrà* relatant cet article. (b) § 414 et suiv. *infrà*, où ces deux art. sont relatés.

274. *Quand et comment la saisie doit être faite en cas de contravention ?*

Toutes les fois que pour cause de contraventions, les officiers consulaires ont à prononcer une confiscation, leur devoir est de saisir les objets devant être confisqués et d'en dresser un inventaire exact en présence du contrevenant qui doit le signer avec l'officier consulaire ou y apposer le signe de la croix: cette pièce est écrite par le chancelier (1) et une copie en est expédiée au ministère des affaires étrangères, une à l'intendance générale de la marine (2) et une troisième est remise au contrevenant, s'il la demande.

(1) C'est-à-dire l'attaché consulaire qui en remplit les fonctions ou le pro-chancelier, s'il s'agit de pro-consulats (2) Voy. art. 69 des R. P. du 16 sept. 1816.

§ 275. *Dans quelle circonstance les objets saisis peuvent-ils être vendus?*

Avant même que la sentence ne soit rendue, les officiers consulaires ont la faculté de vendre aux enchères les objets confisqués qui ne peuvent pas être conservés ; en ce cas les personnes contre lesquelles la saisie a eu lieu, doivent être citées pour se trouver présentes et apposer leur signature aux procès-verbaux, ou bien leur signe de croix si elles sont illéttrées ; si elles ne sont pas présentes, on doit faire mention de la citation et de l'absence. (1).

(1) Art. 70 des RR. PP. du 16 sept. 1816.

§ 276. *Après que la sentence est passée en chose jugée, les objets saisis doivent être vendus.*

Après que la sentence est passée à l'état de chose jugée, les consuls ou pro-consuls qui ont fait procéder à la confiscation, doivent faire vendre les objets confisqués aux enchères avec l'assistance du chancelier (1), qui doit dresser le procès-verbal y relatif, tenant note des prix obtenus pour chaque objet, ainsi que des nom, prénoms, lieu de naissance, domicile des acheteurs, et le tout en présence de deux honnêtes négociants nationaux qui signent le procès-verbal, dont l'officier consulaire est tenu d'expédier une copie au ministère des affaires étrangères et une autre au chef du conseil d'amirauté (2).

(1) Voy. note 1 du § 274 *infrà.* (2) Art. 68 desdites PP. du 16 sept. 1816, et § 284 *infrà.*

§ 277. *Les pièces originales et le produit de la vente des objets saisis doivent être expédiés au conseil d'amirauté.*

Après que la cause est passée par tous les degrés de juridiction, c'est-à-dire, du consul et du consul-général, toutes les pièces *originales* concernant lesdites contraventions, doivent être expédiées au président du conseil de l'amirauté et conservées dans les archives du conseil (1).

Le produit des confiscations et des peines pécuniaires, doit être remis au ministère des affaires étrangères (2), en conformité des circulaires 53 du 14 janvier 1833 et de l'art. 68 du réglement de 1835 (3), la caisse jadis destinée à recevoir ledit produit ayant été supprimée en 1835 (4). Enfin les consuls doivent, en conformité de ce qui a été dit au § 161 *infrà*, envoyer un état de leurs sentences aux ministères des affaires étrangères et de la marine, et à l'intendance générale de la marine (5).

(1) Art. 66 des R. P. de 1816. (2) Voy. § 169 *infrà*. (3) Voy. le tarif consulaire de 1825. (4) Art. 67 desdites RR. PP. de 1816.

LIVRE 5ᵉ — CHAPITRE 7.

QUELLE EST LA PROCÉDURE DANS LES AFFAIRES CIVILES ET COMMERCIALES DEVANT LES OFFICIERS CONSULAIRES.

---

§ 278. *Avant-propos.*

J'arrive maintenant aux questions qui peuvent surgir entre les sujets sardes, non-seulement dans le Levant et en Barbarie, mais aussi dans les autres pays, en matière maritime, civile et commerciale.

Je ne parlerai pas des lois à observer quant au mérite de la cause, dans les décisions des officiers consulaires, car elles sont les mêmes que dans les états de terre-ferme ou de Sardaigne (1). J'indiquerai seulement quelle en est la procédure d'après les réglements (2).

(1) Art. 81 du régl. de 1815. (2) Art. 67 à 81 du régl. de 1815.

§ 279. *Quelles sont les causes civiles et commerciales dont peuvent connaître les officiers consulaires. — Causes réservées aux chefs de district.*

Les officiers consulaires ne sont pas tous compétents pour juger les questions civiles et commerciales; il appartient aux consuls-généraux, aux consuls et aux vice-consuls chefs de district de connaître des causes suivantes, savoir :

1° Des contestations qui ont lieu entre les individus composant les équipages des navires sardes, ou entre les hommes des équipages et les passagers qui se trouvent à leur bord, pour salaires, nolis, aliments, ou autres choses du même genre ;

2° Des questions concernant les sommes que les capitaines doivent fournir aux matelots qu'ils laissent à terre par suite de désarmement, vente du navire ou maladie ;

3° Des causes en matière civile et commerciale dans lesquelles les parties, ou au moins le défendeur, sont sujets sardes (1).

(1) Art 69 du régl. de 1815; voyez cependant le § 210 *infrà* et les traités indiqués dans l'appendice à la fin de l'ouvrage.

§ 280. *Causes dont peuvent aussi connaître les chefs d'arrondissement.*

Les vice-consuls de la seconde catégorie et les proconsuls ne peuvent connaître que des questions mentionnées aux deux premiers numéros du § précédent; c'est donc au chef du district sous la juridiction duquel se trouvent les parties, ou le défendeur au moins (1), qu'il faut s'adresser pour les questions énoncées dans le troisième numéro.

Les pro-consuls peuvent cependant, dans certains cas, être délégués par leurs chefs de district, à exercer quelques actes de juridiction civile et criminelle (2).

(1) Art. 70 du régl. cons. de 1815   (2) § 318 *infrà*

§ 281. *L'officier consulaire doit, avant tout, tâcher de concilier les parties.*

Le premier devoir de l'officier consulaire dans les questions portées à son tribunal, est d'employer tous les moyens possibles de conciliation, et quand il y réussit, de faire stipuler par écrit aux parties la transaction qui a eu lieu (1).

(1) Art. 67 du régl. de 1815.

§ 282. *L'officier consulaire doit dresser procès-verbal de non-conciliation.*

Mais s'il n'a pas obtenu la conciliation, l'officier consulaire prononce dans les questions de sa compétence (1), en faisant mention dans sa sentence, de la non-conciliation, et de ce qui en a été la cause (2).

(1) §§ 210 et 249, 279 et 280 *infrà*. (2) Art. 68 du régl. de 1815.

§ 283. *Quelle est la procédure en cas de non-conciliation? Comment et par qui les citations sont-elles signifiées?*

Les questions désignées par les numéros 1 et 2 du § 279 concernant les gens de mer, dont il est parlé au § 404 *infrà*, je n'indiquerai ici que le mode de procéder dans les causes civiles et commerciales indiquées par le numéro 3 dudit § 279.

La procédure dans les causes indiquées au § 279 est sommaire ; c'est-à-dire que les défendeurs sont cités légalement aux jour et heure fixes, et les parties comparaissent ou en personne ou par un fondé de pouvoir (1). Les citations sont signifiées à la personne des défendeurs ou en leur absence, à leur domicile, et l'on considère aussi comme domicile, le bord du navire, où ils sont embarqués. Ces significations doivent être faites par une personne assermentée, à ce déléguée par le consul, et dans les cas urgents elles peuvent avoir lieu du jour au lendemain ou d'heure en heure.

— 183 —

L'huissier, en remettant la citation, est tenu d'en dresser procès-verbal et d'y exprimer, s'il l'a remise à la personne du défendeur ou s'il l'a laissée à son domicile; dans ce dernier cas la citation doit être renouvelée dans un espace de temps, égal de jour et heure, à celui mentionné ci-dessus. Si après la citation les parties ne comparaissent pas, l'officier consulaire prononce par défaut (2).

(1) Art. 76 du régl. de 1815, prem. partie. (2) Art. 77 ibid.

§ 284 *Par qui les consuls se font-ils assister pour juger les causes civiles et commerciales ?*

Pour juger les causes civiles et commerciales dont il est question audit nᵒ 3, les officiers consulaires compétents se font assister par deux personnes légales et par deux négociants; faute de deux hommes de loi, ils les remplacent par deux autres négociants. Cependant dans les causes qui n'excèdent pas la somme ou la valeur de 400 fr., il suffit d'avoir une personne légale et un négociant, et à défaut de la personne légale, un second négociant.

Lesdits négociants doivent être nationaux, et si les consuls ne peuvent les avoir tels, ils les choisiront parmi ceux du lieu, et à défaut de ces derniers, ils font intervenir le vice-consul local avec le nombre de négociants qu'ils ont pù trouver.

Les juges, hommes de lois ou négociants, doivent, avant tout, prêter serment de n'avoir, ni directement ni indirectement, aucun intérêt dans la question soumise à leur décision et de garder le secret sur leur opinion et sur celle de leurs collègues. On fait mention de tout ceci dans la sentence (1). La sentence qui est prononcée à la majorité des voix, est écrite *in extensum* dans un registre dont toutes les feuilles sont numérotées et paraphées par le consul à chaque page. Elle doit être signée par le consul, les juges et le chancelier (2). Enfin à chaque trimestre ou semestre, le consul doit envoyer un état des sentences au ministère des affaires étrangères (3).

(1) Art. 72 du régl. de 1815. (2) Lettre de l'amirauté du 9 janv 1826, à un consul de S. M.: art. 73 du régl. cons. de 1815. (3) Voy art. 84 du régl. cons. de 1835, §§ 161 et 276 *infrà* et modèle 10.

§ 285. *Comment les parties exposent-elles leurs raisons et comment la sentence est-elle prononcée?*

Les parties ou leurs fondés de pouvoir exposent au consul et aux juges leurs raisons. Après qu'elles ont été entendues dans leurs déclarations, on prononce la sentence et tout se fait, comme j'ai dit plus haut (1), d'une manière sommaire. Quand il est nécessaire d'examiner des témoins, on procède aussi sommairement (2).

(1) § 283, 2e alinéa. (2) Art. 76 du régl. de 1815.

§ 286. *Quels sont les effets d'une sentence consulaire?*

Les sentences prononcées, comme dessus, par les officiers consulaires, ont la même force que celles qui émanent des tribunaux ordinaires dans les Etats du Roi (1).

Elles peuvent recevoir leur exécution nonobstant appel, moyennant caution solvable; celle-ci est réputée telle lorsque l'appelant est notoirement responsable ou qu'il y supplée en déposant à la chancellerie la somme portée par la sentence (2).

(1) Art. 2182 code civ. sarde. (2) Art 78, 79 du régl. de 1815.

§ 287. *Quel est le mode d'exécution des sentences consulaires?*

Pour l'exécution des sentences consulaires, les consuls et les parties doivent se conformer à l'usage établi en pareille matière, dans les pays où elles doivent être exécutées (1). Dans le Levant et en Barbarie le mode de leur exécution ne diffère guère de ce qui se pratique dans les Etats sardes, car le consul a à sa disposition des agents de la force-armée et une entière juridiction sur ses nationaux. Si la sentence avait été prononcée contre un étranger, on devrait s'adresser pour l'exécution à son consul (2) ; mais dans les autres pays, si le consul venait à en prononcer (en matière civile ou commerciale, bien entendu), il me semble, comme je l'ai dit ailleurs (3), qu'elles ne pourraient recevoir leur exécution que lorsqu'il y aurait un traité public pour l'exécution des jugements prononcés en pays étranger et en remplissant les mêmes formalités que dans le cas où les sentences auraient été prononcées par les autorités de l'intérieur des États sardes ; car, à mon avis, elles devraient leur être assimilées (4).

(1) Art. 80 du régl. de 1815. (2) § 279 *infrà*, n° 8. (3) § 211 *infrà*. — Ainsi la cour suprême du domicile du défendeur devrait par exemple envoyer les lettres rogatoires à celle du lieu où la sentence devrait recevoir son exécution, etc. (4) §§ 211, 225 *infrà*.

§ 288. *Quand et à qui peut-on appeler des sentences consulaires ?*

Des sentences des consuls relatives aux questions indiquées au n° 3 du § 279, on peut appeler aux consuls-généraux, toutes les fois que l'objet de la question dépasse les 400 liv. n. Des sentences des consuls-généraux, tant en première instance qu'en appel, si l'objet de la question dépasse les 1/m liv., on peut appeler aux magistrats des États du Roi auxquels appartient la connaissance de la cause en dernière instance et dans la juridiction desquels se trouve le domicile du défendeur en première instance. La somme formant l'objet de la question est calculée d'après la demande du demandeur en première instance, ou de celle reconventionnelle qui aura été faite par le défendeur. Il n'y a aucun appel des sentences des consuls ou des vice-consuls et des pro-consuls relativement aux matières indiquées aux numéros 1 et 2 dudit § 279 *infrà* (1).

(1) Art. 74 du régl. de 1815.

§ 289. *Comment sont jugées les causes en appel aux consuls-généraux? — Quel est le délai fixé pour appeler aux consuls-généraux et aux sénats?*

Dans les causes d'appel aux consuls-généraux, ceux-ci n'ont qu'à se conformer, quant à la procédure, à ce qui a été dit de celle établie pour les causes portées en première instance, soit devant eux, soit devant les consuls (1).

On peut se demander ici quel est le délai fixé pour les appels des sentences d'un consul ou d'un consul-général et de celles de ce dernier aux magistrats compétents des Etats sardes, car en ceci on ne peut pas suivre les prescriptions des lois sardes sur la matière (2), les délais fixés par elles n'étant pas suffisants, eu égard aux distances qui séparent les consuls des consuls-généraux et, ces derniers du siège des magistrats supérieurs des Etats du Roi.

Le sénat de Gênes a déja paré à cet inconvénient avec son manifeste du 30 juillet 1838, en prolongeant ce délai suivant les distances (3). Mais il n'en est pas de même des autres cours suprêmes des Etats de Terre-Ferme ou de l'île de Sardaigne. Il est à croire cependant que le délai fixé par la loi ne serait pas appliqué aux appels des sentences prononcées par les consuls, car s'il en était ainsi, autant vaudrait que le droit d'appel n'existât pas.

(1) Art. 75 du régl. de 1815 et § 283 à 288. (2) Voy. RR. CC., liv. 3, tit. 26, le régl. pour le duché de Gênes de 1815 : liv. 1, tit. 43 et, lois sardes de 1827: de l'art. 1385 à 1404. (3) Suivant ledit manifeste, pour l'Italie, la France, l'Espagne et le Portugal, le délai est de 2 mois : pour les autres pays d'Europe de 4 mois : pour les pays hors d'Europe, mais en deçà du cap de Bonne-Espérance, de 6 mois, et au-delà du cap, d'un an. Ces termes courent du jour de l'interposition de l'appel, qui doit être fait dans les 10 jours après la signification de la sentence, à la chancellerie consulaire, et si la sentence est signifiée hors des lieux où elle a été prononcée, l'interposition peut se faire devant l'officier public qui est chargé de la recevoir dans le lieu de sa signification ou même devant un notaire.

§ 290. *Comment se font à l'étranger, les significations des citations pour paraître devant les tribunaux sardes?*

Il arrive souvent que des individus se trouvant en pays étranger, sont cités à paraître devant les tribunaux sardes; alors, soit dans leur intérêt, soit dans celui de la partie adverse, si leur demeure est connue, copie de la citation leur est remise par l'intermédiaire du consul de S. M. y résidant. C'est ordinairement par la voie du ministère des affaires étrangères que cette copie parvient au consul; mais sa notification n'entraîne aucune formalité spéciale, et elle est purement officieuse (1). Quelquefois le consul la reçoit directement de l'autorité judiciaire, dont elle émane (2).

(1) Dépêche ministérielle en ce sens à un consul de S. M. en France. (2) En vertu de la convention du 11 nov. 1841, entre l'Autriche et la Sardaigne, ces significations se font par voie diplomatique dans ces deux pays. Voy. l'Appendice au mot *Jugement.*

§ 291. *Comment les consuls procèdent-ils à l'examen de témoins quand ils y sont délégués par un tribunal sarde? — Enregistrement des lettres de grâce par les consuls-généraux.*

Il n'en est pas de même, si un consul est délégué par un tribunal sarde à examiner des témoins. S'agissant en ce cas d'un acte qui doit être présenté en justice, afin d'éviter toute espèce d'inconvénients, le consul ne doit procéder à cet examen qu'après en avoir reçu l'invitation du ministère des affaires étrangères.

On voit cependant les consuls procéder très souvent à ces interrogatoires, d'après la simple présentation des actes du procès, de la part d'une des parties et des lettres rogatoires des tribunaux; mais en ce cas, les consuls remettent directement aux présidents de ces tribunaux les actes reçus et ceux qui ont été dressés dans la chancellerie consulaire. Les consuls-généraux sont également autorisés à enregistrer les lettres de grâce, pour des peines pécuniaires, qui leur sont présentées en conformité du liv. 4, tit. 35, §§ 1 et 2 des RR. CC. de 1770, par rapport auxquelles lettres ils remplissent les fonctions de juges-mages (1).

(1) Voy. art. 13 des RR. PP. du 5 août 1818, contenant le tarif des droits à percevoir pour les procès criminels. Voici la teneur de ces §§ 1, 2 : « Tous ceux qui obtiendront du Roi des lettres de grâce, pardon ou abolition d'un crime ou de quelque peine, seront obligés de les présenter dans le terme de trois mois, autrement ils seront privés du bénéfice desdites lettres. On présentera par devant le sénat les grâces des peines afflictives et des pécuniaires pour raison desquelles la peine corporelle est subrogée, et elles seront présentées pardevant le juge-mage quand il s'agira seulement de peines pécuniaires, à moins qu'elles n'aient lieu par rapport à des délits dont la connaissance appartiendra au sénat. »

LIVRE 5ᵉ — CHAPITRE 8.

JURIDICTION VOLONTAIRE. — SUCCESSIONS, DÉPOTS.

§ 292. *Caractère de la juridiction volontaire des consuls ?*

Par ce qui précède, nous avons vu que la compétence des consuls-généraux et des consuls, celle des premiers surtout, dans les matières contentieuses, est aussi étendue que celle des tribunaux de préfecture. On peut se demander à-présent s'il en est de même lorsqu'il s'agit de l'exercice de la juridiction volontaire. Le réglement consulaire du 26 décembre 1815, le seul qui détermine les limites de la juridiction consulaire dans les matières civiles, n'est pas très explicite à ce sujet. Les seuls actes dont il permette la rédaction aux consuls en dehors de ceux qui concernent les affaires contentieuses, sont les testaments et les actes de l'état-civil. Mais ces actes mêmes ne sont dans aucun pays du ressort des magistrats judiciaires. Des actes de juridiction volontaire de la compétence de ces derniers, il n'en est rien dit, et d'après le réglement de 1815, on ne peut savoir au juste si les consuls seraient compétents ou non pour recevoir un acte d'adoption (art. 202 du code civ.), pour autoriser l'aliénation de la dot (art. 1540), recevoir un acte d'émancipation (art. 238), convoquer et présider un conseil de famille dans tous les cas prévus par le code civil (tit. 9, liv. 1er), etc.

Dans le doute qui est laissé par la loi, je pense que pour ne pas se tromper, il faut avoir deux choses en vue : le but de la juridiction consulaire et ce qui a été adopté dans la pratique.

Quant au premier point, il est aisé de deviner que le législateur a eu en vue de faciliter à ses sujets les moyens d'accomplir certains actes passagers de leur vie, qu'il leur serait tout-à-fait impossible ou très préjudiciable d'aller accomplir dans leur pays. Il est donc évident que les consuls doivent se borner, dans les limites prescrites par les lois, à connaître de ces seuls actes. Il est évident en outre, que quoique la juridiction contentieuse soit illimitée, les consuls sont plutôt appelés à juger les contestations qui s'élèvent entre leurs nationaux sur des actes passés dans les pays de leur résidence que celles qui auraient surgi dans leur pays d'origine sur des actes qui se seraient aussi passés dans ces derniers pays et pour le jugement desquelles il faudrait avoir sur les localités et les personnes une connaissance exacte qu'on ne pourrait pas se procurer à l'étranger. Or les actes de juridiction volontaire exigent de la part du juge cette connaissance de lieux, de personnes et de circonstances qu'un consul ne peut pas avoir à l'étranger : ces actes sont de nature à n'avoir pas besoin de ce prompt accomplissement que nécessitent les contestations civiles et commerciales, et dont l'effet est immédiat et irréparable ; quelques-uns, comme les aliénations de dots, l'adoption sont d'une importance telle, que le législateur a dû les entourer de certaines formalités pour qu'ils n'eussent pas lieu trop souvent et pour des motifs trop légers. Pour cela il les a réservés à un tribunal d'un ordre supérieur, comme celui de préfecture.

A ce point de vue je pense que les consuls devraient s'abstenir des actes de juridiction volontaire du ressort de ces tribunaux.

La seconde considération est ce qui se fait dans la pratique.

Dans la pratique, il est reçu que les consuls peuvent convoquer et présider les conseils de famille (1), présider à l'ouverture des testaments secrets qui ont été faits dans leur chancellerie (2), et recevoir les actes d'émancipation ; la raison en est que ces actes comme les conseils de famille et l'émancipation sont d'une nature telle qu'on ne pourrait sans inconvénients attendre le temps nécessaire pour les faire dans le pays d'origine des intéressés ; d'autre part les consuls peuvent, surtout lorsqu'il s'agit de nationaux demeurant depuis longtemps dans le lieu de leur résidence, s'entourer des informations nécessaires, beaucoup mieux que ne pourrait le faire un juge de mandement des états du Roi. Quant à l'ouverture des testaments secrets, on comprend aisément que les consuls ne peuvent pas la confier aux juges du lieu.

Il résulte donc de ce qui vient d'être dit, que la juridiction des consuls-généraux et des consuls dans les matières contentieuses, n'est pas limitée par la lettre des réglements, mais que dans ces matières ils doivent faire attention de ne pas se laisser aller à juger des questions dont la décision pourrait être meilleure si elles étaient portées devant les tribunaux des États sardes ; que dans l'exercice de la juridiction volontaire ils doivent s'abstenir des actes de cette juridiction qui peuvent sans inconvénient et souvent à l'avantage des intéressés, être accomplis dans le pays des parties ou qui par égard des personnes ou des choses ou par suite de circonstances particulières, ont été réservées à un tribunal supérieur (3) et qu'ils doivent se borner relativement aux autres actes de cette juridiction, à l'accomplissement de ceux qui sont d'une moindre importance, ou qui ne pourraient être différés sans inconvénients, ou bien à ceux qui ont été autorisés par la pratique.

Toutefois, rien n'empêcherait qu'un consul reçut une déclaration d'adoption comme un acte de donation, sauf aux parties intéressées à accomplir, dans les États sardes, toutes les formalités prescrites par les lois pour ces deux actes (4).

(1) Avis de M. le garde des sceaux de S. M. du 31 mai 1841. (2) Circ. 76 du 21 sept. 1840, et § 309 *infrà*. (3) L'art. 1124 du code civ. qui parle de l'homologation des donations, est ainsi conçu : « Le donateur doit, à cet effet, paraître personnellement devant le juge-mage : *s'agissant des sujets demeurant à l'étranger, ils pourront paraître par un fondé de pouvoir spécial.* (4) Chap. 2, tit. 7, liv. 1er et chap. 1 tit. 5, liv. 3 du code civ.

§ 293. *Les consuls prennent ex-officio possession des successions vacantes des sujets sardes. — Ils en dressent avant tout, un inventaire exact.*

Un des actes de juridiction volontaire auxquels les consuls sont le plus souvent appelés à procéder, est celui de prendre possession des héritages vacants ; aussi les instructions à ce sujet sont assez nombreuses ; je vais les passer en revue : Toutes les fois qu'un sujet sarde meurt en pays étranger sans avoir laissé sur les lieux aucun héritier, l'officier consulaire supérieur en grade, y résidant, doit procéder à la formation d'un inventaire exact, de tous les effets et de toutes les marchandises composant la succession. Cet inventaire se fait en présence de deux témoins pris parmi les parents du défunt, ou parmi les nationaux autant que possible : il doit être écrit par le chancelier et signé par lui, par le consul et par les témoins. Ces derniers apposent leur signe de croix s'ils ne savent pas écrire et dans l'acte mention est faite de cette circonstance; une copie de cet inventaire est expédiée immédiatement au ministère des affaires étrangères (1).

(1) Art. 94 du régl. de 1815 et § 184, note 1 et § 212 *infrà*.

§ 294. *Ce que les consuls doivent faire dans les pays où les autorités locales procèdent à l'apposition des scellés.*

Cependant, dans les pays où les autorités locales procèdent à l'apposition des scellés et à l'inventaire des biens des défunts, les officiers consulaires se bornent à faire les démarches nécessaires pour la conservation des droits des héritiers, en demandant copie dudit inventaire, qu'ils déposent ensuite dans les archives du consulat (1); ils en donnent ensuite, comme il est dit ci-dessus, avis au ministère des affaires étrangères (2).

(1) Art. 10 des instructions en 13 art., de 1816, et §§ 212, 218 à 220 *infrà*. (2) art. 9 du régl. de 1815, et circ. 70 du 4 janv. 1830, voy. en outre § 212 *infrà*.

§ 295. *A qui les consuls doivent-ils remettre les produits des successions?*

Quand un consul prend possession d'un héritage vacant, il ne doit le remettre, ni aux personnes qui prétendent y avoir droit, ni à leurs fondés de pouvoir, ni aux exécuteurs testamentaires, comme le voulait l'article 98 du réglement consulaire de 1815, qu'après en avoir obtenu l'autorisation du ministère des affaires étrangères, dont il doit attendre les ordres à ce sujet (1), afin de ne pas s'exposer à rembourser les héritiers légitimes de ce qui aurait été payé à des personnes qui n'y auraient aucun droit. Dans tous les cas mentionnés dans ce § et dans les deux précédents, les consuls

doivent expédier tous les trois mois au ministère susdit un
état des successions laissées par des sujets sardes dans les
lieux de leur résidence.

(1) Circ. 70 du 4 janv. 1839, et art. 98 du régl. de 1815. (2) Voy.
art. 84 du régl. de 1835 et modèle 11.

§ 296. Quels sont les frais que les consuls se font rembourser par les héritiers ?

Le consul en remettant la succession à qui de droit, se
fait rembourser les frais d'enterrement du défunt, auquel
il est obligé de faire procéder (1), ainsi que de toute autre
dépense faite pour la conservation et pour l'avantage de la
succession. Il peut même, si besoin est, faire vendre une
partie des objets provenant de l'héritage jusqu'à concurrence
du montant de ce qui lui est dû.

Si l'héritage est grévé de dettes, il en forme une masse,
nomme des syndics et met les effets de la succession aux enchères pour payer ensuite les créanciers suivant la valeur de
leurs titres, et au *prorata* du produit de la vente, ainsi que
cela se pratique dans les Etats du Roi (2).

(1) Art. 97 du régl. de 1815. (2) §§ 210, 211, 217-18, 219 *infrà*.

§ 297. Quelles sont les formalités à faire à l'occasion de la mort d'un marin à bord d'un navire sarde ?

A l'occasion de la mort d'un marin à bord d'un bâtiment
national, soit en cours de voyage, soit dans le port, le consul se fait rendre compte de l'argent et des effets appartenant au défunt et après en avoir dressé un inventaire, il met
le tout sous scellés en le laissant en garde au capitaine si le
bâtiment part pour les Etats Sardes, afin qu'il soit remis
aux héritiers légitimes, par l'intermédiaire de l'administration de la marine, à laquelle avis doit en être donné. Le
consul est tenu d'envoyer aussi à cette administration l'inventaire desdits effets, ainsi que le certificat d'inscription

maritime et le testament, s'il en existe, en conformité des
art. 788 et 789 du code civil (1); l'acte de décès doit être
expédié en double copie au ministère des affaires étrangères (2).

Dans le cas contraire, le consul envoie le tout par le premier navire national partant pour les Etats Sardes (3).

La même chose aurait lieu, s'il s'agissait de la mort à bord
en cours de navigation, d'un individu non marin. Mais en ce
cas le consul doit, en expédiant au ministère le double extrait
de l'acte de décès (4), lui donner avis de l'envoi qu'il lui aurait fait des effets provenant de l'héritage (5).

(1) § 307 *infrà*. (2) Je crois utile de faire observer ici que suivant
les RR. PP. du 20 juin 1837 sur la tenue des registres de l'état-
civil, art. 34 *in fine*, l'acte de décès, fait à bord d'un navire, doit
être présenté au consul et enregistré par celui-ci, comme tous les
autres, et que deux copies doivent en être envoyées par lui au ministère des affaires étrangères à Turin. En vue de ces dispositions,
les instructions du ministere de la marine du 30 oct. 1841, qui sont
rapportées dans le § 297 ci-dessus, ne peuvent, en ceci, avoir leur
effet que de la manière indiquée par ledit art. 34 qui ne fait aucune
distinction entre les marins et les autres sujets sardes. Voy. chap.
10 du liv. 5 *infrà*. (3) Art. 14 des instruct. du ministère de la marine du 30 oct. 1841, et art. 95 du régl. de 1815. (4) Voy. liv. 5,
chap. 10 *infrà*. (5) §§ 294, 295 *infrà*

§ 298. *Dans quelles circonstances le consul peut-il vendre les effets d'une succession?*

Si le consul craint que les effets de la succession d'un
marin ne dépérissent ou bien pour ne pas exposer le navire
à une quarantaine, ou pour d'autres motifs, il peut en faire
opérer la vente aux enchères et en remettre le montant avec
le procès-verbal de vente au premier navire partant, comme
j'ai déjà dit, pour les Etats du Roi (1).

La vente des objets susceptibles de se détériorer a également lieu pour les autres successions, par la voie des enchères publiques; mais en ce cas, sauf ce qui a été dit au

dernier alinéa du paragraphe précédent, le consul retient chez lui la somme en dépôt pour être remise à qui de droit, suivant les ordres du ministère des affaires étrangères, après s'être remboursé des frais qu'il a faits pour cause de la succession. (2).

(1) Art. 15 des instr. du ministère de la marine de 1841. (2) Art. 96, 97 du régl. de 1815, et § 296 *infrà*.

§ 299. *Comment les objets déposés aux consulats doivent y être conservés?*

Tant que ces sommes ou autres, ainsi que tous autres objets restent déposés aux consulats, les consuls sont tenus d'en avoir le plus grand soin, afin que rien ne vienne à se perdre.

Les chanceliers concourent avec leurs chefs à la conservation des dépôts (1), et acte doit être donné par ces deux fonctionnaires aux individus qui ont fait des dépôts entre leurs mains ; ceux qui les retirent, doivent à leur tour, en donner main levée auxdits fonctionnaires. Dans l'un et dans l'autre de ces deux actes la présence et la signature de deux témoins sont nécessaires.

(1) Art. 29 du régl. de 1835.

§. 300. *Comment le consul et le chancelier concourent ensemble à la garde des dépôts ?*

Les réglements ne disent rien de la manière dont doit avoir lieu le concours du chancelier avec le consul pour la conservation des dépôts, et sur le degré de responsabilité qui pèse sur chacun de ces fonctionnaires à cet égard. Quoiqu'il en soit, il est à présumer que s'ils doivent concourir tous les deux à la conservation des dépôts, il faut aussi que les objets confiés à leur garde soient placés dans un lieu convenable et sûr de la chancellerie, dont chacun possède une clef et qui ne puisse être ouvert sans l'intervention de l'un et de l'autre (1).

1) Voy. à ce sujet l'ordonnance du Roi des Français du 24 oct. 1833. — Suivant cette ordonnance, les consuls français doivent avoir un registre à l'effet d'y inscrire chaque dépôt, et une caisse pour les conserver, dont le consul et le chancelier ont chacun une clef; voy. en outre modèle 56 dudit registre.

LIVRE 5ᵉ — CHAPITRE 9.

LES CONSULS REÇOIVENT LES ACTES PUBLICS ET LÉGALISENT CEUX QUI ONT ÉTÉ PASSÉS DEVANT LES AUTORITÉS ÉTRANGÈRES.

§ 301. *Avant-propos.* — *Les sujets sardes sont tenus de recourir aux consuls pour la rédaction des actes publics — Ce que les consuls peuvent faire payer pour ces actes.*

Une des attributions les plus importantes des consuls et dont l'exercice leur est laissé libre dans tous les pays, est celle de recevoir les actes publics que leurs nationaux passent entre eux, et dans certains cas avec des étrangers (1).

Les nationaux, de leur côté, soit de passage, soit résidant sur les lieux, sont tenus de s'adresser aux consuls pour tous les actes du ressort des notaires, désignés dans le tarif consulaire, à moins que les consuls ne les autorisent à s'adresser ailleurs ou qu'en raison de la nature de l'un de ces actes ils aient à recourir aux notaires du lieu (2, ou que ceux-ci ne fassent pas payer des droits aussi élevés que les consuls (3.

L'art. 1ᵉʳ du tarif de 1845, ajoute cependant que les consuls ne pourront pas faire payer plus que les notaires ou les autorités du lieu, et l'article 45 du règlement consulaire de 1815 invite même les consuls à prendre plutôt moins, afin que les nationaux trouvent de l'avantage à recourir à leur ministère (4). Je doute toutefois que cette maxime puisse encore être applicable en présence du dernier tarif qui n'en fait plus mention, et des considérations qui en avaient déterminé l'adoption.

(1) Voy. § 302 et chap. 9, liv. 8, *infrà*. (2) Art. 22 du tarif cons. de 1816 (3) N° 1 du tarif cons. de 1815, pag. 60. (4) Art. 45 du régl. de 1815.

§ 302. *Si les consuls peuvent recevoir les actes publics qu'un étranger voudrait passer à leur chancellerie.*

En règle générale les consuls peuvent recevoir les actes publics, soit à la demande de sujets sardes seuls, soit à la demande d'étrangers, quand un sujet sarde intervient aussi comme partie contractante. Cependant comme dans certains pays les notaires ou autres fonctionnaires publics à ce destinés pourraient se plaindre de cette intervention des consuls dans les actes des étrangers, autres que leurs nationaux, c'est aux consuls à savoir discerner les cas où ils peuvent recevoir ces actes et à concilier ainsi les justes susceptibilités des notaires ou des autres fonctionnaires avec les intérêts de leurs nationaux (1).

(1) Voy. l'art. 28, n° 6 du régl. cons. de 1815, relaté au § 181 *infrà* sous le n° 2, et circ. 81 du 22 mars 1842 ; voy. aussi chap. 9. liv. 8 *infrà*.

§ 303. *A quelles conditions un sujet sarde peut-il passer un acte notarié au consulat? — Quel est l'effet de ces actes ?*

Les sujets sardes voulant passer des actes devant les consuls sont obligés de se faire reconnaître, en présentant leur passeport ou tout autre document qui établisse leur nationalité et leur droit à la protection consulaire (1). De plus, ceux qui sont domiciliés dans la localité, doivent se faire inscrire au registre des sujets sardes 2.

Les actes que les consuls reçoivent, comme notaires, ont la même force (3) que s'ils étaient faits par ces derniers et sont soumis aux mêmes formalités, indépendamment de celles qui sont prescrites pour les actes reçus aux consulats.

Je ne parlerai que des formalités qui doivent plus particulièrement être observées par les consuls, renvoyant pour les autres aux traités spéciaux sur le notariat.

(1) Voy. §§ 234 et suiv. *infrà*. (2) Circ. 81 du 22 mars 1842. Voy. en outre ce qui est dit au § 238 *infrà* au sujet des criminels (3) Art. 1418 et 2188 du code civil.

§ 304. *A quelles formalités sont soumis les actes publics passés devant les consuls? — Copies de ces actes.*

Toutes les conventions et transactions qui ont lieu aux consulats de S. M. à l'étranger, sont reçues par le consul en présence de deux témoins nationaux, s'il est possible, et sont écrites par le chancelier, qui les signe avec le consul, les parties et les témoins (1) ; si ceux-ci ne savent pas écrire, ils font leur signe de croix et l'on en fait mention dans l'acte (2). Les actes doivent être lûs avant l'apposition des signatures, en présence de toutes les personnes désignées ci-dessus (3) ; ils sont écrits sur papier libre (4) et chacun d'eux doit avoir son numéro d'ordre et être conservé dans les archives du consulat.

Les transactions, conventions, testaments ou actes de présentation de ces derniers doivent en outre être inscrits par extraits sur un registre dont il faut que chaque page soit numérotée et signée par le consul. L'extrait de chaque acte y inséré, est signé par les mêmes personnes qui ont signé l'acte (5).

Les copies des actes dressés dans un consulat, doivent être rendues authentiques par le chancelier dont la signature est légalisée par le consul (6). On y appose ensuite le timbre du consulat et on indique au bas de chaque copie le droit y relatif. Sur la première copie délivrée on accuse aussi réception du droit perçu pour l'original (7).

(1) **Les témoins doivent être âgés de 14 ans au moins.** Voy. oo-
lection célérifère des lois; vol. de 1838 , pag. 229. (2) Art. 82 du
régl. de 1815. (3) Circ. 81 , laquelle rappelle d'une manière spéciale
le devoir des consuls d'être présents à la lecture des actes. (4) Art.
91 du régl. de 1815. (5) Art. 87 ibid. (6) Cette légalisation est gra-
tuite. Voy. à ce sujet la circ. 67. (7) Voy. art. 48 et 49 du régl.
cons. de 1815.

§ 305. *Enregistrement, dans les Etats sardes , des actes
passés devant les consuls ou devant les notaires à
l'étranger.*

Les actes passés devant les consuls sont soumis à l'enregistrement (*insinuazione*), de la même manière que ceux
dressés par les notaires des Etats sardes (1) , voici les dispositions des lois à ce sujet :

Tous les actes publics qui par leur nature sont soumis à
l'enregistrement , doivent être enregistrés avant d'en faire
usage dans les Etats du Roi (2). Les articles 1412 , 1420 ,
1423 du code civil, indiquent quels sont les actes sujets à
l'enregistrement , l'article 1424 indique ceux qui en sont
exempts.

Les actes relatifs à des changements de propriétés de
biens immeubles ou à leur usufruit, à des locations , sous-
locations ou à des cessions de locations de biens fonds, situés
dans les Etats sardes , excédant les neuf ans , doivent être
enregistrés dans les dix-huit mois après la stipulation de
chaque acte , si elle a eu lieu dans des pays hors d'Europe ,
et dans les six mois, si elle a eu lieu dans les pays d'Europe (3). S'il s'agit de testaments, les délais fixés ci-dessus
ne commencent à courir que du jour de la mort du testateur (4). Si l'on voulait faire usage desdits actes dans les
Etats sardes , avant expiration des 6 ou des 18 mois sus-indiqués , on devrait également les faire enregistrer.

Les autres actes non indiqués ci-dessus, mais qui sont
aussi sujets à l'enregistrement, doivent seulement être enregistrés avant d'en faire usage dans les Etats sardes (5).

Les actes portant aliénation de propriétés ou de biens immeubles ou considérés comme tels, les formations de sociétés ou leur dissolution, la stipulation de servitudes, d'hypothèques ou d'autres charges sur lesdits biens, les locations et les cessions de locations, doivent être enregistrés au bureau d'enregistrement établi dans le chef-lieu du tribunal de préfecture dans le district duquel se trouvent les biens, qui en forment l'objet en tout ou en partie

Les autres actes peuvent être enregistrés dans tout chef-lieu où siège un tribunal de préfecture (6).

(1) Art. 1420 et 1426 du code civil. (2) Art. 1426 du code civil. (3) Art. 4 des RR. PP. du 30 juillet 1840 (4) Art. 5 ibid. (5) Art. 7 ibid. (6) Art. 1427 du code civ. et art. 13 desdites RR. PP. — N. B. J'ajouterai ici qu'aucun acte dressé par un consul ou par un notaire à l'étranger, ne peut être enregistré sans être revêtu du timbre extraordinaire ou du vu pour timbre (*visto per bollo*) qui peut être apposé dans le bureau même où l'acte doit être enregistré. (Voy. art. 14 desdites PP.); et enfin que les actes dressés dans une langue autre que l'italienne ou la française, doivent, pour qu'ils soient enregistrés, être accompagnés d'une traduction en français ou en italien, faite par un traducteur juré, et à défaut de traducteurs jurés, il en est nommé un d'office par le président du tribunal de préfecture dans le ressort duquel doit avoir lieu l'enregistrement. Voy. art. 15 desdites PP.

§ 306. *Quelles sont les formalités nécessaires à la validité des testaments reçus par les consuls?*

Les testaments sont également reçus par les consuls et avec les formalités prescrites par le code civil au livre 3, titre 2. chap. 4. section 4, et de plus, avec l'intervention du chancelier de la manière indiquée ci-dessus. Cette intervention est d'une rigueur tellement absolue, que l'acte serait nul, s'il n'était pas écrit de sa main (1) ce qu'on ferait bien de mentionner dans l'acte, ainsi que pratiquent les notaires lorsqu'ils rédigent des testaments.

Les témoins doivent être âgés de 21 ans (2), mais il n'est

pas nécessaire qu'il soient tous sujets sardes , comme pour les testaments faits devant notaire dans les Etats sardes (3). L'art. 754 du code civil dit que les élèves du notaire qui a reçu le testament ne peuvent servir de témoins. Quoique les réglements consulaires ne défendent pas aux employés des consulats de servir de témoins dans ce cas , néanmoins comme il y a analogie entre eux et lesdits élèves , il me semble qu'on ferait bien d'appeler pour cela toute autre personne.

Les dispositions testamentaires en faveur du consul et du chancelier ne sont d'aucune valeur (4).

(1) Circ. 64 de 1837 (2) Lettres de l'autorité supérieure des 8 et 17 mars 1838 , en réponse à une question sur les art. 754 et 1411 du code civ. (3) Art. 754 susdit et 89 du régl. cons. de 1815. (4) Art. 84 du régl. de 1815.

§ 307. *Les consuls reçoivent aussi l'un des originaux des testaments faits à bord des navires.*

Les consuls reçoivent en outre , en conformité des art. 788 et 789 du code civil, la remise d'un des originaux de chaque testament fait à bord des navires marchands sardes pendant le voyage et d'une copie de l'annotation faite par le capitaine dans le journal nautique et sur le rôle d'équipage au sujet du testament en conformité de l'art 787 dudit code.

Les consuls constatent la présentation du testament et de la copie de l'annotation par un procès-verbal fait dans les formes ordinaires et ils expédient le testament original susdit , une copie de chacune des annotations et une du procès-verbal , au chef de l'amirauté , suivant l'art. 789 du code (1), c'est-à-dire à l'intendance-générale de la marine (2).

Les consuls envoient au ministère des affaires étrangères une copie de chaque testament et de chaque acte de présentation de testaments secrets reçus par eux (3).

(1) Voy. art. 86 , 87 , 88 du régl. de 1815. (2) Circ. 72 du 27 janv. 1839, et § 147. (3) Circ. 81 et art. 19, instruct. minist. du 12 janv. 1816, art. 789, 799 du code civ. et §§ 297 et suiv. *infra*

§ 308. *Les consuls procèdent à l'ouverture des testa-*
ments secrets.

Les consuls étant assimilés aux notaires en tout ce qui
n'a pas été disposé autrement par les réglements qui les concernent, ils procèdent dans tous les cas, où les notaires
peuvent le faire (1), à l'ouverture des testaments secrets qui
ont été déposés dans leurs chancelleries, et ce en conformité
de l'art. 886 du code civil moins cependant l'intervention du
juge, parcequ'il sont juges eux-mêmes et qu'ils ne pourraient pas s'adresser aux juges du lieu.

(1) Art. 886 du code civ.

§ 309. *A quelles formalités est soumise l'ouverture des*
testaments secrets?

Les consuls doivent, en procédant à l'ouverture des testaments secrets, se conformer en premier lieu à l'article 886
du code civil et en outre, afin d'abonder en fait des précautions et d'assurer d'autant plus l'identité du testament,
observer les instructions suivantes qui ont été proposées par
M. le ministre, garde des sceaux de S. M., et prescrites ensuite par le ministère des affaires étrangères (1) : « Si l'acte
de présentation a été fait à un consul, le vice-consul, s'il
y en a un sur les lieux, interviendra à l'ouverture et à la
publication du testament et fera la part du juge (2) et *vice*
versa, si le testament a été présenté à un vice-consul, et
que le consul se trouve présent à l'ouverture du testament,
celui-ci fera lui-même la part du juge. On appellera dans
les deux cas un plus grand nombre de témoins que celui
prescrit par le code civil pour être présents à la vérification de la cédule testamentaire et pour voir parapher chacune de ses feuilles par l'officier consulaire. »

« En conformité de ces instructions les consuls peuvent,
en cas de mort du testateur, et quoique la demande ne lui
en ait été faite par personne, procéder à l'ouverture des testa-

ments secrets déposés à leur consulat. Elle ne devra cependant avoir lieu que vingt jours après la mort du testateur à moins que les effets héréditaires ne soient en tout ou en partie sujets à se détériorer, ou qu'un retard quelconque pût être préjudiciable aux intéressés (3) » J'ajouterai que par prudence le consul devrait dans l'acte faire mention de ces circonstances.

(1) Circ. 76 du 21 sept. 1840. (2) Art. 886 du code civ. (3) Circ. 76 du 21 sept. 1840.

§ 310. *Les actes passés devant les notaires, ou autres fonctionnaires publics de la résidence d'un consul, doivent être légalisés par lui pour valoir dans les Etats sardes. — Quelques-uns des actes passés en pays étranger n'ont pas besoin de la législation consulaire.*

Les actes qui ont été reçus par un notaire, ou par un autre officier public compétent à l'étranger (1) et devant faire foi dans les Etats sardes, sont soumis à la formalité de légalisation de la part d'un agent diplomatique ou consulaire de S. M. résidant dans le pays, où l'acte a été passé (2).

Les consuls ont donc la faculté de légaliser les signatures apposées à des actes passés dans le pays de leur résidence (3), mais ils ne doivent reconnaître que celles des autorités supérieures de chaque administration, et là où il y a une légation de S. M., ils ne peuvent légaliser qu'en l'absence ou par autorisation écrite du ministre qui la dirige (4).

Cependant les actes passés en pays étranger n'ont pas tous besoin d'être soumis à la formalité de la légalisation. Les papiers de commerce, comme les lettres de change, les protestations de ces lettres, les comptes de retour et de change maritime, les connaissements, les comptes de vente, les comptes courants, les lettres, etc., en sont dispensés (5).

(1) Art. 797, 1418 et 2188 du code civ. ainsi que les traités avec la France de 1760 ; avec le duché de Modène de 1817, avec le duché de Parme et Plaisance de la même année, avec la Toscane de 1818 Masse et Carrara de 1818, et autres pour les effets hypothécaires mentionnés à l'art. 2188 du code civ. (2) V. R. Billet du 20 févr. 1815, contenu dans le manifeste du sénat de Turin du 24 du même mois circ. 4 du 1er mars 1816, circ. du ministre de l'intérieur du 16 déc. 1814 ; manifeste dudit sénat du 9 févr. 1821 et art. 14 des RR. PP. du 30 juil. 1840. (3) Art. 28 n° 6 du régl. de 1833. (4) Voy. même art. et art. 48 du régl. de 1815. (5) Manifeste du sénat de Turin du 9 févr. 1821. Voy. en outre modèles de légalisation n° 26 et 54 du registre y relatif.

§ 311. *Si les consuls peuvent légaliser les actes passés dans les États sardes qui doivent faire foi en pays étranger. — Les consuls ne peuvent pas légaliser la signature des simples particuliers.*

Les actes faits dans les États sardes, devant faire foi en pays étrangers, ne peuvent être légalisés par les consuls qu'après qu'ils l'ont été par l'officier du ministère des affaires étrangères chargé de cette attribution (1). Il y a cependant exception pour la signature de M. le gouverneur général de la Savoie. Elle peut être légalisée par les consuls de S. M. en France et par le consul à Genève, à cause de la distance qui sépare Chambéry de Turin (2).

Les consuls ne peuvent légaliser la signature des simples particuliers et doivent, à mon avis, s'en abstenir surtout dans les cas, où il s'agit de conventions sous seing privé, car leur légalisation aurait pour effet de donner force d'acte public à une pièce qui n'en revêtirait par les formes (3).

(1) Circ. du ministère de l'intérieur de 1814. (2) Dépêche du ministère des affaires étrangères de 1857, au consul général de S. M. à Marseille (3) Art. 6 de l'ordonnance du Roi des Français du 23 oct. 1833, citée par M. Laget de Podio dans sa nouvelle juridiction des consuls de France, etc., tome 1, page 102.

LIVRE 5ᵉ — CHAPITRE 10.

ÉTAT CIVIL.

§ 312. *Les consuls remplissent souvent les fonctions d'officiers de l'état-civil. — Avant-propos.*

Les consuls ont dans tous les temps été appelés à remplir les fonctions d'officier de l'état civil, c'est-à-dire à constater dans leurs registres les naissances et les décès des sujets sardes, qui ont lieu à l'étranger. Les instructions supérieures ne leur manquaient pas à cet égard (1) ; mais depuis la promulgation des RR. PP. du 20 juin 1837, sur la tenue des registres de l'état civil les consuls ont reçu a ce sujet d'autres instructions qui sont comme un complément de ces patentes et en facilitent l'exécution.

(1) Art. 83, 85, 90 du régl. de 1815 et art. 19 des instr. minist. du 12 janv. 1816.

§ 313 *Les consuls remplissent les fonctions d'officiers de l'état civil de deux manières.*

Les consuls sont appelés à constater les naissances et les décès des sujets sardes de deux manières, ou en recevant, dans les cas prévus par l'art. 36 des RR. PP. du 20 juin 1837, les déclarations des naissances et des décès, ou en enregistrant, en conformité de l'art. 37 suivant, ces mêmes actes dressés par les officiers publics du lieu a ce délégués, qui leur seraient présentés par extrait (1).

(1) Parmi les registres publics de l'état civil, on comprend aussi les registres des paroisses ; voyez note du modèle n. 1 de la circul. 58 et modèle 27 de cet ouvrage.

§ 314. *Chaque chef de district ou d'arrondissement doit avoir un registre pour y inscrire les actes de l'état civil. — Comment doit-être ce registre?*

Tous les officiers consulaires, chefs de district et d'arrondissement, sont autorisés à exercer les fonctions d'officiers de l'état-civil pour leurs nationaux et par conséquent chacun doit avoir un registre à ce destiné. Ces registres sont envoyés par le ministère des affaires étrangères aux chefs de district qui remettent à chacun de leurs pro-consuls ou v-consuls celui qui leur est assigné.

Chaque registre se compose de 200 pages dont la première formant le frontispice, est imprimée et visée par le chef de la division des consulats du ministère des affaires étrangères, et la dernière aussi imprimée contient le procès-verbal de clôture et l'indication du nombre des extraits des actes de naissance et de mort qui ont été présentés et insérés dans le registre. Les feuilles intermédiaires portent, chacune, le timbre sec avec les armoiries royales et la légende : *regia segreteria di stato per gli affari esteri.* Chaque page est numérotée par les soins du consul comme le sont aussi les registres eux-mêmes avec une série de numéros particuliers à chaque consulat (1).

(1) Circ. 68 du 2 juin 1838.

§ 315. *Comment le registre de l'état-civil est-il clôturé quand il est fini?*

Lorsqu'un registre est presque rempli, les agents consulaires en donnent avis au ministère des affaires étrangères, assez à temps pour qu'un autre leur soit expédié et quand il est achevé on fait un procès-verbal de clôture dont le modèle est à la fin de chaque registre ; celui-ci doit ensuite être déposé et conservé avec soin dans les archives consulaires (1).

(1) Circ. 68 susdite de 1838

§ 316. *Pour les inscriptions des actes de l'état-civil, les consuls doivent se conformer aux modèles qui leur ont été données.*

Pour assurer l'uniformité dans les inscriptions des naissances et des décès les consuls sont tenus de se servir uniquement de l'un des modèles annexés à la circulaire 68 susdite, suivant que se présente l'un ou l'autre des cas y énoncés.

Le premier contient l'acte de naissance fait par un officier consulaire, d'un enfant né d'un mariage légitime d'un sujet du Roi, dans un pays étranger, où il n'y a pas des registres de l'état-civil, sur la déclaration du père du nouveau né, ou de la personne qui le représente.

Le second contient le procès-verbal de présentation de l'extrait d'acte de naissance d'un enfant né à l'étranger dans un lieu, où existent des registres publics de l'état-civil.

La troisième contient un procès-verbal de remise d'une copie d'acte de naissance d'un enfant fils d'un sujet du Roi né à bord d'un navire national, qui est arrivé en pays étranger.

Le quatrième contient l'acte de naissance dressé par l'officier consulaire d'un enfant naturel déclaré par le père lui-même intervenant à l'acte en pays étranger, où il n'y a pas de registres publics de l'état-civil.

Le cinquième contient l'acte de décès dressé par le consul, d'un individu mort dans un pays où n'existent pas lesdits registres de l'état-civil.

Le sixième contient un procès-verbal de présentation de l'acte susdit dans un pays où existent les registres sus-indiqués.

Le septième contient un procès-verbal de présentation d'un acte de décès d'un individu mort à bord d'un navire national arrivant en pays étranger (1).

A ces modèles on pourrait ajouter celui du procès-verbal

de présentation d'un autre procès-verbal de disparition d'un individu qui serait tombé à la mer et qu'on n'aurait pas pu sauver (2).

(1) Circ. 68 du 2 juin 1838. (2) Voyez modèles 27 à 33 et 57 à 59 *infrà*.

§ 317. *Comment les actes de l'état civil doivent être enregistrés?*

Les actes et procès-verbaux susindiqués doivent être enregistrés sans interruption les uns après les autres, qu'ils soient de naissance ou de décès, que les individus dont il s'agit, soient catholiques ou non, nés à terre ou en mer.

Lesdits actes ou procès-verbaux sont rédigés en langue italienne ou en langue française, et les extraits présentés aux consuls dans une autre langue doivent être traduits avant d'être enregistrés.

Les actes et procès-verbaux sont écrits sur les registres par le chancelier du consulat, s'il y en a un (1), en présence des parties ou des déclarants, ou des témoins, lesquels, aux termes de l'art. 36 des RR. PP. de 1837, doivent, autant que possible, être sujets du Roi et signer avec l'officier consulaire.

Si quelqu'un ne savait, ou ne pouvait pas écrire, on le mentionnerait dans l'acte. Tout acte ou procès-verbal porte un numéro progressif et l'indication en marge, de la nature de l'acte et celle des nom et prénoms du nouveau-né ou du défunt, dont il s'agit.

On ajoutera au registre un répertoire alphabétique des individus pour lesquels chaque acte a été fait (2).

(1) § 317 où sont indiqués les actes où l'intervention du chancelier n'est pas indispensable. (2) Circ. 68 du 2 juin 1838, et § 314 *infrà*.

§ 318. *Précautions dont les consuls doivent user dans lesdites inscriptions.*

Dans la formation des actes de naissance et de décès à

leur chancellerie les consuls doivent bien s'assurer du lieu de naissance et du dernier domicile des parents du nouveau né, ou du dernier domicile du défunt dans les Etats sardes, s'il s'agit de décès (1).

Quand il s'agit de naissances, les consuls sont tenus de copier dans leurs registres les certificats de baptême, si ceux-ci ne sont pas réunis à l'acte de naissance, et d'en faire mention dans les deux copies qu'ils envoient au ministère des affaires étrangères (2).

La circulaire 89 du 20 janvier 1844, insiste beaucoup sur l'importance de cette formalité (3).

(1) Circ. 68 du 2 juin 1838. (2) Même circ. 68. (3) Voy. ladite circulaire 68.

§ 319. *Les consuls ne doivent pas inscrire toutes sortes de déclarations au registre de l'état-civil.*

Le devoir des consuls comme officiers de l'état-civil, étant seulement celui de constater les déclarations qui leur sont faites, et l'authenticité de leurs actes ne devant servir à autre chose qu'à prouver la réception de ces déclarations, ils ne peuvent, dans les actes ou procès-verbaux, ajouter aux indications qui leur sont données, d'autres indications qui leur parviendraient par des voies particulières, lesquelles ne formeraient en conséquence aucune preuve. Ils s'abstiendront aussi d'indiquer dans les actes de naissance ou de décès, si les parents du nouveau né ou du mort, étaient unis suivant les lois de l'église, ou les lois civiles, afin d'éviter les retards qui pourraient être apportés à la rédaction des actes par les recherches et les vérifications nécessaires et par les contestations qui pourraient s'élever, s'ils voulaient faire mention de circonstances, quoiqu'à eux bien connues, mais controversées par les déclarants (1). Il serait cependant toujours utile et même prudent que les officiers consulaires, s'ils avaient des circonstances particulières à faire connaître, en entretinssent dans leur correspondance le ministère pour qu'il prît à cet égard les mesures qu'il croirait convenables (2).

(1) Voy. le titre 6, liv. 1ᵉʳ du code civ. (2) Circ. 68 susdite.

§ 320. *Ce que les consuls doivent faire lorsqu'il s'agit d'actes où ils reconnaissent quelqu'indication erronée.*

Plus tard toutefois , sans déroger au principe de la *neutralité* , pour ainsi dire , des consuls dans la rédaction desdits actes, il leur a été accordé un peu plus de liberté de mettre en relief les irrégularités existant dans les actes qui leur sont présentés pour être transcrits dans le registre de l'état-civil. Voici comment s'exprime à ce sujet la circulaire 76 du 21 septembre 1840 :

« Comme il arrive quelquefois que l'on présente aux consuls des actes de naissance ou de décès, dans lesquels les noms des personnes qu'ils concernent, ou du lieu de leur naissance sont mal indiqués , et comme il peut en résulter des inconvénients très graves ; attendu que d'un autre côté les consuls ne sont autorisés à faire à ces actes aucune variation (1), il est établi que dans les cas, où il leur sera impossible d'obtenir la rectification de ces fautes sur les registres originaux de l'état-civil dont les actes auront été extraits , ils les transcrivent sur leurs registres tels qu'ils se trouvent et constatent l'erreur moyennant la formation d'un acte de notoriété qui sera écrit sur le dos du certificat original , qu'ils conserveront revêtu de leur signature et de celles des témoins qui auront reconnu positivement l'erreur. Cet acte de notoriété ajouté à l'acte défectueux, sans varier ce dernier d'aucune manière , sert à mettre en garde les intéressés et leur facilite le moyen d'obtenir la rectification par la voie légale ou de prouver autrement l'erreur qui a eu lieu. »

Une annotation au registre de l'état-civil apposée en marge du certificat ou de l'extrait d'acte y inséré, pourra indiquer qu'il a été fait au dos du certificat ou de l'extrait susdits , l'acte de notoriété destiné à signaler l'erreur, afin qu'on puisse y avoir recours au besoin.

(1) Voyez le § précédent.

§ 321. *Les extraits d'actes d'état-civil, qui sont présentés aux consuls, doivent être conservés avec soin.*

Les extraits originaux présentés pour leur transcription aux consuls, doivent être soigneusement conservés, et avant de les mettre dans les archives consulaires, on doit y apposer : 1° le numéro du registre dans lequel ils sont transcrits, 2° le numéro d'ordre correspondant à celui sous lequel ils ont été transcrits, 3° l'indication de la page, 4° la date de l'acte ou du procès-verbal de présentation de l'extrait (1).

(1) Voy. circ. 68 susdite.

§ 322. *Les consuls doivent expédier au ministère des affaires étrangères deux copies de chaque acte d'état-civil reçu par eux.*

Dans les trois mois qui suivent la formation ou la transcription des actes ci-dessus indiqués, les consuls doivent, en conformité des articles 34 et 38 des RR. PP. du 20 juin 1837, envoyer au ministère des affaires étrangères deux copies authentiques, non-seulement de ceux qui ont été reçus dans leur chancellerie, mais de ceux aussi 'qui l'ont été dans les chefs-lieux d'arrondissement, et pour ce motif, ils doivent veiller à ce que les vice-consuls et les pro-consuls ne leur en retardent point l'envoi.

Quoique les articles 34 et 38 précités, ne semblent pas s'adresser également aux sujets non catholiques, toutefois ceux-ci étant soumis dans les états sardes aux mêmes dispositions que les catholiques, en ce qui concerne l'état-civil, les consuls doivent également envoyer les deux copies authentiques des actes susdits qui les concernent (1).

(1) Voy. le § 317 *infrà*. Je dois faire observer ici que d'après la circul. 70 du 4 janv. 1839, les consuls sont dispensés, à cause de

l'envoi des deux copies susdites, de l'expédition de l'état des naissances et des décès prescrit par le § 2 de l'art. 84 du régl. de 1835 voyez circ. 68, 89 et art. 39 des RR. PP. du 20 juin 1837.

§ 323. *Lesdites deux copies, ainsi que l'inscription, sont gratuites.*

L'inscription desdits actes au registre et les deux copies authentiques qui doivent être expédiées au ministère, sont faites gratuitement.

Cependant les consuls, les vice-consuls et les pro-consuls ont le droit de percevoir pour chaque copie desdits actes délivrée à des particuliers qui en font la demande, 1 fr. 50 cent., en conformité de l'article 38 du tarif, tableau 3, annexé aux RR. PP. du 12 janvier 1825 (1).

(1) Voy. § 551 *infrà.*

LIVRE 5ᵉ — CHAPITRE 11.

ACTES DE MARIAGE. — AUTORISATION CONSULAIRE POUR LE MARIAGE.

§ 324. *Les consuls ne peuvent se mêler en rien de ce qui concerne la célébration des mariages.*

Quant aux actes de mariage, quoique dans beaucoup de pays ils soient dressés par les officiers de l'état-civil, les consuls sardes n'ont à s'en mêler en aucune manière, si ce n'est pour recevoir le contrat de mariage, tel que le recevrait un notaire public et qui consiste uniquement dans une promesse de le contracter, connue sous le nom de fiançailles, dont les parties sont libres de se départir d'un commun accord tant qu'elles n'ont pas reçu la bénédiction nuptiale.

Les consuls doivent insérer cet acte parmi les autres actes publics, et nullement dans le registre de l'état-civil (1).

(1) Circ. 77 du 26 avril 1839.

§ 325. *Question sur la validité des mariages contractes par des sujets sardes en pays étranger, et réponse du ministère des affaires étrangères.*

Pour ne rien passer sous silence, de ce qui forme le sujet d'instructions ministérielles aux consuls de S. M., je transcris ici une réponse du ministre des affaires étrangères à une question qui lui a été adressée relativement aux formalités nécessaires à la validité des mariages contractés par des sujets sardes en pays étranger (1).

Question : — Quels sont les règlements auxquels les sujets sardes doivent se conformer, quand ils contractent mariage en pays étranger, avec une femme de leur pays ou étrangère ?

Réponse : — Les lois qui régissent l'état des personnes, régissent aussi les sujets demeurant à l'étranger (2). En conséquence pour contracter mariage à l'étranger, ils doivent aussi demander le consentement de leurs ascendants, en conformité des articles 109, 110 du code civil, sous les peines y énoncées. L'article 64 du même code, veut, en outre, que les mariages soient célébrés suivant les lois de l'église catholique, à moins qu'il ne s'agisse de sujets non catholiques (3).

(1) Circ. 77 du 17 mars 1841. (2) Art. 12 du code civ. sarde (3) Art. 108 du code civ. et circ. 77.

§ 326. *Relation de quelques mesures adoptées dans différents pays pour assurer la validité des mariages des nationaux avec les étrangers.*

Les modifications que la législation de plusieurs pays a subies depuis quelque temps en matière de mariages, ont déterminé bon nombre de gouvernements à adopter des mesures aptes à assurer dans lesdits pays la validité des mariages qui sont contractés entre des nationaux et des étrangers.

Ainsi en France par une circulaire du 4 mars 1831, le ministre de la justice a invité tous les procureurs-généraux près les cours royales, à ordonner aux procureurs du Roi sous leur dépendance, d'exiger des étrangers, qui veulent se marier avec des françaises, un certificat constatant leur capacité de contracter mariage avec la personne qu'ils se proposent d'épouser. Ce certificat n'est pas nécessaire quand il s'agit de français qui épousent des étrangères.

§ 327. *Les consuls sardes accordent en France des certificats de capacité aux sujets sardes qui s'y marient avec des Françaises.*

En France les consuls sardes, ont donc été autorisés par le ministre des affaires étrangères à délivrer lesdits certificats (1). avec défense, bien entendu, de se mêler en quelque manière que ce soit, à ce qui concerne la célébration du mariage.

La personne qui en fait la demande ne peut obtenir ce certificat qu'à la condition de se conformer aux lois de l'église catholique (2), et comme l'église en France ne peut donner la bénédiction nuptiale, qu'après que le mariage a été célébré à l'état-civil, le consul, pour s'assurer autant qu'il dépend de lui, que le mariage sera célébré suivant les lois de l'église, se fait représenter, outre les pièces constatant la nationalité de l'individu et les nom, prénoms, patrie, profession et âge de l'autre contractant, un certificat de l'autorité ecclésiastique constatant la capacité des parties pour se marier devant elle. S'il s'agit d'individus qui ont abandonné leur pays après avoir atteint leur 14me année. ils doivent exhiber au consul la preuve de leur état libre, jusqu'au jour de leur expatriation (3). Quant aux sujets non catholiques, il suffit que les consuls déclarent que leur mariage est valable pourvu qu'il soit contracté suivant les lois du pays où ils se trouvent.

(1) Lettre du ministre au consul de S. M. à Marseille, du 16 fév. 1833, n° 433. (2) Voy. modèle n° 34. (3) Voy. lettre du ministre mentionnée à la note 1 de ce § et autre à la même date au consul à Toulon.

§ 328. *La preuve de capacité est aussi requise dans plusieurs autres pays.*

La même preuve de capacité est requise pour les mariages des étrangers dans la Bavière (1), dans le Grand duché de Bade (2), en Autriche (3), en Prusse (4), dans le Wurtemberg (5), dans le Hanovre (6), dans l'Electorat d'Hesse (7), en Suisse. Avec ce dernier pays la Sardaigne a une convention (8), par laquelle il est établi que les sujets de l'un des deux états qui veulent se marier dans l'autre et avec des sujets de celui-ci, sont tenus de produire une autorisation spéciale de leur gouvernement, avec une attestation de la publication des bans dans leur pays dûment légalisée et un passeport particulier à domicile délivré au nouveau chef de famille sarde ou suisse (9).

(1) Ordonn. du Roi de Bavière du 1er nov. 1838. (2) Voy. pag. 110 et 111 des mariages contractés en pays étranger, par M. Félix, Paris 1843. (3) §§ 34 et 51 du code autrichien. (4) Pag. 115, Félix. (5) Pag. 119 ibid. (6) Pag. 119 ibid. (7) Pag. 121 ibid. (8) Art. 7 de la convention du 12 mai 1827. (9) Voy., dans l'appendice, la même convention du 12 mai 1827, confirmée par les déclarations échangées à Lucerne le 31 juillet 1837 et celles du 18 nov. 1838.

§ 329. *Les actes de mariage passés par des sujets sardes en pays étranger, doivent être insérés dans les registres de la paroisse de leur dernière résidence dans les Etats sardes.*

Les sujets sardes catholiques qui ont contracté mariage à

l'étranger doivent, dans les trois mois qui suivent leur retour dans les états du Roi, présenter au curé de leur paroisse deux copies authentiques de leur acte de mariage célébré suivant les lois de l'église, pour être insérées dans les registres y relatifs de la paroisse (1).

Les non catholiques, présentent ces copies au ministre de leur culte, afin que la même insertion ait lieu dans le registre que celui-ci est obligé d'avoir en conformité des art 39 et 40 des RR. PP. du 20 juin 1837, pour la tenue des registres de l'état-civil (2).

(1) Art. 11, 20 et 48 des RR. PP. du 20 juin 1837. (2) Voy. Art. 49 des DD. PP.

LIVRE 5ᵉ — CHAPITRE 12.

VISITE DES INDIVIDUS INSCRITS A LA LEVÉE MILITAIRE ET DES SOLDATS EN CONGÉ.

§ 330. *Avant-propos. — Les inscrits doivent demander à l'inspecteur-général de la levée militaire, la faculté d'être visités en présence des consuls en pays étranger*

Parmi les sujets sardes qui émigrent en pays étrangers, ou qui y naissent, il s'en trouve annuellement un certain nombre qui sont appelés au service militaire (1). Le gouvernement du Roi pour ne pas causer un déplacement dispendieux et souvent nuisible à ceux qui seraient dans le cas d'être dispensés pour maladie ou pour tout autre motif, autorise ordinairement les consuls à faire procéder à leur visite dans les formes voulues par les réglements militaires (2).

Cette autorisation est transmise aux consuls par le ministere des affaires étrangères , chaque fois que la demande en est faite à l'inspecteur-général des levées , ou par les personnes intéressées elles-mêmes , ou par le canal du consulat et dudit ministère (3). Les certificats de visite , qui seraient délivrés sans l'autorisation voulue n'auraient aucune valeur.

La faveur d'être visités en présence des consuls n'est jamais accordée à des individus qui sont entrés dans leur 24me année; ces derniers sont tenus de se présenter devant le conseil de levée de la province où ils sont nés , auquel seul il appartient de prononcer sur leur capacité de service (4).

(1) Voy. les §§ 244 et 245 *infrà*. (2) Art. 180, 181 du R. Édit du 16 déc. 1837, et circ. 69. (3) Circ. 70 du 4 janv. 1839 , et art. 181 du régl. général des levées de 1837. (4) Même circ. 70 et § 181 dudit Édit de 1837, indiquant tous les cas d'exemption du service militaire. Cependant par les RR. PP. du 3 juillet 1843 , une modification a été faite à cette partie de l'Édit : c'est que les inscrits pour la levée militaire manquant de la seconde ou de la dernière phalange du doigt *index* de la main droite ne seront plus exempts du service militaire.

§ 331. *Quelles sont les formalités qui doivent être remplies par les individus qui demandent à être dispensés des revues annuelles?*

S'il s'agit de quelqu'individu désirant être dispensé de se présenter aux revues annuelles, pour cause de maladie, il suffisait par le passé, suivant le réglement (1), qu'il exhibât au consul, pour être légalisé, un certificat d'un médecin constatant l'impossibilité de faire le voyage au temps fixé.

Mais vu les inconvénients qui ont eu lieu à cause de la facilité de certains médecins à accorder ces certificats, il a été décidé (2) par le ministre de la guerre et de la marine, que la visite ait lieu en présence des consuls, à l'exemple de celle des inscrits pour la levée militaire, dont il a été parlé au § précédent. Peu après, pour favoriser les soldats sujets aux revues qui se trouvent en pays étrangers, où ils vont exercer leur industrie pour le soutien de leur famille, S. M. a daigné décider qu'ils pourraient, outre le cas de maladie, en être dispensés aux conditions contenues dans la circulaire 92 du 8 novembre 1844, et indiquées ci-après·

« N° 1. Les militaires de toutes armes en congé illimité se trouvant à l'étranger pour y exercer une profession, un art, ou le commerce, pourront obtenir d'être plusieurs fois de suite dispensés des revues, sans compter les deux dispenses que d'après le réglement du 19 octobre 1839, ils auraient déjà obtenues des commandants des provinces. Les dispenses aux individus se trouvant à l'étranger, seront exclusivement accordées par le ministère de la guerre et de la marine.

« N° 2. Pour obtenir ces dispenses, lesdits individus devront chaque fois prouver aux autorités diplomatiques ou consulaires de S. M., le motif de leur expatriation, leurs moyens d'existence à l'étranger et présenter en outre auxdites autorités un certificat de bonne conduite délivré par l'autorité de police du lieu de leur résidence. La circulaire 93, admet aussi à la place de celui de la police un certificat analogue délivré par le curé.

« N° 3. Les demandes de dispenses doivent avoir lieu de manière à ce que la réponse du ministère de la guerre étant négative, puisse arriver en temps pour que ceux qui les ont faites, aient le temps de se *rapatrier* et de se présenter aux revues qui ont lieu, celle des soldats temporaires le 2me jour de Pâques, et celle des hommes inscrits dans la classe de réserve, le 2me dimanche d'octobre.

« N° 4. En cas de dispense les soldats sont comptables de leur habillement ainsi que de leur congé illimité, conformément aux réglements.

« N° 5. Les militaires qui ont manqué aux revues précédentes, ne peuvent obtenir aucune dispense avant d'avoir subi la peine établie pour un tel délit.

« N° 6. Les dispenses des revues n'exemptent pas de répondre à tout appel extraordinaire, qui serait fait à ces classes de militaires.

« Suivant le N° 7 de la même circulaire les agents diplomatiques et les consuls de S. M. à l'étranger, sont chargés de recevoir et de faire parvenir lesdites demandes au ministère de la guerre et de la marine, par l'intermédiaire de celui des affaires étrangères, à l'époque et de la manière établies au n° 2, avec le certificat de bonne conduite et l'indication des motifs de l'expatriation des pétitionnaires, de leurs moyens d'existence, de la classe de levée du corps d'armée, de la commune et de la province auxquels ils appartiennent. Mais par une dernière circulaire (3), afin de ne pas occasionner des frais de poste au ministère, par l'envoi de la pétition et des certificats voulus, il a été ordonné aux consuls de déposer ces documents dans leurs archives et d'envoyer seulement un état des pétitionnaires d'après le modèle y indiqué (4).

« N° 8. En tout ce qui n'a pas été changé par ces instructions au R. brevet du 19 octobre 1839, les dispositions y contenues continuent d'être en vigueur. »

(1) Régl. pour les revues annuelles, du 19 octobre 1839. (2) Voy. dépêche de 1844, de M. le ministre des affaires étrangères au consul de S. M. à Marseille. Suivant cette dépêche, l'autorisation préalable du ministère de la guerre pour procéder à ces visites, n'était pas nécessaire. (3) Circ 93 du 12 mars 1845. (4) Modèle 35.

LIVRE 5ᵉ — CHAPITRE 13.

CERTIFICAT DE NATIONALITÉ. — PATENTES DE PROTECTION. — PASSEPORTS. — PERMIS D'EMBARQUEMENT.

---

§ 332. *Les consuls délivrent des certificats de nationalité et des patentes de protection.*

Les individus qui se trouvent en pays étrangers, y sont

ou voyageurs ou domiciliés. Afin de faire valoir leur qualité d'étrangers auprès des autorités locales, ils ont besoin de documents qui en donnent la preuve. Ces documents sont un certificat de nationalité pour les sédentaires (1), un passe-port pour les voyageurs *(transeuntes)* (2).

Le certificat de nationalité est délivré d'après le registre des sujets tenu au consulat, et sur lequel les individus domiciliés doivent être inscrits (3).

Ce certificat est principalement demandé par les personnes qui veulent obtenir un permis de séjour dans le pays (4) ou être exemptés du service militaire (5), ou d'autres charges, auxquelles les étrangers ne sont pas soumis. Il en est de même des patentes de protection. que les consuls accordent dans certains pays à quelques classes d'étrangers, ou à des individus nés dans le pays, mais qui de temps immémorial jouissent de père en fils de la protection sarde. Cependant à l'égard de ces derniers individus, la protection des consuls sardes a été beaucoup restreinte, car elle a été limitée aux seules personnes employées au service des consulats (6).

(1) § 201 *infrà* et modèle 25. (2) § 198 *infrà* et modèle 36. (3) § 243 *infrà* et modèle 9. (4) § 201 susdit. (5) § 188 *infrà* et note 3 y relative. (6) Voy. § 230 et 248 *infrà* et modèle 40.

§ 333. *Les consuls délivrent et visent les passeports.*

Les voyageurs, comme je viens de le dire, doivent, pour faire reconnaître leur nationalité et pour passer d'un pays à un autre, être munis d'un passeport.

La qualité des personnes et les circonstances de lieu et de temps ont donné naissance à bon nombre d'instructions que je vais passer en revue.

En premier lieu les consuls-généraux, les consuls et les vice-consuls chefs de district, délivrent et visent le passe-port aux individus qui voyagent par mer ou par terre, quand dans le pays où ils résident. il n'existe pas une légation de S. M. et celle-ci existant, en recevront l'autorisation nécessaire (1). En ce dernier cas ils signent les passeports qu'ils ont reçus de la légation, de la manière suivante : *Par délégation de S. Ex. le ministre, ou du chargé d'affaires de S. M., le consul-général, ou consul ..... (2).*

(1) Art. 28, n° 7 du régl. de 1835. (2) Circ. 58 du 5 sept. 1838. Voy. modèle de registre des passeports, n° 16 ; modèle de passeports, n° 36.

§ 334 *La durée ordinaire des passeports est d'un an. — Exception.*

La durée du passeport délivré, soit au nom d'une légation, soit au nom d'un consul, est d'un an (1), et il n'est plus renouvelé comme par le passé, à chaque nouveau voyage, que le porteur se dispose à faire à l'étranger, excepté qu'il existe des motifs particuliers pour qu'il en soit autrement (2).

Tant que le voyageur reste dans un pays, il n'est pas obligé de renouveler son passeport, quoiqu'échu (3). Il y a exception pour ceux délivrés par la légation du Roi en Suisse, aux sujets sardes qui s'y établissent ou désirent y continuer leur séjour. Ces passeports sont valables pour deux ans et doivent être renouvelés par la légation à chaque 3e échéance (4).

(1) Art. 1 et 5 des RR. PP. du 7 nov. 1835 et circ. 59 du 25 nov. 1835. (2) Dite circ. 59. (3) Traité de 1827 avec plusieurs cantons de la Suisse, inséré dans l'appendice. (a) (4) Circ. 77 du 17 mars 1841 et § 235.

(a) Voy. note 1 du § 185.

§ 335. *Les chefs d'arrondissement délivrent les passeports au nom de leurs chefs de district et les visent comme eux.*

Les chefs d'arrondissement délivrent les passeports au nom de leurs chefs de district et par *leur délégation*, et visent ceux qui leur sont présentés à cet effet, soit nationaux, soit étrangers, d'après les mêmes règles que les chefs ci-dessus désignés (1).

Ces derniers expédient par conséquent un certain nombre de passeports signés par eux en blanc (2), et les pro-consuls, ou les vice-consuls, après en avoir rempli les lacunes et les avoir datés, les signent et y apposent le timbre consulaire (3).

« Les chefs de district doivent donner aux pro-consuls et aux vice-consuls les instructions nécessaires pour qu'ils ne fassent pas un mauvais usage des passeports qui leur sont confiés (4). »

(1) Circ. 58 de 1835 et art. 28 du tarif cons. du 12 janv 1825. (2) Art. 24 dudit tarif. (3) Art. 26 ibid. (4) Art. 25 ibid.

§ 336, *Les officiers consulaires ne peuvent pas délivrer des passeports pour le Levant et la Barbarie. — Ce qu'ils peuvent faire en faveur des individus qui demandent des passeports pour ces pays?*

Aucun officier consulaire ne peut, ni délivrer, ni viser des passeports à des sujets sardes pour le Levant et les pays de Barbarie (1).

Tout ce qu'il peut faire en cette circonstance, dans l'intérêt de la personne qui le désire, c'est d'en adresser la demande au ministre des affaires étrangères à Turin, (à qui seul il appartient de l'accorder), en accompagnant cette demande des documents qui peuvent disposer le ministre à le lui faire délivrer, en conformité de ce qui est prescrit par les art. 19 et 20 des RR. PP. du 16 sept. 1816.

Suivant l'art. 19 que je viens de citer, les individus qui désirent un passeport pour lesdits pays, doivent : 1° fournir la preuve de leurs moralité et bonne conduite ; 2° faire connaître l'objet de leur voyage ou le motif de leur établissement dans le Levant ou en Afrique ; 3° prouver qu'ils ont des moyens pécuniaires suffisants pour y aller et s'y établir, et qu'ils ont atteint l'âge de 18 ans. A ces conditions on peut en ajouter une cinquième, celle d'avoir rempli les formalités exigées par les réglements pour être exemptés du service militaire.

L'article 20 indique le moyen de fournir les preuves des conditions voulues par l'article 19 dans les états sardes ; mais à l'étranger le consul doit lui-même s'assurer si ces preuves sont suffisantes pour offrir au gouvernement les garanties demandées.

(1) Art. 18 des RR. PP. du 16 sept. 1816.

§ 337. *La défense de délivrer et de viser des passeports pour lesdits pays a été renouvelée. — Exception à cette défense.*

La prohibition de délivrer ou de viser des passeports pour lesdits a été renouvelée par les circulaires 27 du 10 avril 1820, 70 du 4 janvier 1839 et 83 du 9 septembre 1842.

Par la circulaire 27, il est non-seulement défendu de délivrer des passeports pour ces destinations, mais encore de viser ceux qui auraient été délivrés par les agents consulaires dans lesdits pays, si ceux-ci n'ont pas indiqué dans les passeports que rien ne s'oppose à ce que les porteurs puissent y retourner ; suivant la circulaire 70, il est fait une exception en faveur des individus qui voyagent d'une échelle à l'autre ; ceux-ci peuvent obtenir le visa pour retourner dans l'échelle d'où ils sont partis.

Enfin la circulaire 83, a confirmé une autre exception qui existait depuis quelque temps en faveur des sujets sardes qui vont en Algérie, et qui partent des ports, où les consuls ont la faculté de les y autoriser. Ces individus, indépendamment d'un passeport en règle pour l'étranger, doivent présenter des garanties suffisantes de moralité et prouver qu'ils ont les moyens pécuniaires nécessaires pour l'aller et le retour, et pour subsister jusqu'à ce qu'ils se soient procuré du travail, et en outre d'avoir une profession de ressource pour ce pays et une bonne santé (1).

Les consuls autorisés à délivrer ou à viser les passeports pour l'Algérie, sont ceux de Marseille, de Toulon et de Cette.

(1) Lettre du ministère des affaires étrangères du 12 janv. 1835, au consul de S. M. à Toulon.

§ 338 *Il est défendu de délivrer et de viser les passeports pour les Amériques à quelques classes de personnes.*

Il est également défendu de viser ou de délivrer des passeports pour les Amériques, aux jeunes gens qui en raison de leur âge, se trouvent dans le cas d'être appelés au tirage au sort. La prohibition de leur délivrer des passeports pour ces pays, dure jusqu'à ce que l'on sache si le numéro extrait les exempte du service militaire (1).

La même défense existe à l'égard des soldats en congé illimité (2). Ces individus sont obligés, pour obtenir un passeport pour l'Amérique, de fournir au consul une caution de la manière ci-après déterminée (3) :

« 1° Aucun sujet sarde, appartenant aux provinces de Terre-Ferme de S. M., entré dans sa 18ᵉ année, ne pourra obtenir un passeport pour les Amériques, ni y aller, quoique toute sa famille ait émigré des Etats sardes, s'il ne prouve qu'il est libre de la levée militaire.

« 2° Les gouverneurs et les commandants, les agents diplomatiques et consulaires pourront néanmoins d'une manière exceptionnelle, délivrer des passeports pour l'Amérique aux jeunes gens encore sujets à la levée militaire, toutes les fois que ceux-ci fourniront une caution de 1575 fr. au moins, avec hypothèque sur des biens libres et existant dans les Etats sardes, indépendamment de celle prescrite par l'article 640 du réglement pour la levée militaire (4), par lesquelles garanties on soit assuré, que le cas échéant, ces jeunes gens pourvoiront à leur remplacement.

« 3° Ladite prohibition ne s'étend pas aux gens de mer ou inscrits maritimes, car les formalités et conditions pour leur embarquement et débarquement, sont déterminées par les lois maritimes (5). »

« 4° Lesdites dispositions seront observées avec la plus grande précision, et les employés auxquels il appartient de les faire observer, seront responsables de ce qu'ils croiraient pouvoir faire de contraire en vue de circonstances exceptionnelles.

« 5° Pour prouver qu'il a satisfait aux conditions prescrites au n° 2, l'individu intéressé doit présenter au consul, un certificat de l'inspecteur général des levées, légalisé par le ministère des affaires étrangères exprimant une telle circonstance, et ce certificat devra être déposé dans les archives consulaires, pour justifier l'expédition du passeport ; le consul est tenu de faire mention de ce dépôt sur le passeport (6).

Les individus allant en Amérique, et ceux destinés pour d'autres pays, sont également tenus de fournir la caution de 200 fr. prescrite par les art. 639 et 640 du réglement général pour la levée militaire de 1836, et les consuls sont obligés de l'exiger, soit de ceux qui sont nés et domiciliés en pays étrangers, soit de ceux qui s'y trouveraient avec un passeport périmé et en demanderaient un autre pour aller en pays étranger (7). »

(1) Circ. 83 précitée. (2) Circ. 87 du 11 janv. et 92 du 8 nov. 1844. (3) Circ. 84 du 6 fév. 1843, et circ. 87 susdite. (4) Voy. au dernier alinea de ce §. (5) Voy. art. 12 et 23 du R. Brevet du 17 sept. 1842. relatés aux §§ 510 et suiv. *infrà*. (6) Circ. 84 déjà citée. (7) Dite circ. 84, où lesdits art. 639 et 640 sont transcrits.

§ 339. *Les consuls ne peuvent pas changer la destination exprimée sur les passeports, ni renouveler le passeport aux vassaux, aux employés civils et militaires et aux ecclésiastiques.*

Les consuls doivent s'abstenir en général, de changer les

destinations primitives des voyageurs, à moins qu'il n'existe pour cela des motifs plausibles (1).

Le consuls ne peuvent pas non plus renouveler le passeport périmé d'un vassal de S. M., car le vassal ne peut, d'après les lois existantes (2), sortir des Etats sardes sans la permission par écrit du Roi, ni rester à l'étranger au-delà du temps qui lui a été fixé, sous peine de 250 écus d'amende.

Je crois que par la même raison les consuls feraient bien de ne pas renouveler le passeport à des employés civils et militaires après leur congé expiré et de ne l'accorder ni de le renouveler aux ecclésiastiques sans la permisssion de leur évêque.

(1) Circ. 83 déjà citée. (2) RR. CC. de 1770, chap. 16, tit. 34, liv. 4. Régl. pour le duché de Gênes, de 1815; chap. 17, tit. 33, liv. 2, et circ. 6 du 22 avril 1816.

§ 340. *Les consuls ne peuvent pas viser les passeports délivrés par des autorités étrangères à des sujets sardes. — Exception.*

Il est défendu aux consuls de viser des passeports délivrés à des sujets sardes par des autorités étrangères, à moins que les lois du pays de leur résidence ne s'opposent à ce que les consuls en délivrent eux-mêmes, comme cela a lieu dans plusieurs états de l'Amérique du sud; mais quand ces individus arrivent dans une ville, où il y a un consul qui a la faculté de délivrer des passeports, s'ils sont obligés de lui présenter celui dont ils sont munis, le consul doit le leur retirer et leur en délivrer un autre (1).

Je crois cependant qu'il pourrait sans inconvénient viser celui qui aurait été donné par un agent étranger à un sujet sarde, en l'absence d'un agent consulaire dans le lieu de départ.

(1) Lettre du ministère des affaires étrangères au consul du Roi à Toulon, du 16 juin 1817: voyez en outre les art. 36 et 42 du code civil.

§ 341. *Quels sont les individus auxquels les consuls peuvent délivrer des passeports? — Quels sont ceux auxquels ils ne délivrent que des passes-provisoires. — Les déserteurs reçoivent des passes-provisoires pour se rapatrier. — Quelle est la position des individus munis de passeports pour voyager à une distance déterminée des frontières?*

Les consuls ne doivent délivrer des passeports qu'à leurs nationaux, dont ils reconnaissent la nationalité et qui n'ont pas encouru la perte des droits civils (1).

Les sujets sardes munis seulement de certificats de bonne conduite de leur syndic, d'extraits d'actes de naissance, ou d'autres documents qui servent à constater la nationalité, mais non la faculté de rester à l'étranger, comme serait un ancien passeport (2), ou tout autre document semblable, obtiennent une passe-provisoire pour rentrer dans leur pays, à moins qu'ils ne prouvent d'une manière évidente que leur passeport ou autre document régulier ait été égaré.

Toutes les fois que la nationalité est constatée, les consuls peuvent donner une passe-provisoire, pour faire retour dans leur pays, aux déserteurs de l'armée sarde, avec destination au chef-lieu de la frontière la plus voisine et en avertissent le gouverneur de division (3). Les passes-provisoires doivent être délivrées *gratis* (4).

Les individus munis d'un passeport, pour voyager dans un rayon déterminé à proximité des frontières qui se présentent aux consuls, ne reçoivent le visa que pour se *rapatrier* (5).

(1) §§ 234 et suiv. *infrà.* (2) Voy. les exceptions mentionnées *suprà* au § 339. (3) Lettre à un consul, par M. le ministre des affaires étrangères, du 30 sept. 1816. (4) Idem, du 3 sept. 1834; lettre du même ministre à la même date, au consul à Marseille, Voy. modèles n° 36 et 37. (5) Voy. une dépêche de M. le gouverneur de Nice au consul

général à Marseille, du 9 sept. 1844, où il est dit que les passeports délivrés à Nice pour voyager à peu de distance des frontières, ne peuvent être visés que pour rentrer dans les États sardes. Voy. pour le paiement des droits des passeports le § 549 *infrà*.

§ 342. *Quels sont les documents nécessaires pour obtenir un passeport d'un consul?*

Toutes les fois qu'un sujet sarde veut sortir du lieu de résidence d'un consul, il est obligé de lui demander un passeport, ou le visa de celui qu'il possède, s'il n'est pas périmé (1).

Dans le cas où le passeport est périmé, outre les documents nécessaires pour prouver le droit de l'obtenir en raison de la qualité de sujet sarde, le consul exige ordinairement un certificat de l'autorité de police locale constatant la bonne conduite de l'individu, pendant le temps qu'il a passé dans le lieu de sa résidence.

(1) Les passeports délivrés par les autorités compétentes, y compris les consuls, sont valables pour un an, passé lequel ils doivent être renouvelés. (a) Ceux délivrés par les légations ne sont valables que pour le voyage. (b) Ainsi, d'après ces dispositions, les consuls peuvent échanger un passeport délivré par une légation, toutes les fois que le voyage est achevé ; mais ils ne le pourraient pas dans le cas où il s'agirait d'un passeport périmé, mais visé par une légation, quand le voyage n'est pas fini, car en ce cas celle-ci a donné une valeur nouvelle à ce passeport qui dure jusqu'à l'arrivée du voyageur à sa destination.

(a) Circ. 59 et les RR. PP. y annexées, du 7 nov. 1835, art. 1 et 5.
(b) Art. 5 desdites RR. PP.

§ 343. *A quelles formalités est soumis le passeport d'un voyageur en pays étranger pour aller d'un lieu à un autre?*

Si la destination d'un voyageur est pour l'étranger, le passeport ou le visa de son consul est presque toujours nécessaire, et le passeport délivré ou visé par le consul est soumis au visa de l'autorité locale et à celui des agents des pays de passage et de destination du voyageur. Cependant dans quelques pays et dans quelques cas, l'autorité locale vise seule ou la première (1). Si c'est pour voyager à l'intérieur du pays, souvent l'autorité locale délivre un passeport spécial ou vise seule celui dont l'étranger est porteur (2).

Les passeports doivent être visés toutes les fois que les porteurs entreprennent un nouveau voyage, ou qu'ils changent la destination qui leur a été donnée par un premier visa (3), ou bien quand le visa est demandé par les voyageurs eux-mêmes, ou par les autorités du lieu de leur passage, sans qu'il y ait eu changement de destination (4). Enfin, aucun voyageur ne peut entrer dans les États sardes, s'il n'a obtenu le visa de la légation ou du consul sardes du lieu de son départ ou de son passage (5).

(1) A Genève et en Autriche, voyez § 199 *infrà*. (2) En France et dans les États du sud de l'Amérique, voy. §§ 199 et 200 *infrà*. (3) Circulaire 60 du 9 déc. 1835. (4) Circ. 61 du 8 janv. 1836. (5) Circ. 60 susdite. Il y a exception pour les sujets sardes rentrant dans leur pays par Genève; il leur suffit, en ce cas, du visa de l'autorité locale.

§ 344. *Les consuls délivrent des permis d'embarquement aux voyageurs qui vont par mer.*

Dans quelques pays (en France par exemple, mais dans le port de Marseille seulement) quand un voyageur prend passage sur un navire, outre le passeport, il doit obtenir du consul de sa nation deux permis d'embarquement (1), dont l'un reste déposé à la police locale, et l'autre au bureau de la santé.

(1) Voy. modèle n° 38.

§. 345. *Les consuls visent les passeports des étrangers allant dans les États sardes. — Ils refusent leur visa à quelques classes d'individus.*

Indépendamment des passeports nationaux, les consuls visent aussi les passeports des étrangers qui désirent entrer dans les Etats sardes, soit par terre, soit par mer, et qu'ils euillent y séjourner ou y passer seulement.

Les consuls doivent, autant que possible, refuser le visa des passeports aux étrangers plongés dans la misère, ou d'une réputation équivoque, afin de ne pas laisser s'introduire dans les Etats sardes des individus dont la présence y serait nuisible d'une manière ou de l'autre (1).

Les passeports des étrangers ne peuvent être visés qu'après que le consul de la nation à laquelle le porteur appartient, et la police locale y ont apposé leurs visas (2).

(1) Voy. lettre du ministère des affaires étrangères à un consul du Roi, du 16 juin 1816. (2) Voy. dépêche du ministère des affaires étrangères, du 24 juillet 1840, à un consul de S. M.

§ 346. *Visa des passeports des voyageurs allant par navires sardes ou étrangers dans les ports sardes, ou devant seulement y toucher.*

Les consuls sardes ont le droit de viser les passeports de tous les passagers, soit nationaux, soit étrangers, qui s'embarquent sur des navires sardes allant ou touchant à un port des états du Roi (1).

Les voyageurs qui s'embarquent sur des navires étrangers devant seulement toucher à un port des états du Roi, sans s'y arrêter, sont libres de faire viser ou non le passeport au consulat sarde du port de départ et en cas qu'ils l'aient fait viser et qu'ils aient payé le droit, ils ne paient plus rien aux gouverneurs de Nice ou de Gênes en touchant le port de leur résidence (2).

(1) Dépêches du ministère des affaires étrangères, du 21 juin et 15 juillet 1841, au consul du Roi à Marseille et circ. 78 du 18 mai 1841. (2) Dépêche du ministre des affaires étrangères au consul de S. M. à Marseille, du 21 juin 1841; voyez en outre le § 549 *infrà*.

§ 347. *Si un consul peut viser un passeport étranger déjà visé par un agent de S M. à l'étranger.*

Quand un individu, sarde ou étranger, a obtenu le visa

d'un ambassadeur ou d'un consul de S. M. dans le pays de son départ ou de son passage, il n'est plus obligé de soumettre le passeport à aucun agent diplomatique ou consulaire sarde résidant dans les pays où il passera. Si cependant l'autorité locale l'exigeait ou le voyageur le demandait, l'agent diplomatique ou consulaire pourrait viser et ce dernier percevoir le droit y relatif (1).

Le visa doit être renouvelé toutes les fois que le voyageur retourne dans les Etats sardes, quoique le premier soit d'une date récente (2) ; une fois le voyage fait, le premier visa n'a plus aucune valeur.

Enfin les consuls et vice-consuls ou pro-consuls, sont tenus d'avoir un registre dans lequel ils enregistrent les passeports qu'ils délivrent ou qu'ils visent. Ce registre est conforme au modèle n° 16 (3).

(1) Circ. 61 du 8 janv. 1836. (2) Circ. 60 du 9 déc. 1835, et dépêche du ministère des affaires étrangères au consul-général du Roi à Marseille, en 1843, confirmant ladite circ. 60. (3) Voy. le § 164 au sujet de l'état trimestr. des passeports.

LIVRE 5ᶜ — CHAPITRE 14.

LES CONSULS PRÊTENT A LEURS NATIONAUX UNE ASSISTANCE OFFICIEUSE. — ILS PROCURENT LE RAPATRIEMENT DES INDIGENTS.

§ 348. *Avant-propos. — Les consuls doivent appuyer leurs nationaux auprès des autorités locales.*

Tout ce qui vient d'être dit sur les rapports des consuls avec leurs nationaux, concerne l'exercice de la juridiction consulaire proprement dite : je mentionnerai maintenant les

instructions qui concernent l'assistance, je dirai officieuse-
ment que les consuls doivent aussi leur prêter dans plusieurs circonstances

En premier lieu les consuls sardes prêtent aux sujets du
Roi leur appui auprès des autorités locales, s'ils en sont
requis et s'ils le jugent nécessaire pour leur faire obtenir
les indications de toutes sortes dont ils peuvent avoir besoin
sur le commerce, la navigation, l'industrie, etc. (1).

(1) Art 92 du régl. de 1815.

§ 349. *Quels sont les devoirs des consuls envers les
personnages sardes de distinction et envers les recom-
mandés du ministère des affaires étrangères.*

Si un sujet sarde de distinction arrive dans le pays de leur
residence, les consuls sont tenus de lui rendre visite et de
lui offrir leurs services (1). Il en est de même quand quelqu'un leur est recommandé par le ministère des affaires
étrangères ; mais dans l'un et l'autre cas, ils doivent s'abs-
nir de leur fournir de l'argent, ou de faire sur leur simple
demande, des dépenses dont le ministère des affaires étrangères n'accepterait aucune responsabilité à moins qu'il ne les
eût autorisées (2)

(1) Ari. 38 du régl. cons. de 1815. (2) Circ. 67 du 4 nov. 1837 et
dépêche du ministère des affaires étrangères à un consul sarde, du
mois de nov. 1845.

§ 350. *Les consuls procurent souvent des documents à
leurs nationaux et un défenseur à ceux qui sont pour-
suivis par la justice. — Enterrement des sujets sardes
décédés.*

Parmi les actes d'assistance officieuse que les consuls prêtent aux sujets sardes, on doit citer celui de leur procurer
par la voie du ministère des affaires étrangères ou d'autres
administrations, des documents que, par indigence ou par
d'autres motifs, ils ne pourraient obtenir autrement (1)

Si un individu quelconque de la nation se trouve poursuivi pour quelque crime ou délit, les consuls doivent, sur sa demande, tâcher de lui procurer un défenseur (2).

Les consuls sont tenus, en cas de mort d'un de leurs nationaux, s'il n'y a pas d'héritier présent, de lui faire donner une sépulture convenable en la payant avec l'argent de sa succession (3).

(1) Lettre du ministre des affaires étrangères au consul de S. M. à Toulon, du 8 déc. 1825 Autre lettre du ministre des affaires étrangères, du 24 oct. 1843, au consul-général de S. M. à Marseille, voy. aussi le § 149 *infrà*. (2) Art. 93 du régl. de 1815. (3) Art. 97 ibid. et § **296** *infrà*.

§ 331. *Les consuls font* rapatrier *et secourent les indigents.*

S'il se trouve des sujets sardes malheureux, sans travail et sans moyens de subsistance, et si cela dépend plutôt de la mauvaise fortune que de leur inconduite, le consul peut leur accorder quelques secours, ou les faire *rapatrier* aux frais du gouvernement.

Les secours doivent être modiques pour ne pas engendrer des abus et ne pas les rendre trop onéreux pour le trésor. Par conséquent le consul ne doit pas aller jusqu'à payer les frais d'entretien des nationaux malades dans les hôpitaux, soit parce que ce serait, comme il a été dit, une charge trop lourde pour le gouvernement, soit parce que dans les états sardes les étrangers sont soignés *gratis* aussi bien que les régnicoles (1).

(1) Dépêche du ministère des affaires étrangères au consul du Roi à Toulon, du 20 oct. 1817, et § 293 *infrà*.

§ 352. *Instructions ministérielles au sujet du contenu du § précédent.*

Voici ce qui est prescrit par les instructions ministérielles au sujet des secours à accorder aux nationaux et de leur *rapatriement*. Elles ne laissent rien à désirer.

La circulaire 80 du 15 novembre 1841, qui les contient, commence par énoncer que l'intention de S. M., est que ses sujets à l'étranger ne soient pas abandonnés à la misère, mais en même temps que les secours qu'on leur donne, soient distribués avec économie et avec prudence, afin que le trésor n'en soit pas trop aggravé, pour entretenir le vice, peut-être, ou pour soulager des personnes qui n'y ont aucun droit.

Les consuls doivent donc en conformité de la même circulaire observer les règles suivantes :

1° Exiger des personnes qui s'adressent à eux pour en obtenir des secours, la production de documents authentiques constatant positivement leur qualité de sujets sardes (1) ;

2° Refuser tout secours aux déserteurs, aux refractaires (2), aux individus qui ont pris du service militaire ou civil près des puissances étrangères, sans en avoir obtenu l'autorisation nécessaire ; à ceux qui se sont naturalisés en pays étrangers, ou ont perdu les droits civils par l'effet d'une condamnation subie dans les états du Roi, ainsi qu'à tout condamné contumace (3) :

3° Les consuls doivent exiger la preuve de l'état de misère qu'accusent les individus qui ont recours à leur charité ;

4° Indiquer sur le passeport le montant du subside accordé, l'époque et le lieu où lesdits individus l'ont reçu, afin d'empêcher qu'ils abusent de la bonne foi des autres officiers consulaires et en obtiennent de nouveaux secours, tandis que ceux déjà reçus leur seraient suffisants pour continuer leur route (4) :

5° Accorder lesdits secours seulement aux individus qui se rendent dans leur pays, et n'en accorder aux sujets domiciliés à l'étranger que dans des cas extraordinaires et après en avoir obtenu l'autorisation du ministre des affaires étrangères ;

6° Limiter les transports par mer aux frais du trésor,

aux seuls sujets qui à cause d'une trop grande distance, ou par suite des circonstances locales ou eu égard à leur santé, sont dans l'impossibilité de voyager à pied ;

7° Enfin ne pas considérer comme marins des individus qui ne prouveraient pas par la production de leur livret, leur inscription à la marine militaire ou marchande, afin de ne pas se voir refuser le remboursement des frais par eux faits pour ces individus, frais qui doivent être supportés par la caisse des invalides de la marine ; est excepté le cas de naufrage d'un navire sarde, dans lequel le naufragé aurait perdu ses papiers : les consuls peuvent le secourir, après s'être assurés de la réalité du naufrage et de la présence du marin à bord du navire au moment du sinistre (5).

(1) Circ. 80 du 15 nov. 1841. (2) Circ. 29 du 21 août 1820, et lettre du ministère des affaires étrangères au consul sarde à Toulon, du 30 sept. 1816. (3) 234 *infrà*. (4) Circ. 80 susdite. (5) Circ. 80 susdite ; voyez en outre §§ 257, 426, 427 *infrà*, et circ. 57, 58 ; plus les art. 102, 103, 104 du régl. cons. de 1815.

§ 353. *Suite aux instructions contenues dans le § précédent.*

La circulaire 44 du 3 décembre 1825, indique comment le *rapatriement* des sujets sardes peut avoir lieu à la charge du trésor.

Voici la teneur de cette circulaire :

« Comme il peut arriver non-seulement aux consuls du Levant et d'Afrique (1), mais encore aux autres de devoir procurer les moyens de se *rapatrier* à des individus qui par misère ou par inconduite compromettent l'honneur de la nation et la tranquilité publique, ils sont prévenus que le gouverneur de la division de Nice et le directeur de la police à Gênes, ont été chargés de recevoir ces individus et de payer aux capitaines qui les transportent, les frais de passage et de nourriture, après contrôle de la part du consul ou du vice-consul de la marine local, de la somme due aux capitaines. Par conséquent, si les consuls à l'étranger se trouvent dans le cas de faire *rapatrier* quelque individu par mer, ils devront les diriger au gouverneur de Nice, ou au directeur de la police à Gênes et au commandant local dans les autres ports. Ils expédieront en outre avec ces individus, une lettre indiquant le motif du *rapatriement* (2), et le prix convenu pour le nolis et la nourriture; et afin de centraliser la comptabilité autant que possible, les consuls laisseront le soin de la totalité du paiement à l'autorité à laquelle l'individu est adressé, se faisant au besoin rembourser par le capitaine les frais qu'ils auront faits, indiquant et motivant le montant de ces remboursements dans la lettre susdite d'accompagnement. Cependant, ce remboursement n'est pas obligatoire pour les capitaines et en cas de refus de leur part, les consuls porteront les sommes avancées dans la note trimestrielle des secours, dont ils justifieront le déboursé dans leur correspondance avec le ministère des affaires étrangères, auquel ils donneront toujours avis des *rapatriements* gratuits qu'ils auront accordés au fur et à mesure que ceux-ci auront lieu. »

(1) §§ 256 et suiv. *infrà*. et RR. PP. du 16 sept. 1816. (2) Voy. aussi art. 63 desdites PP. 1816; et le § 267 *infrà*.

§ 354. *Convention entre le consul-général de S. M. à Marseille et l'administration des vapeurs sardes pour le* rapatriement *des malheureux.*

J'ajouterai enfin qu'en vertu d'une convention passée en 1842, du consentement du ministère des affaires étrangères, entre le consul-général de S. M. à Marseille et l'administration des vapeurs sardes à Gênes, les sujets sardes indigents peuvent être renvoyés à Gênes par lesdits vapeurs pour le prix de 10 fr. par personne pour le passage et 80 centimes par jour pour la nourriture. Une augmentation proportionnelle est accordée pour les ports d'Italie plus éloignés de Gênes que Marseille. Ces prix de passage et de nourriture sont payés par le directeur de la police à Gênes, comme il est prescrit par la susdite circulaire 44 : pour les autres pays et par des navires à voiles, le prix du transport et de la nourriture doit être fixé d'un commun accord entre le consul et le capitaine (1).

(1) Art. 60 des RR. PP. du 16 sept. 1816.

LIVRE SIXIÈME.

RAPPORTS DES CONSULS AVEC LA MARINE ROYALE EN PAYS ÉTRANGER.

CHAPITRE 1er.

INDICATION DES DEVOIRS DES CONSULS ENVERS LA MARINE ROYALE — TRAITEMENT DES NAVIRES DE GUERRE A L'ÉTRANGER.

§ 355. *Avant-propos.*

Après avoir relaté aussi complétement que possible les instructions de toute sorte destinées à guider les consuls dans l'exercice de leur juridiction sur les sujets sardes en général, demeurant ou de passage à l'étranger, il me reste à énumérer celles qui se rattachent particulièrement à la juridiction consulaire sur les gens appartenant à la marine marchande et qui règlent aussi les rapports des consuls avec la marine militaire.

§ 356. *Devoirs des consuls envers la marine royale. —*
Ils doivent soutenir ses prérogatives.

L'art. 28 du réglement de 1835 place en tête des devoirs des consuls celui de faire respecter le pavillon national à l'étranger, et l'art. 8 des instructions ministérielles du 12 janvier 1816, s'exprime à ce sujet ainsi qu'il suit : « Les officiers consulaires soutiendront en faveur de la marine royale les prérogatives dont jouissent les navires de guerre, d'être exempts de la juridiction de l'autorité étrangère en ce qui concerne les criminels qui se réfugieraient à leur bord, excepté le cas où entre S. M. et l'état étranger dont il s'agit, ou entre le commandant d'un navire de guerre ou d'une escadre sarde et l'état susdit, il y aurait une convention contraire à cet usage (1). »

(1) Voy. l'Appendice à la fin de l'ouvrage au mot *Extradition* et § 359 *infrà*.

§ 357. *Quelle est la position des navires de guerre à l'étranger. — Les navires de guerre jouissent du droit d'exterritorialité.*

Quoique les bâtiments de guerre aient, ou soient censés avoir les moyens de défendre leurs droits et que les officiers qui les commandent, soient ordinairement pourvus d'instructions à cet égard, il ne sera pas inutile d'indiquer quels sont les principaux droits et devoirs de la marine militaire en pays étranger.

En premier lieu un des principes les plus constants du droit public maritime, est que les navires de guerre sont considérés comme une continuation du territoire de la nation à laquelle ils appartiennent, dans quelques pays qu'ils se trouvent, fût-ce dans un port d'une puissance étrangère ; aussi jouissent-ils, dans toute son intégrité, du droit d'exterritorialité. Ils ne peuvent donc être visités sous aucun prétexte, par des agents, quels qu'ils soient de cette puissance et aucune autorité n'a le droit de s'y introduire pour y exercer un acte quelconque de juridiction.

§ 358. *Les embarcations d'un navire de guerre jouissent aussi du droit d'exterritorialité — Exemple.*

Non-seulement le vaisseau lui-même, mais ses embarca-

tions portant pavillon national et montées par des hommes
de son équipage jouissent de la prérogative de l'exterritorialité. On en a eu un exemple au sujet d'une goëlette de
guerre anglaise qui se trouvait à Marseille au mois de décembre 1819 : voici les faits :

Les douaniers français se doutant que quelques matelots
de ce vaisseau, qui venaient à terre sur une chaloupe du
bord, y eussent caché du tabac pour en faire la contrebande,
voulurent y faire une descente pour la visiter, les matelots
s'y opposèrent et une lutte à bras s'engagea entre eux et les
douaniers, mais la chaloupe ne fût pas visitée.

Comme les matelots avaient effectivement du tabac sur
eux, les autorités locales voulurent confisquer la goëlette ;
le commandant s'y opposa et le consul protesta : chacun s'a-
dressa à son gouvernement et l'ambassadeur d'Angleterre
approuva entièrement la conduite du commandant, du consul et des marins pour avoir empêché la visite de l'embarca-
tion et la saisie de la goëlette.

Celle-ci est partie après avoir donné caution pour le
tabac qu'on avait trouvé sur les matelots étant à terre.

§ 359. *Ce qui se pratique dans le cas où un criminel*
étranger se réfugie sur un navire de guerre.

Quant aux criminels qui se réfugieraient sur les navires
de guerre il paraît qu'ils ne devraient pas plus être à
l'abri des poursuites de la justice du pays que s'ils se réfu-
giaient dans l'hôtel d'un ambassadeur étranger. L'autorité
judiciaire cependant, pourrait en faire la demande tout aussi
bien qu'on le ferait à un ambassadeur, et si le commandant
refusait d'expulser le criminel de son bord, on devrait s'a-
dresser à son gouvernement (1).

Il n'est pas besoin de dire que les commandants ne doivent
pas sciemment laisser s'introduire à leur bord des criminels
des pays étrangers où ils touchent avec leurs navires : ce serait un attentat au droit des nations (2).

(1) § 208 et la note *B* ibid. *du Droit des Gens moderne de l'Eu-rope*, par Kluber, pag. 370: et Martens, *Précis du droit des gens*, etc., tom. 1, n° 9. Voici ce qui a été convenu entre l'Angleterre et la Chine en 1842. (Art. 8 du traité.) : Les Anglais consentent, dans le cas où des malfaiteurs se réfugient à bord des navires de guerre ou marchands anglais, ou prétendent résider à Hong-Kong, à les con-signer sur demande qui en serait faite, aux autorités chinoises.
(2) Voy. Kluber, § 208 *in fine*. Voy. art. 11 du traité de la Sardaigne avec le Maroc, du 30 juin 1825. Voy. traité entre la France et Tunis, du 9 nov. 1742, art. 19 ; art. 2 du traité entre la Sardaigne et Tunis, du 23 fév. 1832.

§ 360. *Ce qui se pratique vis-à-vis des réfugiés poli-tiques se sauvant à bord des navires de guerre.*

Il est toutefois des cas, où certaines catégories de crimi-nels sont reçues à bord des navires de guerre étrangers et y restent en toute sûreté : c'est à l'occasion de troubles poli-tiques. Cependant dans ces circonstances les commandants agissent toujours d'après des instructions spéciales de leur gouvernement. On a vu, par exemple, qu'à l'occasion du sou-lèvement de Barcelonne en Espagne en 1842, les vaisseaux de guerre français donnaient asile à tous ceux qui se croyaient compromis dans les événements, tandisque les anglais les repoussaient tous sans exception.

§ 361. *Il y a extradition des déserteurs des navires de guerre.*

Si hors quelques cas spéciaux les navires de guerre ne peuvent recevoir à leur bord, sans violer ouvertement les droits des nations, les criminels d'un pays étranger où ils sont de passage, il semble que par le même motif, les indi-vidus qui déserteraient de ces navires, leur devraient être consignés par ordre des autorités locales; ceci paraît telle-ment conforme à la raison, que dans les pays même où l'on refuse l'extradition des déserteurs des troupes étrangères venant de l'étranger, il devrait y avoir exception pour les matelots des navires de guerre, à cause de la plus grande facilité qu'ont ces derniers de trahir leur devoir. Malgré l'équité de ce principe, des traités pour l'extradition réciproque des déserteurs des navires de guerre, ont été faits entre plusieurs puissances. La Sardaigne a des traités à ce sujet avec les États-Unis de l'Amérique du nord (1), avec Montevideo (2), la Russie (3), la Prusse (4), les Deux-Siciles (5).

Nul doute ensuite que les traités relatifs à l'extradition des déserteurs, que la Sardaigne a avec d'autres puissances (6), quoiqu'ils n'en fassent pas spécialement mention, mais étant conçus en termes généraux, ne donnent le droit de réclamer les déserteurs des navires de guerre, aussi bien que ceux de l'armée de terre, soit que la désertion ait lieu pendant le séjour des navires dans les ports desdites puissances, soit que le déserteur y soit arrivé autrement.

Dans le Levant et en Barbarie, les consuls exerçant une juridiction exceptionnelle sur leurs nationaux, on ne peut douter qu'ils n'aient le droit de faire arrêter quelque individu que ce soit de leur nation sans même en avertir les autorités du lieu (7).

(1) Art. 17 du traité du 26 nov. 1838. (2) Art. 28 du 29 oct. 1840. (3) Art. 17 du traité du 12 déc. 1845. (4) Art· 17 du traité du 23 juin 1845. (5) art. 13 du traité du 7 fév. 1846. (6) Voy. § 226 *infrà* et l'appendice. (7) Voy. §§ 221 et 400 *infrà*, et les traités de toutes les nations avec la Sublime-Porte et les princes de Barbarie.

§ 362. *Les navires de guerre font et reçoivent des saluts en pays étranger.*

Quand un bâtiment de guerre arrive dans un port étranger, il doit faire les saluts d'usage en reconnaissance de la souveraineté du gouvernement local et ces saluts consistent dans celui du canon et du pavillon.

Le nombre des coups de canon n'est point fixé entre les puissances européennes : cela dépend de la force du bâtiment et de l'usage du pays ; il est de 3, 5, 7 et même de 21 s'il y a un prince à bord ou dans la ville, et ils sont rendus en nombre égal coup sur coup ou par bordées (1). Quelquefois les forteresses arborent un pavillon (2). Le salut du pavillon de la part d'un navire consiste à plier le pavillon contre le mât en l'empêchant de flotter ; mais ce salut n'est guère en usage pour les navires de guerre, étant plutôt un signe de soumission que de politesse (3).

Le consul doit donner aux commandants des navires de guerre les informations nécessaires à cet égard (4).

Les bateaux à vapeur s'abstiennent ordinairement de faire le salut du canon à cause du dérangement que la secousse peut causer dans les machines (5).

(1) C'est de cette manière qu'a été échangé, à Portsmouth, le salut entre les escadres anglaise et française, à l'occasion du voyage du Roi des Français en Angleterre en 1844. (2) Voy. Martens, déjà cité, § 159. (3) Kluber, déjà cité, § 48, note *A*. (4) A l'arrivée d'un navire de guerre, le consul, d'accord avec le commandant du navire, s'adresse à l'autorité supérieure locale afin que le salut soit égal de part et d'autre et qu'il n'arrive aucun équivoque. (5) Voy. § 82, note 1 *infrà*.

§ 363. *Ce qui se pratique au sujet du salut dans le Levant, en Barbarie et dans les autres pays.*

Les puissances d'Europe ont, par des traités, fixé à peu près avec les puissances barbaresques le nombre des coups de canon que les navires de guerre doivent tirer dans les ports respectifs en signe de salut ; ce nombre est ordinairement de 21 ou même de 25, qui sont rendus coup sur coup ou après (1).

Outre les saluts d'usage qui s'échangent entre les vaisseaux et la ville, les officiers de marine sont encore l'objet des prévenances de la part des autorités locales ; ainsi à Tunis le Bey leur fait servir des rafraîchissements à bord ; et ceci a même été stipulé par un traité (2).

Dans tous les pays on accorde aux navires de guerre toutes sortes de facilités pour leurs approvisionnements.

(1) Voy. traité du Danemarck avec **Tunis**, du 8 déc. 1751, article 16 et l'art. 15 du traité de l'Angleterre avec Tunis, du 30 août 1716. (2) Traité entre le Danemarck et Tunis, du 8 déc. 1751, art. 10 du traité de la Sardaigne avec le **Maroc**, du 30 juin 1825

LIVRE 6ᵉ — CHAPITRE 2.

QUELS SONT LES RAPPORTS DES CONSULS AVEC LA MARINE ROYALE ?

§ 364. *Les rapports des consuls avec la marine royale sont de deux espèces.*

Les rapports des consuls avec les commandants des navires de guerre sont de deux espèces différentes ; les uns ont trait à la protection et à l'assistance, que les consuls sont parfois dans le cas de leur demander pour eux et pour es nationaux contre les avanies du gouvernement local ou des agents d'une tierce puissance ; les autres concernent les égards, que les consuls et les officiers de la marine royale se doivent mutuellement.

Les premiers ne sont réglés par aucune instruction supérieure générale et par conséquent, sauf celles particulières que les consuls peuvent recevoir dans certaines circonstances, il est laissé à leur prudence d'avoir recours à l'assistance des navires de guerre, lorsque les besoins du service l'exigent et que l'opportunité s'en présente (1).

(1) Les consuls de France ont des instructions précises à ce sujet, ainsi qu'à l'égard de leurs rapports hiérarchiques avec les officiers de marine. Voy. ordonnance du Roi des Français, du 7 nov. 1833

§ 365. *Arrivée d'un navire de guerre dans un port de résidence d'un consul. — Devoirs des commandants envers les consuls.*

Les rapports personnels et les bons offices que les consuls doivent prêter aux officiers de la marine royale, sont déterminés par les réglements ; voici ce qui est prescrit (1) :

Aussitôt qu'un bâtiment de guerre est arrivé dans le port de résidence d'un consul, le commandant doit lui envoyer un officier de son bord pour l'instruire de son arrivée (2).

Les commandants de la marine royale qui n'ont pas le grade d'officier, vont eux-mêmes faire une visite au consul, et le vice-consul la leur rend dans les 24 heures (3).

(1) Cependant, d'après ce qui est dit à l'art. 176 du régl. pour la marine marchande, au sujet du rachat des prises, il paraît qu'en ce cas une certaine juridiction est exercée par les consuls sur les commandants des navires de guerre ; voy. le § 443 *infrà*. (2) Art. 42 du régl. de 1815. (3) Art. 38 et 43 ibid.

§ 366. *Devoirs des consuls envers les commandants.—Visite à bord.*

Les consuls, dans le premier des cas indiqués au § précédent, doivent aller immédiatement à bord faire leur visite aux commandants et leur offrir leurs services. Cette visite leur est rendue dans les 24 heures (1).

Quand les officiers consulaires vont faire quelque visite de cérémonie à bord des vaisseaux de guerre, ils y sont salués à leur arrivée et à leur départ, savoir : les consuls-généraux de 7 coups de canon, les consuls de 5 et les vice-consuls de 3, le tout suivant la force du navire (2).

(1) Art. 38 du régl. de 1815 et § 82 *infrà*. (2) Art. 41 dudit régl. de 1815 et §§ 362 et 363 *infrà*.

§ 367. *Arrivée d'un navire de guerre dans les Echelles du Levant et de Barbarie. — Visite des consuls ou des pro-consuls à bord des navires de guerre.*

Ce qui vient d'être dit, concerne tous les lieux de résidence des consuls en général. Voici maintenant ce qui est prescrit pour les consulats du Levant et de Barbarie :

« Quand les consuls, ou les pro-consuls, auront à paraître en public pour faire quelque visite de cérémonie à bord des vaisseaux de guerre, ils seront accompagnés par les premiers négociants et autres sujets de S. M. résidant dans la ville, qui devront être convoqués à cet effet.

« Dans ces circonstances les consuls ou pro-consuls se feront devancer par les drogmans et escorter par les gardes et seront en grande tenue (1). »

(1) Art. 36 des RR. PP. de 1816. *Nota.* — Je crois que la mise de l'uniforme est aussi nécessaire dans les autres pays : c'est du moins ce qui se pratique généralement.

§ 368. *Comment les commandants rendent la visite aux consuls.*

Les commandants de vaisseaux en rendant la visite aux officiers consulaires, sont accompagnés par leur état-major (1).

Dans les pays hors du Levant et de Barbarie ils se rendent aussi au consulat avec tous leurs officiers.

Lorsque les commandants descendent à terre pour rendre visite à un officier consulaire, ils doivent l'en faire prévenir et celui-ci envoie un drogman et une garde du consulat au lieu du débarquement pour les accompagner.

Les commandants ayant le grade d'officiers-généraux, doivent être reçus par tous les officiers subalternes du consulat, qui les accompagnent ensuite à la maison consulaire (2).

Dans cette occasion les consuls ou les pro-consuls doivent en outre réunir dans leur maison les principaux sujets négociants ou autres, demeurant dans le lieu de leur résidence (3).

(1) Art. 37 des RR. PP. de 1816. (2) Art. 38 ibid. (3) Art. 40 ibid.

§ 369. *Les consuls indiquent aux commandants quelles visites ils doivent faire ou rendre.*

Les consuls ou pro-consuls doivent indiquer aux commandants des vaisseaux de guerre , quelles sont les visites qu'ils ont à recevoir ou à rendre dans l'Echelle , suivant l'usage (1).

J'ajouterai que dans les autres pays il y a aussi échange de visites entre les commandants susdits et les autorités locales et que par conséquent les consuls doivent aussi donner aux premiers les indications y relatives (2).

(1) Voy. § 362 *infrà*. (2) Art 39 des RR. PP. du 16 sept. 1816.

§ 370. *Ce qui se pratique lorsque les commandants rendent visite au souverain local ou à ses officiers.*

« Quand il y aura lieu de rendre visite aux officiers du Grand-Seigneur ou des princes de Barbarie, les commandants seront accompagnés par les officiers consulaires , et s'ils ont le grade d'officiers-généraux, ils le seront en outre par les plus notables des sujets sardes résidant dans l'Echelle, convoqués à cet effet par le consul (1). »

Toutes les fois que les commandants auront une audience des souverains du pays , ils seront présentés à ces derniers par le consul , s'il n'y réside pas un ministre ou un chargé d'affaires du roi ou un autre agent diplomatique (2).

(1) Art. 41 des RR. PP. de 1816. (2) Art. 42 ibid.

§ 371. *Les consuls doivent aider les commandants à s'acquitter de leur mission et leur procurer les meilleures provisions pour les navires et ensuite la patente de santé.*

Les consuls doivent procurer aux officiers des navires de guerre , tous les moyens qui sont en leur pouvoir , pour les aider à s'acquitter le mieux possible de leur mission en leur fournissant les renseignements qu'ils désirent , les mettant en relation avec les personnes qui peuvent les fournir elles-mêmes, leur facilitant l'entrée des établissements qu'ils veulent visiter, etc.

Les consuls doivent aussi s'intéresser pour faire avoir aux navires de guerre les meilleures provisions et au meilleur prix possible, légaliser les signatures des fournisseurs, s'ils en sont requis, et enfin instruire les commandants des formalités à faire pour obtenir la patente de santé selon le mode en usage dans la localité.

LIVRE SEPTIÈME.

TRAITEMENT DE LA MARINE MARCHANDE ET RAP-
PORTS DES CONSULS EN GÉNÉRAL AVEC ELLE
EN PAYS ÉTRANGER.

CHAPITRE Ier.

DE LA PROTECTION DUE PAR LES CONSULS A LA MARINE MARCHANDE EN GÉNÉRAL.

§ 372. *Les consuls doivent faire respecter le pavillon national.*

Les rapports des consuls avec la marine marchande sont beaucoup plus nombreux et plus suivis que ceux qu'ils ont avec la marine militaire ; par conséquent les instructions y relatives sont aussi en plus grand nombre, et de là la nécessité de m'y arrêter davantage :

Les consuls doivent non-seulement s'attacher à faire respecter, comme j'ai déjà dit (1), le pavillon national, mais aussi à développer et à faciliter le commerce et la navigation de la nation, « accordant aux navires et aux » équipages une assistance active et bien entendue sur » tous les points de leurs districts et dans les nombreux » besoins auxquels les navires et les équipages sont expo- » sés (2), tâchant en outre de les faire jouir des mêmes

» priviléges dont jouissent sur les lieux les navires des
» autres nations, même les plus favorisées (3). »

(1) § 356 *infrà*. (2) Art. 28, § 2 du régl. de 1835; art. 92 du régl
de 1815, et § 348 *infrà*. (3) Art. 36 du régl. de 1815.

§ 373 *Comment un consul doit faire respecter la marine marchande.*

Les droits et les devoirs des navigateurs en pays étranger, comme ceux de tous autres individus, sont basés sur
les traités ou sur l'usage. S'il y a un traité avec la puissance
sur le territoire de laquelle réside un consul, celui-ci n'a,
pour le faire respecter, qu'à adresser ses réclamations, soit
à l'autorité locale subalterne, soit au gouvernement par
l'intermédiaire des légations ou du ministère des affaires
étrangères du Roi (1).

S'il n'y a pas de traité, il doit s'informer de quelle manière sont reçus dans le pays les navires des autres nations
qui sont dans le même cas que les sardes (2).

(1) § 150 *infrà*. (2) Articles 129, 138 du régl. de 1815.

§ 374. *Le consul doit savoir quel est le traitement des navires étrangers dans les ports de son pays.*

Une chose essentielle à connaître pour un consul, est le
traitement que les bâtiments de la nation chez laquelle il
réside reçoivent dans les ports de son pays, car on n'ignore
pas qu'une des sources principales des droits qu'il peut
invoquer en faveur des navires de sa nation, est la réciprocité (1).

Cette réciprocité ne regarde point les droits que chaque
puissance entend imposer au commerce étranger dans les
lieux de sa juridiction, ni les avantages que dans son intérêt
elle voudrait accorder aux navires des autres nations, mais
plutôt l'assistance plus ou moins étendue que toute nation
doit accorder dans certains cas aux membres d'une autre

nation et tout ce qui tend à faciliter les transactions commerciales dans les limites fixées par les lois (2).

(1) Voy. la dernière note du § 184 *infrà*. (2) Voy. le dern. alinéa du § 8 du traité du 7 fév. 1846 avec les Deux-Siciles.

LIVRE 7ᶜ — CHAPITRE 2.

TRAITEMENT DE LA MARINE MARCHANDE EN PLEINE MER ET DANS LES PORTS ÉTRANGERS.

§ 375. *A quelles conditions un navire est-il libre de naviguer?*

Je viens d'indiquer les principes généraux sur lesquels est basé le traitement de la marine marchande en pays étranger ; je vais maintenant faire voir comment, d'après les prescriptions du droit des gens et d'après les traités, un navire peut parcourir les mers et les rivières, entrer dans les ports étrangers et en sortir.

Un navire qui est muni des papiers voulus par les lois de son pays et du nombre d'hommes nécessaire (1), et qui ne se livre à aucun acte défendu par les lois invariables de toutes les nations, peut naviguer librement dans toute l'étendue de la mer, qui n'est pas comprise dans le territoire d'une puissance quelconque.

(1) §§ 378, 379, 391 et 446 *infra*.

§ 376. *Exceptions à la liberté de naviguer.*

Par ce dernier motif par exemple, pour passer le détroit du Sund et des Belts on paie au Danemarck un droit de péage, et pour traverser celui des Dardanelles il faut en avoir obtenu la permission de la Sublime-Porte par des traités (1).

Il en est de même des rivières ; il n'y a que les riverains qui aient le droit de les parcourir. Ce principe a été consacré par l'art. 109 de l'acte final du Congrès de Vienne du 9 juin 1815. Mais même les riverains sont tenus de payer le droit de péage que la puissance, sur le territoire de laquelle ils doivent passer, impose sur les navigateurs étrangers, par la raison qu'elle est réellement maîtresse de la portion de la rivière comprise dans son territoire.

(1) Voy. traité de la Sardaigne avec la Sublime-Porte de 1823. Voy. Kluber, § 128, 129, 130, vol. 1er du *Droit des Gens moderne*, Martens, § 42 de son *Précis*, etc., et Massé, § 105, 106, 107 *du Droit commercial*, etc. Voy. art. 9 du traité de la Sardaigne avec le Danemarck.

§ 377. *Les navires marchands doivent obéir à l'appel des navires de guerre nationaux et étrangers.*

Dans l'intérêt de l'ordre public et de la navigation elle-même, il est reçu par toutes les nations, que les navires marchands s'arrêtent et que les capitaines répondent à l'appel des commandants des vaisseaux de guerre, soit nationaux, soit étrangers. Les uns et les autres de ces commandants ont le droit de se faire représenter les papiers de bord, pour vérifier si les navires marchands sont tels que les capitaines les déclarent, appartenant à une telle nation : c'est ce qui s'appelle le droit de *visite* : Il y a ensuite le droit de *visite et de recherche* qu'on pratique sur les bâtiments naviguant dans certaines mers, où ils peuvent être soupçonnés de se livrer à la traite des noirs (1).

(1) Voy. § 384 et suiv. *infrà*.

§ 378. *Quels sont les papiers que les capitaines des navires marchands doivent exhiber aux commandants des navires de guerre ?*

Les papiers que les capitaines des navires marchands saides doivent exhiber, sont leur patente, le rôle d'équipage, le passport maritime, la patente de nationalité (1). Par l'art. 5 du traité avec l'Empereur du Maroc du 30 juin 1825, il a été convenu que la reconnaissance des navires des deux puissances se ferait par l'exhibition d'un *scontrino* ou *contrassegno*, à l'exception des petits navires, comme ceux de pêche, dont on ne prétendrait pas ce document (2).

« Moyennant cette exhibition, les corsaires qui rencontreront en mer des bâtiments marchands sardes ne pourront par les arrêter, ni retarder leur marche, ni monter à bord pour en visiter le chargement et ils ne communiqueront pas avec eux, afin de ne pas les obliger à se soumettre à une quarantaine dans les ports de leur destination (3). »

(1) § 450 *infrà*. (2) Voy. art. 2 du traité du Maroc avec l'Angleterre du 1er fév. 1751, et 17 du traité des mêmes puissances du 28 juillet 1760. Voy. en outre tous les traités de commerce et de navigation de la Sardaigne avec les puissances étrangères. (3) Art. 6 du traité de la Sardaigne avec le Maroc.

§ 379. *Les navires marchands doivent avoir leur équipage formé du nombre d'hommes voulu par les lois de leurs pays et par les traités.*

Outre les papiers sus-indiqués il est encore nécessaire que l'équipage soit composé du nombre d'hommes voulu par les lois du pays auquel appartient le navire, et par les traités.

Les lois sardes exigent les deux tiers de nationaux (1), à moins qu'il ne s'en trouve pas assez au moment de la formation de l'équipage, ce qui a principalement lieu en pays étranger. En ce cas les réglements admettent la moitié d'étrangers (2).

(1) Art. 173 du régl. marit. du 9 mars 1816. (2) Art. 4 des instructions du ministre de la marine du 30 oct. 1841 et § 480 *infrà*.

§ 380. *Suite au § précédent.*

Voici maintenant ce qui a été convenu par des traités

l'art. 2 de la convention de la Sardaigne avec le Saint-Siége de 1843 , veut au moins les deux tiers de nationaux d'origine et de domicile , et que , s'ils sont étrangers d'origine , ils aient un domicile décennal dans les états respectifs.

Il n'en est pas de même du traité de navigation conclu avec la Grande Bretagne le 6 septembre 1841. Ce traité exige (à l'art. 2) comme condition de reconnaissance des navires des deux nations, qu'ils aient les trois quarts de matelots nationaux ; d'après cela je ne sais si les navires de guerre anglais ou sardes auraient le droit d'amener un bâtiment marchand qui n'aurait (le sarde par exemple) que les deux tiers ou la moitié de nationaux en conformité des lois de son pays , surtout , si tous les papiers de bord étaient en bonne règle. C'est un doute que l'autorité supérieure aura peut-être à éclaircir.

L'équipage d'un navire turc doit être formé de deux tiers de musulmans, le capitaine compris (1).

Du reste toutes les nations ne suivent pas en ceci la même règle ; la France veut que les équipages de ses navires marchands aient les trois quarts des marins nationaux (2), l'Espagne n'en exige qu'un tiers (3).

Quant au nombre total des hommes de l'équipage, voyez au § 482 *infrà*.

(1) Voy. l'annotation apposée à la suite d'une note de la Sublime-Porte , du 24 août 1824, adressée à la légation sarde à Constantinople , insérée dans l'appendice. La plus part des nations exigent que les capitaines soient nationaux : on voit cependant, entr'autres , une exception à cette règle, en Russie et en Toscane. La Sardaigne exige rigoureusement cette condition, la France aussi. (2) Loi du 21 sept. 1793. (3) Ordre des cortès du 13 mai 1813.

§ 381. *Peines contre les capitaines marchands qui ne s'arrêteraient pas à l'appel qui leur serait fait par les commandants des navires de guerre.*

L'obligation imposée aux navires d'obéir à l'appel des

vaisseaux de guerre, a été jugée d'une telle importance qu'elle a été sanctionnée par des lois pénales.

Voici le texte de ces lois pour ce qui concerne la Sardaigne :

« Les capitaines et patrons qui rencontrent en mer, ou dans un port quelconque des navires de guerre de S. M., doivent les instruire de ce qui leur est arrivé pendant leur navigation et des nouvelles importantes qui peuvent être parvenues à leur connaissance (1). »

Et ailleurs : « Toutes les fois que les bâtiments de guerre de S. M. rencontreront en mer ou dans un port quelque navire de la marine marchande nationale, qui manquerait d'un des papiers de bord ou qui en aurait quelqu'un d'expiré, ils devront l'arrêter et le conduire dans un port sarde, pour que le capitaine coupable y soit puni suivant les lois (2).

(1) Art. 209 des RR. PP. du 13 janv. 1827, contenant le régl. pour la marine marchande. (2) Art. 101, 2ᵉ alinéa du régl. pénal de la marine marchande, du 13 janv. 1827 et § 466 *infrà*.

§ 382. *Suite au § précédent.*

Les navires sardes qui se révolteraient contre les vaisseaux de guerre, soit de S. M., soit étrangers, seraient passibles de peines très sévères (1) ; et ceux qui ne répondraient pas à l'appel qui leur serait fait par les vaisseaux de guerre des puissances amies, perdraient le droit d'invoquer la protection royale, dans le cas où il en résulterait pour eux quelque préjudice (2).

Il n'y a pas de doute, cependant, que si les bâtiments de guerre s'avisaient de les arrêter sans nécessité, étant en pleine mer, par exemple, ou s'ils cherchaient à visiter le chargement en dehors des rayons ou zones où ceci est permis (3), les navires marchands n'eussent le droit d'en porter plainte aux autorités nationales compétentes, car il est de principe que la visite se fait toujours aux risques et périls des visiteurs (4).

(1) Art. 102 du régl. pén. précité. (2) Art. 209 du régl. de la marine marchande de 1827. (2) §§ 384 et suiv. *infrà*. Cette visite peut
aussi avoir lieu en cas de guerre quand un navire d'une nation neutre
passe dans les eaux d'un pays en guerre avec un autre. (*a*) (4) Ceci
a lieu assez souvent sur les côtes du Brésil.

(*a*) Voy. Kluber, §§ 293 et 294. Voy. l'appendice à la fin de l'ouvrage.

§ 383. *Les navires marchands saluent les navires de guerre qu'ils rencontrent.*

Quand les navires marchands rencontrent des bâtiments
de guerre, ils sont obligés, s'ils peuvent le faire sans nuire
à leur marche, de les saluer suivant l'usage. Le salut consiste à tirer des coups de canon (dont le nombre n'est pas
fixé), à amener, baisser ou ôter le pavillon, à caler les
huniers jusqu'à mi-mât, etc., (1).

(1) § 118 et sa note *B*, Kluber; § 158 avec sa note *A*, de Martens
et § 362 *infrà*.

§ 384. *Suppression de la traite des noirs. — Quels sont les traités tendant à supprimer le commerce des esclaves noirs?*

Par les traités qui ont mis fin aux guerres de l'empire,
au commencement du siècle, il avait été convenu entre les
puissances européennes de supprimer la traite des noirs et
d'aviser plus tard aux moyens d'y parvenir (1).

C'est dans ce but que divers traités ont été stipulés depuis
entre lesdites puissances.

Le premier, en date, est celui qui a été stipulé le 30 novembre 1831, entre la France et la Grande Bretagne, par
lequel il a été convenu que des navires de guerre des deux
nations, devraient visiter dans certaines zones y désignées,
et selon le mode à indiquer, les bâtiments de commerce respectifs, dans le but de s'assurer s'ils ne font pas la traite des
noirs, ou même s'ils ne se trouvent pas en suspicion de la

faire, pour les capturer en cas affirmatif et les livrer ensuite aux tribunaux compétents de l'un des deux pays, afin que le capitaine et l'équipage soient jugés et punis en conformité dudit traité (2).

Par des articles supplémentaires à ce même traité, lesdites puissances ont expliqué quelques points douteux qui s'y trouvaient ; le 23 mars 1833, elles ont formulé les instructions à donner à leurs croiseurs, et par le traité du 8 août 1834 avec l'article additionnel du 8 décembre suivant, la Sardaigne a accédé aux conventions ci-dessus mentionnées (3).

(1) Traités de Paris du 30 mai 1814, et du 20 nov. 1815, et les déclarations des plénipotentiaires signataires du traité de 1814, datées de Vienne, 8 fév. 1815. (2) Voy. les art. 1, 4 et 5. (3) Voyez l'appendice ou mot *Traite*.

§ 385. *Quels sont les articles des traités relatifs à la traite des noirs, que les consuls doivent connaître de préférence?*

Voici les articles de ces traités que les consuls doivent connaître de préférence : les articles 1, 2 et de 5 à 9 du traité entre la France et la Grande-Bretagne du 30 novembre 1831 ; l'article 4 du traité du 22 mars 1833 et notamment l'article 9 de ce dernier traité, où il est dit que lorsqu'un croiseur d'une nation étrangère aura amené dans le port de la résidence d'un consul sarde, un navire sarde capturé pour cause de la traite, le consul doit s'informer de tout ce qui peut conduire à la découverte de la vérité, soit pour, soit contre le capitaine, recevoir les déclarations du capitaine et celles de son équipage, et en donner connaissance au ministére des affaires étrangères.

Il en serait de même dans le cas où un capitaine sarde aurait été capturé et amené pour cause de piraterie (1).

(1) Voy. art. 72, 73 et suiv., et ensuite l'art. 96 du régl. pénal de la marine marchande de 1827.

§ 386. *Dans quelles circonstances on défend l'entrée du territoire aux navires étrangers?*

Toutes les fois donc qu'un navire marchand est muni des papiers voulus par les lois du pays auquel il appartient, qu'il a l'équipage prescrit par ces mêmes lois, qu'il ne se livre à aucun acte condamné par le droit des nations, il ne peut être empêché de parcourir les mers dans toutes les directions et on ne peut lui opposer le moindre obstacle.

Il n'en est pas de même quand ce bâtiment cherche à entrer dans le territoire d'une puissance étrangère; l'entrée peut lui être défendue, celle des ports notamment. Quelquefois c'est une tierce-puissance qui défend aux vaisseaux marchands l'entrée du territoire, ou des ports d'une autre puissance avec laquelle elle est en guerre; c'est ce qui constitue le blocus : je n'essaierai pas d'expliquer ici toutes les lois du blocus ni les phases qu'elles ont subies (1); j'entrerais, en le faisant, trop avant dans le domaine du droit public; qu'il me suffise donc de dire que les consuls étrangers, s'il n'y a pas d'agents diplomatiques de leur nation dans le pays bloqué, sont ordinairement avertis du commencement du blocus, par le commandant des forces navales qui l'a ordonné (2). Quelquefois c'est la puissance maîtresse du territoire et de ses ports qui en défend l'entrée, mais ceci n'a lieu que dans des circonstances exceptionnelles.

(1) Kluber, *Droit des Gens moderne de l'Europe*, § 297 et suiv. Massé, *Droit commercial dans ses rapports avec le Droit des Gens, etc.*, §§ 281 et suiv.; Luchesi-Pali, *Droit public maritime*; Martens, *Précis de droit public*, etc. (2) Voy. art. 10, 11, et 12 du traité de la Sardaigne avec l'Uruguay, du 29 oct 1840, et autres dans l'appendice.

§ 387. *Suite au § précédent.*

Cependant, presque toutes les nations qui ont des colonies, défendent aux navires étrangers, d'y aller faire le commerce, et quelques États se réservent par des traités, d'ouvrir ou de fermer quelques uns de leurs ports à la marine étrangère. La Chine a ouvert dernièrement cinq ports au commerce étranger, le Japon n'a qu'un port ouvert et encore ce n'est qu'en faveur des Hollandais et des Chinois.

§ 388. *A quelles conditions un navire marchand peut-il entrer dans le territoire maritime d'un État étranger?*

Mais comme dans tous les ports où il y a des consuls, les navires de leur nation sont libres d'y entrer, d'y commercer et d'en sortir, quand bon leur semble, il ne sera question que de ceux-ci et je dirai à quelles conditions ils y sont admis.

Aussitôt qu'un capitaine marchand est entré sur le territoire maritime (ligne de respect) d'un état étranger, indépendamment de la justification qu'il doit fournir de sa natiolité, dans le mode énoncé ci-dessus (1), il ne peut pas refuser de laisser visiter son navire par les employés de cet état, à ce destinés, et il doit de plus présenter un manifeste de son chargement, signé par lui et fait au port dont il est parti. Le capitaine qui ne l'aurait pas fait ou qui ne l'aurait pas en règle, pourrait être amené dans le port le plus proche pour être jugé suivant les lois à cause de cette irrégularité.

Il en serait de même de celui qui se livrerait à la contrebande, ou qui serait surpris en contravention aux lois sanitaires (2).

(1) Voy. § 377, 378 *infrà*; voyez aussi, entr'autres, le traité de la Sardaigne avec la république orientale de l'Uruguay, du 29 oct. 1840; art. 9 du traité avec l'Angleterre, du 6 sept. 1841, etc., et les autres cités aux §§ 396 et 397. (2) § 463 *infrà*.

§ 389. *A quelle distance de la terre commence le territoire maritime d'un État?*

La distance à laquelle commence la ligne de respect ou le territoire maritime d'un État n'a jamais été bien déterminée. L'opinion la plus généralement reçue par les publicistes, est qu'elle ne doit pas avoir plus d'étendue que ce qu'il est possible d'en défendre : ainsi MM. Martens (1) et Kluber (2), sont d'avis qu'elle ne doit pas s'étendre au-delà de la portée du canon ; la Sardaigne et la Toscane, par leurs déclarations du 27 avril 1839 (Voy. l'appendice) , l'ont fixée à la portée du canon ; quelqu'un a voulu la porter à 3 lieues, d'autres à 10 et à 20, et même à deux journées de chemin , à la portée d'un javelot, ou bien aussi loin qu'on peut porter la vue à œil nu : par un traité fait à Paris en 1763 on l'a fixée à 15 lieues et par un autre traité entre la France et le Bey d'Alger en 1789, à 10 lieues.

Le Danemarck prétend la fixer à 4 milles sur les côtes d'Islande et à 15 sur celles de Groënland : la France permet à ses douaniers de visiter les navires de 100 tx et au-dessous, à 4 lieues de la côte ; dans les Deux-Siciles les douaniers peuvent visiter les navires à six milles marins de la côte ; en Espagne à 8 ou 10 milles ; en Portugal les navires qui se rendent à Lisbonne doivent laisser monter à bord un préposé de la douane à quatre milles de la ville.

On peut cependant affirmer que la distance la plus raisonnable est celle de 3 lieues, comme la plus généralement adoptée et dans les limites de laquelle il est possible d'exercer une surveillance convenable sans trop gêner la marine marchande.

(1) § 40 de son *Précis de droit public.* (2) § 130 de son *Droit des Gens moderne de l'Europe.*

§ 390. *A quelles conditions les navires marchands sont-ils admis dans un port étranger?*

Quand un navire marchand arrive dans un port, il y est soumis aux lois de police et de santé, et il ne peut faire des opérations commerciales sans acquitter les droits établis , ni partir sans l'autorisation préalable des autorités locales Si les individus de l'équipage y commettent quelques déser-

dres, ils deviennent justiciables des autorités du pays (1),
qui peuvent se transporter à bord pour opérer l'arrestation
des coupables. Dans ce cas elles en donnent ordinairement
avis au consul de leur nation, quoiqu'à la rigueur il n'y ait
pas obligation à le faire, s'il n'en a pas été convenu par des
traités (2).

Si les désordres avaient lieu à bord entre personnes de
l'équipage sans que l'ordre public en fut troublé, ce serait au
consul seul, qu'il appartiendrait de punir les coupables (3).

Si un capitaine contracte des dettes pour le service du
bâtiment, on a le droit de le lui saisir et même de le vendre.

(1) Voy. §§ 206, 221 à 224, 252, 253 *infrà*. (2) § 458 *infrà*. En
1818, une arrestation a eu lieu à Marseille, à bord d'un navire autrichien, sans qu'on en ait averti le consul d'avance ; la même chose a
eu lieu à Toulon sur un navire sarde en 1840 ; par contre, en 1819, à
Marseille, à l'occasion qu'on cherchait un criminel, on a averti les
consuls de chaque nation qu'on allait visiter les navires de leurs
pays respectifs. L'usage de prévenir les consuls existe en Espagne,
en Grèce, aux îles Ioniennes, en Russie, en Prusse, en Toscane, à
Malte, dans toute l'Amérique du sud. Dans les Etats sardes, quelquefois on avertit les consuls, quelquefois non. (3) Voy. Massé, *Droit
commercial dans ses rapports avec le Droit des Gens*, etc., vol. 2,
pag. 62, § 42 ; voy. en outre l'Appendice de ce Manuel.

§ 394. *Les capitaines marchands sont obligés de présenter la patente de santé et le manifeste de leur
chargement, dans les ports où ils touchent.*

Aussitôt qu'un navire est entré dans un port, le capitaine
est obligé, sous des peines plus ou moins sévères, de se
présenter au bureau de la santé publique et d'y exhiber la
patente sanitaire du pays de provenance, d'après laquelle
on admet ou non, son navire à la libre pratique (1).

Dans un espace de temps plus ou moins long (2), après
avoir été reçu en libre pratique, il doit présenter un manifeste de son chargement au bureau de la douane, dont les
employés ont le droit de visiter le navire, pour s'assurer de
l'exactitude du manifeste (3).

(1) Dans l'Amérique du sud, les capitaines exhibent aussi à la douane les papiers de bord ; il en est de même en Portugal. (2) Dans les 24 heures ordinairement. (3) Dans le Levant et en Barbarie, ce n'est qu'avec l'assistance du consul que les autorités locales proc dent à la visite des bâtiments.

§ 392. *Droits des capitaines marchands qui ont rempli toutes les conditions d'admission dans un port étranger.*

Après avoir rempli toutes ces formalités le capitaine est libre de rester, de s'en aller et de contracter avec qui bon lui semble (1). L'autorité locale lui doit même toute l'assistance que l'équité et l'humanité exigent ; et quoique ceci soit reconnu par les nations les plus civilisées, on en fait encore mention dans les traités publics, principalement pour ce qui regarde le mode d'assistance à prêter aux naufragés (2).

(1) Voy. ce qui a été dit à ce sujet au § 196 *infrà*. (2) Voy. les traités de navigation mentionnés aux §§ 396 et 397 *infrà*, et l'art. 3 du traité avec Tunis, du 22 fév. 1832, et art. 7 et 13 du traité avec le Maroc, de juin 1825 ; voy. en outre l'appendice où tous ces traités et autres sont relatés.

§ 393. *Il est généralement admis de laisser librement partir les navires marchands de la nation avec qui l'on serait en guerre. — Modification de ce principe.*

Si les bonnes relations entre deux pays viennent à être troublées, au point que la guerre s'en suive, il est généralement reçu de laisser librement partir les navires de commerce respectifs qui se trouvent dans les ports de l'un et de l'autre au moment de la rupture de la paix : quelquefois cependant, dans la crainte que l'on n'agisse pas de même à notre égard, on met l'*embargo* provisoire sur les navires de la nation ennemie jusqu'à ce que l'on s'en soit assuré (1).

L'article 195 du règlement de 1827, pour la marine marchande sarde, va plus loin ; voici ce qu'il dit : « Les bâti-

« ments de toutes sortes et leurs chargements, qui se trou-
« veront dans les ports et plages des États sardes, au mo-
« ment de la déclaration de guerre, faite par S. M. à la
« puissance à laquelle ils appartiennent, ou par cette puis-
« sance à S. M., seront déclarés de bonne prise et confis-
« qués au profit de la caisse des invalides pour un tiers, et
« de celle des finances pour le restant. »

(1) Voy. § 268 du *Précis du Droit des Gens*, etc., de Martens.

§ 394. *Traités au sujet du libre départ des navires marchands en cas de guerre. — En temps de guerre, on
laisse ordinairement les pêcheurs libres d'exercer leur
industrie.*

Le traité avec la République orientale de l'Uruguay (1),
a modifié le principe sus-énoncé, puisqu'il y a été convenu
de donner un espace de temps convenable aux sujets et aux
navires respectifs pour partir dans le cas où la guerre viendrait à éclater entre les deux puissances contractantes (2).

Les bateaux pêcheurs sont ordinairement, même en cas
de guerre, laissés libres de continuer l'exercice de leur industrie ; c'est du moins ce qui a été pratiqué dans la seconde
moitié du dernier siècle par la France et l'Angleterre vis-à-
vis de leurs pêcheurs respectifs (3).

(1) Art. 2 du traité de 1840. (2) Ce traité porte aussi qu'en cas de
guerre d'une des parties contractantes avec une tierce-puissance, le
pavillon neutre de l'autre assure le navire et les personnes, excepté
les officiers et les soldats au service effectif de l'ennemi et couvre
aussi les propriétés, sauf les articles de contrebande de guerre (*a*) :
cette disposition est très-importante, attendu l'incertitude qui, malgré les discussions et les opinions des publicistes, et les pr testa-
tions des gouvernements, existe encore dans le *Droit public maritime de l'Europe*, et que de nombreuses conventions feront heureu-
sement peu à peu disparaître. La législation sarde (*b*) se réserve de
se prononcer à ce sujet suivant les circonstances. (3) Massé, voyez
art. 833. *Droit commercial dans ses rapports avec le Droit des Gens
et le Droit civil*, tom. 1ᵉʳ, Paris, 1844.

(a) Art. 199 du régl. de 1827 pour la marine marchande. (b) Voy même art. 199; voyez en outre dans l'appendice les traités de la Sardaigne avec Tunis et le Maroc.

§ 395. *A quels droits sont soumis les navires marchands en pays étranger?*

Les droits que les capitaines étrangers sont obligés de payer dans les ports, affectent ou le navire même, ou bien les marchandises qu'il a apportées.

Les premiers de ces droits doivent toujours être payés, soit que les navires se livrent à des opérations commerciales, soit qu'ils partent sans en avoir fait, à moins qu'ils ne se trouvent dans un port franc, comme Marseille, Livourne, Gibraltar, etc.; ou qu'ils en soient dispensés par des conventions entre les gouvernements.

§ 396. *Traités avec plusieurs Puissances pour l'exemption de certains droits en cas de relâche.*

Des conventions tendant à exempter les navires sardes du paiement de certains droits en cas de relâche, ont été stipulées avec le gouvernement français le 12 juin 1838 (1), avec celui de Naples le 4 mai 1839 (2), avec l'Autriche le 26 avril 1840, avec la Toscane le 12 novembre 1840 (3), avec Lucques le 29 septembre 1840, avec Modène le 2 et 12 janvier 1843, avec la Grèce le 7 février 1839, avec le Maroc le 30 juin 1825, art. 13 (4).

La même exemption de tous droits de navigation se trouve stipulée par les traités de commerce et de navigation, ou de navigation seulement, avec la Belgique du 10 octobre 1838, avec les Etats-Unis d'Amérique du 26 novembre 1839, avec l'Angleterre du 6 septembre 1841, avec la Suède et Norvège du 28 novembre 1839, avec les Pays-Bas du 24 janvier 1842, avec la république orientale de l'Uruguay du 29 octobre 1840;

avec la Russie, du 12 déc. 1845; avec la Prusse, de 1845; avec l'Oldenbourg de 1845; avec les villes Hanséatiques, de 1844; et par la convention avec le St-Siège du 15 mars 1845 (5). Les navires peuvent donc en vertu de ces conventions être en cas de relâche forcée, déchargés, réparés et rechargés sans payer aucun droit de navigation, etc., à la condition qu'ils ne se livrent pas à des opérations commerciales.

(1) Cette disposition a été renouvelée dans le traité du 28 du mois d'août 1843, mis en exécution le 20 mai 1846. (2) Cette disposition a été renouvelée dans le traité du 6 fév. 1846. (3) Cette disposition est renouvelée dans le traité du 5 juin 1847. (4) Le capitaine doit faire sa déclaration en douane, que la relâche a été forcée et en expliquer les motifs. Pour ce qui regarde la France, voyez en outre la loi du 22 août 1791, tit. 6, art. 1, et code franç. de commerce, art. 242. (5) Voy. tous ces traités dans l'Appendice.

§ 397. *Traités au sujet des droits de navigation et autres dans le cas où le navire ferait une opération commerciale.*

Par les traités et conventions indiqués au deuxième alinéa du § précédent les droits de navigation, ont été, même pour le cas où les navires se livrent à des opérations commerciales, plus ou moins modifiés et égalisés par quelques-uns avec ceux que les navires marchands des différents pays y mentionnés paient dans leurs ports respectifs.

On ne paie les droits sur les marchandises (de douane c'est-à-dire), qu'autant qu'elles ont été déchargées et livrées à la consommation ; dans ce cas ces droits sont souvent plus élevés quand les marchandises sont portées par navires étrangers (1).

Quelques uns desdits traités ont assuré aux marchandises arrivées par navires sardes l'égalité des droits avec celles portées par des navires nationaux, ou des droits moins élevés que si elles étaient transportées par d'autres navires étrangers (2).

Le traité de commerce avec la Sublime-Porte de 1823, et ensuite celui du 27 septembre 1839, ont fixé les droits que les sujets sardes doivent payer sur toutes les marchandises qu'ils achètent dans les Etats ottomans, soit qu'ils les revendent sur les lieux, soit qu'ils les exportent.

(1) Il y a quelques articles pour le transport desquels dans les États sardes, les navires nationaux jouissent d'une diminution de droits de douane (a). (2) Voy. les traités cités au § précédent.

(a) Voy. § 501 *infrà*.

§ 398. *Quel est le traitement des bateaux pêcheurs allant faire la pêche en pays étranger ?*

Aucun des traités du gouvernement de S. M. avec les puissances étrangères ne fait mention des bateaux pêcheurs, qui vont à l'étranger exercer leur industrie, si l'on excepte celui stipulé avec la régence de Tunis le 17 avril 1816 (art. 4) et confirmé par celui du 22 février (art. 5) 1832, à l'égard de de la pêche du corail.

Beaucoup de pêcheurs sardes, cependant, vont chaque année exercer la pêche à l'étranger, et notamment sur les côtes de France; mais ce n'est que par tolérance de la part de ce pays (1), qu'ils peuvent s'y livrer à leur industrie, car la pêche y est assimilée au petit cabotage, qui est interdit aux étrangers par toutes les nations (2).

(1) Tel est le sens d'une lettre du 6 janv. 1834, du directeur des douanes à Toulon, se référant à une du directeur en chef de cette administration à Paris, du 30 déc. 1833, où il est dit que les pêcheurs sardes, d'après l'ordre du ministre des finances, sont maintenus *provisoirement* dans le privilége d'importer dans les ports français, en franchise de droits, le poisson provenant de leur pêche sur les côtes de France. On les y oblige cependant, à prendre pendant le temps de la pêche, un rôle d'équipage français, à payer des droits à la caisse des invalides, comme les pêcheurs français, d'autres droits à la corporation des prud'hommes; et ceux qui font la pêche du corail, paient le droit de tonnage à l'arrivée en prenant leurs expéditions pour la pêche, et ensuite, lorsqu'ils en vendent le produit comme ayant fait une opération commerciale. Voy. lettre du directeur susdit de Toulon au consul sarde en la même ville, du 21 nov. 1838. (2) Voy. les traités de navigation déjà cités au § 396 : voyez en outre, au sujet du cabotage, tous les traités cités aux deux §§ précédents.

LIVRE 7ᵉ — CHAPITRE 3.

LES NAVIRES ÉTRANGERS SONT AUSSI SOUMIS A LA JURIDIC-
TION DES CONSULS DE LEUR NATION. — CRIMES COMMIS
A BORD DES NAVIRES SARDES. — CONVENTIONS D'EN-
RÔLEMEMT ; RAPPORTS D'AVARIES, ETC.

§ 399. *Avant-propos.*

Quoique les navires marchands se soumettent, par le fait
seul de leur entrée dans un port étranger, à la juridiction
des autorités du lieu, cette juridiction néanmoins n'est pas
tellement étendue, qu'ils doivent être en tout et pour tout
assimilés à ceux de la nation dans les ports de laquelle ils
se trouvent.

Il y a une autre juridiction, celle des consuls, dont les
navires étrangers dépendent plus ou moins, suivant les lois
de leur pays, les traités de leur gouvernement avec les différentes puissances et l'usage.

Il y a certains actes dans lesquels l'autorité étrangère ne
peut pas s'immiscer, certaines questions que les consuls
seuls sont appelés à résoudre, certains crimes et délits commis par les marins, dont la connaissance appartient aux
consuls de la nation dont le navire porte le pavillon.

§ 400. *Quelles sont les limites de la juridiction consu-laire dans les domaines de la Sublime-Porte et des Princes de Barbarie? — Idem dans les autres pays ?*

Dans les ports dépendant de la Sublime-Porte et des
princes de Barbarie, les consuls ont une juridiction entière

sur les navires de leur nation (1), aussi bien dans les affaires criminelles que dans les affaires civiles et commerciales, toutes les fois que les habitants du pays n'y sont pas intéressés (2).

Dans les autres pays on accorde généralement aux consuls la faculté de connaître de tous les crimes et délits qui ont été commis à bord des navires de leur nation, avant d'arriver dans le port, et de ceux qui sont commis dans le port par des marins, en tant que la tranquillité publique n'en souffrirait pas (3). Aucune distinction n'est faite entre les matelots nationaux et les étrangers qui feraient partie d'un équipage quelconque, à moins que ces derniers ne fussent sujets de la puissance dans les ports de laquelle se trouve le navire, car en ce cas ils seraient punis suivant les lois du pays (4).

Les délits que les consuls ont le plus souvent à juger, sont les actes d'insubordination des marins envers les officiers du bord, les légères voies de fait desdits marins entre eux étant à bord, le délit de désertion et autres du même genre, et en général tout ce qui est relatif à la police intérieure des navires (5).

(1) Cette juridiction est réglée par les lois du pays auquel appartient le consul; voyez § 399. (2) §§ 213 et suiv. et §§ 266, 267, 268 infrà. (3) Voy. traité du Mexique avec la Prusse, du 18 fév. 1831. Voy. Laget de Podio, *Nouvelle juridiction des consulats français*, tom. 1ᵉʳ, pag. 247 citant à l'appui de cette doctrine un avis du conseil d'Etat de France, du 28 oct. et du 20 nov. 1806 (Bulletin des Lois, n° 2046); Legat, *Code des Etrangers en France*, pag. 214. Voy. § 390, nota 2 infrà, et les traités de commerce et de navigation de la Sardaigne avec les autres puissances; voyez en outre § 403 infrà. (4) Art. 17 du traité avec la Prusse, de 1845. (5) § 416, 417 infrà.

§ 401. *Les autorités locales prêtent leur appui aux consuls exerçant leur juridiction. — Lesdites autorités gardent dans les prisons publiques les matelots que les consuls font arrêter.*

La partie de juridiction consulaire qui concerne la répres-

sion de certains délits est souvent exercée par les consuls,
soit en vertu des traités, soit en vertu de l'usage. Les gouvernements anglais et grec, ne sont pas cependant, très fa-
ciles à cet égard. S'il n'y a pas un traité qui les y oblige,
ils n'accordent pas l'arrestation et la détention d'un marin
ni de tout autre individu. On pourrait en dire de même de
presque tous les Etats de l'Amérique (1).

Du reste là où les traités ou l'usage le permettent, les
autorités locales prêtent main forte aux consuls pour punir
les coupables, en les faisant arrêter et en les retenant dans
les prisons publiques locales.

Pour obtenir cette détention, les consuls sont tenus d'en
faire la demande par écrit à l'autorité compétente, s'enga-
geant, en outre, à payer les frais d'arrestation et de détention. Ils doivent en même temps présenter, suivant les traités, une copie authentique du rôle d'équipage (2); mais on
se contente généralement de la demande écrite du consul,
avec promesse de payer les frais. Au Mexique on exige
l'exhibition du rôle même (3).

(1) Au Brésil on accorde assez facilement l'arrestation d'un matelot faisant partie d'un équipage; mais s'il s'agissait d'un capitaine, on m'a assuré qu'il faudrait s'adresser aux tribunaux et
attendre leur décision. (2) Voy. dans l'Appendice les traités relatifs à cette matière. (3) Voy. les déclarations du 8 mai 1836, entre
le Mexique et la France et le traité du Mexique avec la Prusse, du
18 fév. 1831.

§ 402. *La détention desdits matelots ne peut pas se prolonger indéfiniment.*

Il n'est point permis aux consuls de faire indéfiniment
retenir dans les prisons publiques, les individus arrêtés sur
leur demande. Par les traités précités de la Sardaigne avec
les Etats-Unis, l'Uruguay, la Prusse, la Russie et l'Oldenbourg il a été convenu, que si l'on ne fait pas *rapatrier*
les détenus dans les 3 mois à dater du jour de leur arresta-

tion , ils doivent être mis en liberté ; le même délai a été stipulé par le Mexique avec la France et avec la Prusse (1), et dans deux traités de la Suède et Norvège, et des villes Hanséatiques avec les Etats-Unis on ne s'est accordé que le délai de deux mois (2).

(1) Voy. les traités cités à la note 3 du § précédent. (2) Voy. convention du 20 déc. 1827 des villes Hanséatiques avec les Etats-Unis.

§ 403. *Jusqu'à quel point les consuls sont-ils compétents pour connaître des crimes qui sont commis à bord des navires de leur nation par des passagers?*

Je crois utile de poser ici quelques questions sur la compétence des consuls pour des crimes commis à bord par des assagers.

1re *Question* : — S'agit-il d'un passager qui aurait commis, ou contre lequel auraient été commises des violences par d'autres passagers, à bord d'un navire sarde qui arriverait dans un port étranger ?

Réponse : — Je crois qu'il faut distinguer entre les passagers nationaux et les passagers étrangers.

Dans le premier cas, si c'est un passager qui a commis les violences sur un marin ou sur un autre passager, il faudrait en demander la détention provisoire, attendu qu'arrivant en pays étranger il serait libre de s'en aller. Cette détention obtenue, on procéderait par voie diplomatique, à la demande en extradition de l'individu arrêté (1), car je ne pense pas que l'on puisse le retenir à bord jusqu'au retour du navire dans les Etats sardes. Dès qu'un bâtiment de commerce est entré sur le territoire étranger, il cesse d'être considéré comme partie du territoire de la nation à laquelle il appartient, et par conséquent. personne, excepté les matelots faisant partie de son équipage, ne peut y être retenu malgré lui (2).

S'il s'agit d'un passager appartenant à la nation chez laquelle se trouve le bâtiment : alors on peut en deman-

der la punition aux autorités locales , si d'après leurs lois
on punit les crimes commis par des nationaux contre des
étrangers en pays étranger.

Il en serait de même si l'étranger appartenait à une autre
nation , après son retour dans sa patrie.

(1) Voy. § 226 *infrà*, de l'extradition , et l'appendice. (2) Voy. §§
388, 400 et suiv. *infrà*.

§ 404. *Les consuls sont seuls juges de certaines questions qui s'élèvent entre les marins, et entre ceux-ci
et les passagers.*

L'autorité des consuls intervient encore exclusivement,
pour définir les questions qui s'élèvent entre les personnes
composant les équipages des navires de leur nation, par rapport aux salaires et aux obligations concernant le service du
navire , et entre les capitaines et les passagers par rapport
au prix du passage. Dans ce dernier cas cependant, il faut
que les parties soient toutes les deux de la nation à laquelle
appartient le navire, car si le passager était étranger , ce
serait à l'autorité judiciaire locale, qu'il faudrait recourir
en cas de contestation , si ce dernier ne voulait pas accepter
la juridiction consulaire (1).

(1) §§ 206 et suiv. *infrà*, et art. 12 du traité du 7 fév. 1846 avec
les Deux-Siciles et autres.

§ 405. *Les consuls reçoivent les conventions d'enrôlement des équipages, président à la formation des rôles
et reçoivent les rapports de mer.*

Les consuls ont également appelés à recevoir les conventions des capitaines avec leurs équipages et à présider à la
formation des rôles, conformément aux lois et réglements de
leur pays (1).

Une des branches les plus importantes de la juridiction des consuls est aussi celle de recevoir les rapports d'a-
varies ou de naufrage. que les capitaines des navires de

leur nation sont dans le cas de leur faire , mais les consuls
n'exercent pas cette dernière partie de leur juridiction cons-
tamment et de la même manière dans tous les pays (2).

(1) Voy. §§ 478 et suiv., §§ 488 et suiv. *infrà*. (2) Voy. dans l'appendice la convention de S. M. sarde avec S. A. I. et R. le G.-Duc
de Toscane , du 27 avril 1839 , ayant pour but de déterminer la juridiction des autorités locales respectives relativement aux avaries.

§ 406. *En quel cas les consuls reçoivent les rapports d'avaries et de naufrage ? — Avaries.*

Pour bien définir quel est le degré de juridiction , qu'un
consul peut exercer en cas de sinistres arrivés à des navires
de sa nation , il faut distinguer les cas d'avaries, de ceux de
naufrage , échouement, bris , etc. ; il faut voir ensuite si le
rapport doit être fait dans le lieu de la destination du navire
ou dans un port de relâche. Si un rapport d'avarie est à faire
dans la port de la destination du navire , c'est au tribunal
de commerce du lieu que le capitaine doit s'adresser.

La raison en est que des citoyens de ce pays peuvent
y être intéressés , et que les tribunaux locaux ont le droit de
faire comparaître devant eux tout étranger , qui a contracté
avec les citoyens susdits, toutes les fois que cet étranger se
trouve sur son territoire (1).

Une autre motif non moins puissant pour qu'il en soit
ainsi vis-à-vis des capitaines sardes , c'est que dans les
ports sardes , l'autorité locale seule reçoit les rapports d'a-
varies , que tout capitaine , soit sarde , soit étranger , doit
faire , et elle juge seule aussi les questions qui en dépendent
dans le cas , bien entendu , où le navire soit dans le port de
sa destination (2).

(1) Si cependant les intéressés étaient sujets sardes , le consul
pourrait très bien recevoir le rapport (a) ; mais comme il est difficile
de déterminer s'il n'y a pas d'autres intéressés , il serait même ,
dans la dernière supposition , plus prudent que le consul s'abstînt
d'en prendre connaissance , afin d'éviter des contestations pour l'is-
sue desquelles il ne pourrait que difficilement faire exécuter ses

arrêts. (2) C'est ainsi qu'il a été répondu à un consul-général de S. M. par le Président de la chambre de commerce à Gênes, le 7 avril 1840, et par celui du tribunal de commerce en la même ville en 1843. C'est ainsi qu'il a toujours été jugé par le tribunal de commerce de Marseille, dont les arrêts en ce sens ont cependant été cassés deux ou trois fois par la cour royale d'Aix.

(a) Voy. lettre d'un consul-général de S. M. au ministre des affaires étrangères à Turin du 10 mars 1817. Voy. art. 13 des déclarations échangées le 8 mai 1827, entre les gouvernements de France et du Mexique, dans lequel il est dit qu'à moins de stipulations contraires entre les armateurs, chargeurs et assureurs, ou que des habitants du pays ou étrangers y soient intéressés, les avaries seront réglées par les consuls de la nation à laquelle le navire appartient; l'art. 6 du traité du 12 nov. 1788 entre la France et les États-Unis du nord de l'Amérique, contient la même disposition; l'art. 27 du traité de la France avec la République de Bolivie, du 9 déc. 1834, contient aussi cette disposition; voyez en outre à ce sujet un ordre royal du roi d'Espagne, du 8 juillet 1818, qui défend aux consuls étrangers de recevoir les protêts d'avaries des navires de leur nation ; il se trouve dans le *Guide des étrangers en Espagne*, par Lobé, pag. 405. Cet ordre a été révoqué quant aux Français, dans la même année 1818. L'ordonnance de S. M. C. du 8 mai 1827, (voy. *Guide des agents consulaires* de M. Bursotti) en supprime les dispositions pour toutes les nations ; mais, suivant cette même ordonnance, les questions qui surgiraient par rapport à une avarie, seraient décidées par les tribunaux du lieu.

§ 407. *Suite au § précédent.*

Si le navire n'est pas destiné pour le port, où le capitaine se trouve dans le cas de devoir déclarer son avarie, c'est le consul qui reçoit le rapport et qui préside à tous les actes nécessaires pour remettre le navire en état de continuer sa navigation.

Si le navire n'était que de relâche dans le port de résidence d'un consul, mais destiné pour un autre port dépendant de la même puissance que le premier, je pense que le capitaine pourrait très bien faire son rapport d'avaries au consul, mais il serait peut-être convenable qu'il fit homologuer par le tribunal de commerce local, les actes qui auraient été passés devant le consul. C'est ce que j'ai vu pratiquer en pareille circonstance en 1840, dans le port de Toulon par un capitaine autrichien, qui se rendait en Afrique, sans qu'il en soit résulté aucun inconvénient ; et le gouvernement français était intéressé dans le chargement.

§ 408. *En quels cas les consuls dirigent-ils les opérations de sauvetage ?*

On ne suit pas les mêmes règles au sujet des naufrages, échouements, etc., c'est-à-dire toutes les fois qu'un navire, par un accident quelconque, ne peut plus continuer sa route pour entrer dans le port le plus voisin et se mettre au moins à l'abri du mauvais temps. En ces cas l'autorité locale laisse presque toujours aux consuls étrangers, le soin de diriger les opérations du sauvetage, quoique le navire puisse reprendre sa navigation après avoir subi des réparations.

La faculté de diriger les sauvetages est accordée aux consuls en vertu des traités ou à titre de réciprocité.

Les nations avec lesquelles la Sardaigne a des traités qui donnent cette faculté à ses consuls, sont : la République de l'Uruguay, le Danemarck, la France, le Hanovre, les Deux-Siciles, le Grand duché d'Oldenbourg, les villes Hanséatiques, les États Romains (1). Les pays où les consuls peuvent exercer ladite faculté, à titre de réciprocité, ou bien parce que, soit les consuls, soit les sujets et les navires sardes, y sont admis à jouir du traitement auquel ont droit les consuls ou la nation, les plus favorisés, sont : le Portugal, l'Espagne (2), le Brésil, les États-Unis d'Amérique, l'Angleterre (3), les îles Ioniennes, la Grèce, les Pays-Bas, la Russie, la Belgique (4).

(1) Voy. dans l'appendice et dans l'addenda, les traités faits avec ces pays. (2) art. 10 du traité d'Italie du 14 juin 1752 qui attribue aux deux nations le traitement de la nation la plus favorisée dans les pays respectifs, et art. 7 de la convention du 13 mars 1769, entre la France et l'Espagne qui accorde aux consuls le droit de diriger les sauvetages.

(3) En Angleterre, en Russie, dans les Pays-Bas, dans les Deux-Siciles, aux îles Ioniennes, si l'une des parties ne se contente pas de l'intervention du consul, elle peut s'adresser à l'autorité locale. En Prusse, il faut s'adresser à l'autorité locale; voyez art. 10 du traité de la Sardaigne avec cette puissance, de 1845. Il en est de même pour les Etats du zollverein. (4) Voy. dans l'appendice les traités faits avec les Etats-Unis, l'Angleterre, la Russie et la Belgique.

§ 409. *Quelles sont les fonctions de l'autorité locale lorsque les consuls dirigent les sauvetages?*

Lorsqu'un consul étranger est en droit de réclamer la direction des opérations relatives aux sauvetages, l'autorité locale se borne à veiller à ce que les lois sanitaires et de douane soient observées, et elle prête son appui au consul en tout ce que l'humanité et le bon ordre exigent.

Cependant si des contestations avaient lieu, dans lesquelles des personnes étrangères au navire naufragé fussent intéressées, celles-ci auraient droit de recourir à l'autorité locale compétente pour se faire rendre justice (1).

Ainsi qu'il a déjà été remarqué (2), dans le Levant, en Barbarie, en Chine, les consuls ayant une juridiction plus étendue que dans les autres pays, il n'y a aucun doute qu'ils ne dirigent toutes les opérations de sauvetage des navires de leur nation.

(1) Voy. entr'autres les art. 7 du traité de commerce et de navigation fait avec la France, et 11 de pareil traité fait avec les Deux-Siciles. (2) Voy. art. 3 du traité fait avec Tunis, le 22 fév. 1832, et l'art. 13 du traité avec le Maroc, du 30 juin 1825.

§ 410. *Les consuls doivent assister les capitaines de leur nation à la douane, etc. — Usages de différents pays à ce sujet.*

Une des attributions importantes des consuls, à l'égard des navires de leur nation, est celle d'assister les capitaines devant les autorités administratives locales en général et celles de la douane en particulier, en leur servant d'interprêtes et en rédigeant les manifestes du chargement à l'entrée et à la sortie des navires, du port de leur résidence. Je dis administratives, car devant les autorités judiciaires, les consuls n'ont qu'à aider les capitaines de leurs lumières afin de leur faciliter les moyens de se faire rendre justice (1).

Cependant, le droit de représenter les capitaines en douane, a été contesté dans ces derniers temps, notamment par les autorités françaises, en vertu de l'art. 80 du code de commerce français ; mais il n'est pas moins vrai en principe, que c'est plutôt au consul qu'à tout autre fonctionnaire qu'il appartient de servir d'interprète à ses nationaux (2).

(1) Voy. § 210 infrà. (2) Cette faculté est laissée aux consuls en Russie, en Espagne, en Toscane, dans les Etats sardes (a), en Autriche, aux Etats-Unis, dans La Plata, aux Indes anglaises, et ce n'est que depuis l'année 1819 (b) qu'en France, on a définitivement arrêté la stricte exécution de l'art. 80 du code de commerce, vis-à-vis des capitaines étrangers, les espagnols exceptés. Lorsque les capitaines ne sont pas astreints à s'adresser à tel ou tel autre interprète officiel, le consul ne va pas lui-même à la douane, mais il choisit une personne qui ne s'occupe que de ce service, ou bien il laisse diriger les capitaines par leurs recommandataires.

(a) A Gênes, attendu que pour être expéditionnaire de navires, il suffit d'être agréé par le directeur des douanes, les consuls étrangers ont toujours pu choisir la personne qui leur convenait pour y représenter leurs capitaines ; mais à Nice, lesdits expéditionnaires étant nommés par le Roi, il faut avoir recours à eux (b). Lettres d'un consul à M. le Ministre des affaires étrangères à Turin, du 11 et 20 mars 1819.

LIVRE HUITIÈME.

RAPPORTS DES OFFICIERS CONSULAIRES SARDES AVEC LA MARINE MARCHANDE SARDE.

CHAPITRE 1er.

JURIDICTION CRIMINELLE DES OFFICIERS CONSULAIRES SUR LES MARINS SARDES SUIVANT LES LOIS SARDES.

§ 411. *Les marins ne peuvent recourir à d'autres autorités qu'aux officiers consulaires du Roi. — Les officiers consulaires instruisent les procès criminels.*

Après avoir montré quelle est l'étendue des fonctions consulaires, suivant les traités et les usages des différentes nations, en pays étranger à l'égard des navires et des équipages, je suis amené à faire connaître comment l'exercice de ces fonctions est réglé par les lois et réglements sardes.

En premier lieu les marins ne peuvent recourir à d'autre autorité qu'à celle de leur consul. Le réglement pénal pour la marine marchande l'indique clairement : « Les individus composant les équipages qui se permettraient, en pays étranger, de recourir à une autre autorité qu'à celle des consuls du Roi, ou de ceux sous la protection desquels ils sont obligés de se placer, encoureraient la peine de trois mois de prison, et d'une campagne extraordinaire à bord des navires de guerre (1). »

Et ailleurs : « S'il arrive qu'à bord d'un navire marchand un sujet sarde (2) commette un crime ou un délit en pays étranger (3), les consuls réuniront immédiatement les preuves qui pourront constater le fait et la culpabilité de l'accusé (4).

« S'il s'agit de délits minimes, ils pourront les juger eux-mêmes ; s'il s'agit de crimes graves, ils prononceront l'arrestation du coupable, arrestation pour laquelle ils auront recours à l'autorité locale (5). »

(1) Art. 3?, 50 et 125 du régl. pénal pour la marine marchande. (2) Art. 55 du régl. cons. de 1815. (3) On sait que dans la nouvelle législation on a distingué les *crimes* des *délits*. (4) Art. 96 du régl. pénal de la marine march., art. 55 du régl. de 1815. (5) §§ 401 et 402, *infrà*. L'art. 120 du régl. pénal susdit, ajoute que les consuls peuvent faire procéder à l'arrestation du coupable toutes les fois qu'il y a lieu à une peine corporelle, et doivent en donner de suite avis à M. l'intendant-général de la marine. La même disposition se trouve dans le régl. de la marine march., art 229.

§ 112. *De quelle manière se fait l'instruction des procès criminels ?*

L'instruction des procès se fait de la manière suivante : l'officier consulaire chef procède à l'interrogatoire des coupables et à l'audition des témoins, avec l'assistance du chancelier, et chaque personne interrogée ou entendue doit signer le procès-verbal avec l'officier consulaire et le chancelier : les témoins font leur déposition sous serment.

Les individus qui ne savent pas écrire, apposent le signe de la croix, ce dont on fait mention dans le procès-verbal et on y énonce aussi les noms, prénoms et lieux de naissance des accusés et des témoins (1).

S'il s'agit du délit de désertion, on considère comme preuve suffisante la déposition sous serment du capitaine accompagnée de l'absence de l'individu du bord, sans que son débarquement ait été autorisé par l'officier consulaire chef de district ou d'arrondissement.

Quant au mode d'administration de la preuve en

toutes les fois qu'à la déclaration faite sous serment par le capitaine, se joindra le témoignage d'un officier du bord qui aura été présent au fait, ou celui de deux individus qui l'attestent d'une manière positive, quoiqu'ils n'aient pas été présents : le tout cependant sans préjudice des preuves qu'on pourrait avoir autrement (2).

(1) Art. 229 du régl. de la marine march. ; 59 et 96, du régl. pénal maritime et 63 du régl. de 1815. (2) Art. 64 de la loi pénale de la marine march. de 1827, et art. 12 des instructions du 31 oct. 1841.

§ 413. *Les individus accusés doivent être envoyés dans les États sardes accompagnés du procès-verbal constatant leur culpabilité.*

Les coupables doivent être expédiés dans les États sardes, accompagnés par les pièces originales, qui sont adressées au procureur général de la navigation avec avis à M. l'intendant général de la marine (1), s'il s'agit d'un délit dont l'officier consulaire ne puisse pas connaître lui-même (2). Les papiers du procès doivent être placés dans une boîte cachetée avec le timbre du consulat et remis, ainsi que l'accusé, au premier navire partant pour les États sardes, et mention du tout doit être faite sur le rôle d'équipage (3).

Avec l'accusé et les pièces, les officiers consulaires sont en outre tenus d'envoyer au procureur général de la navigation, l'argent qui est dû à l'accusé pour salaires ou autre et dont ils doivent se faire rendre compte par le capitaine (4).

(1) Circ. 72 de 1839. (2) Art. 229 du régl. de la marine march. et les autres articles cités au § précédent, nota 1. Voy. aussi art. 58 des RR. PP. du 16 sept. 1816. Comme les consuls doivent pouvoir se rendre compte des actes passés en leur chancellerie, il paraît naturel, quoique les réglements ne leur en imposent pas l'obligation expresse, qu'ils aient un registre où ils tiennent copie des procès originaux qu'il expédient aux autorités de l'intérieur, désignées ci-dessus (a). Voyez §§ 417 et 418 infra. (3) Art. 59 du régl. de 1815

(4) Art. 59 du régl. pénal susdit et pour la perception des frais , voy
le tarif du 5 août 1818 . tableau 5 *infrà*.

(*a*) Voyez § 414 *infrà*.

§ 414. *Quel est le mode de procédure pour les délits minimes?*

Les officiers consulaires , comme il a été remarqué ci-
dessus (1), peuvent juger les délits minimes : je vais indiquer par conséquent comment ils y procèdent.

Ils doivent en premier lieu faire attention , que pour de
tels faits ils ne peuvent procéder que d'après la dénonciation
volontaire de la partie lésée (2).

« Si la dénonciation a lieu , les officiers consulaires feront
leur possible pour concilier les parties, et s'ils n'y réussissent
pas , ils pourront prononcer une peine pécuniaire jusqu'à
50 fr. et la détention à bord , qui n'excède pas 30 jours.
Cette sentence sera prononcée par les officiers consulaires ,
après qu'ils auront entendu sommairemement et verbalement les parties et les témoins. Tout ce qui aura été dit
de part et d'autre, ainsi que la décision, sera annoté dans un
registre *ad hoc*. (3). »

(1) § 411 *infrà*. (2) Art. 59 du régl. de 1815 et art. 125 du régl.
pénal maritime. (3) Art. 60 du régl. cons. de 1815 , § 417 *infrà* et
art. 121 du régl. pénal maritime. Cet article limite la compétence
des consuls de la marine aux délits dont la peine n'excéde pas 50
fr. d'amende ou 20 jours de prison , mais il ne parle pas des officiers consulaires à l'étranger, ainsi que dans plusieurs autres articles du régl. En présence de ce silence , je pense que les limites de
la compétence de ces derniers sont celles fixées par le régl. consul.
de 1815, mentionné en cette partie au § 411 *infrà* et ci-dessus. Ledit
art. 121 autorise l'appel au sénateur attaché à l'amirauté, des sentences des consuls de la marine ; mais , ni cet article, ni aucun réglement ne parle d'appel des sentences des consuls à l'étranger en
cette matière.

§ 415. *Comment doit être subie la peine de la détention, prononcée par les officiers consulaires?*

Lorsque les officiers consulaires prononcent la peine

de la détention , pour ne pas occasionner aux navires des retards nuisibles, ils la changeront en autant de jours d'arrêts à bord des bâtiments où les coupables sont embarqués et pourront en outre diminuer les peines, suivant ce qu'ils jugeront nécessaire , afin de ne pas interrompre le service du bord (1). »

Si cependant un officier consulaire jugeait à propos d'user d'un peu plus de sévérité et que le service du navire n'eut pas à en souffrir , il paraît qu'il pourrait fort bien faire détenir le coupable dans la prison du consulat , s'il y en a une, et a défaut dans les prisons locales.

(1) Art. 62 du régl. cons. de 1815.

§ 416. *Les consuls envoient au ministère de la marine, et au président du conseil d'amirauté, une copie de chacune de leurs sentences. — Ils remettent au Trésor le montant des peines pécuniaires.*

A la fin de chaque trimestre les consuls sont tenus d'expédier au ministère de la marine et au président du conseil d'amirauté, une copie de toutes les sentences par eux prononcées contre les coupables de délits minimes. Le ministère et le président du conseil prennent de leur côté les mesures nécessaires pour leur exécution, en cas qu'elle n'ait pas eu lieu, ce qui doit être annoté dans la copie.

Les consuls remettent en outre au ministère des affaires étrangères un état certifié par eux , des sentences susdites (1).

Le montant de toutes les peines pécuniaires prononcées par les officiers consulaires pour lesdits délits appartient au Trésor (2). L'art. 65 du réglement consulaire de 1815 donnait ce produit à la caisse des invalides de la marine (3).

(1) Art. 64 du régl. cons.. de 1815. (2) Voy. le tabl. 5 *infrà.* et l'art. 21 du tarif pour les procès criminels de 1818, y relaté. Voir aussi les derniers articles dudit tarif concernant le mode de perception des frais desdits procès. (3) Les chefs d'arrondissement envoient au chef de district tout ce qui est indiqué dans ce §.

§ 417. *Quels sont les délits minimes ?*

Les officiers consulaires, ainsi qu'il a été dit au § 414, peuvent juger eux-mêmes tous les délits et contraventions (1), dont la peine n'excède pas trente jours de prison ou 50 fr. d'amende (2). Tels sont les délits de désertion, si le déserteur retourne spontanément à bord avant le départ du navire (3) ; la contravention du capitaine qui aurait embarqué sciemment un individu engagé sur un autre navire national (4) ; le refus du capitaine de payer les droits consulaires (5) ; la négligence de sa part de faire dans les 24 heures de son arrivée le rapport prescrit par l'art. 118 du règlement pénal maritime (6).

Seront également punissables par les consuls, les capitaines qui ne feront pas inscrire ou rayer un individu de leur rôle d'équipage (7) ou qui à l'occasion de son embarquement ou débarquement, l'inscriraient ou le rayeraient sans l'autorisation du consul : ceux qui embarqueraient un passager sans l'autorisation du consul (8) ; ceux qui n'auraient pas porté sur le journal de bord les salaires payés aux matelots et les faits de désertion de ces derniers (9) ; les capitaines et patrons qui changeraient la forme et les dimensions du pavillon (10) ; le matelot qui ne demeurerait pas éveillé étant de quart (11) ; les capitaines ou patrons qui 24 heures après la stipulation des conventions d'enrôlement avec leur équipage, ne les auront pas fait insérer dans le journal de bord, en conformité de l'art. 80 du règlement pour la marine marchande, ou ne voudront pas délivrer aux matelots le congé prescrit par l'art. 88 du même règlement (12), ou ne dénonceront pas dans les 24 heures de leur arrivée, les matelots qui se seraient endormis pendant leur quart (13) ; les marins qui auraient égaré leur livret (14) ; les individus d'un équipage qui troubleraient la tranquillité en pays étranger, etc. (15).

(1) Il est entendu qu'ici il n'est pas question des contraventions mentionnées dans les RR. PP. du 16 sept. 1816. Voy. pour celles-ci

les §§ 256 et suivants *infrà*. (2) Voy. art. 63 du règl. cons. de 1815 et
l'art. 121 du règl. pénal marit.; cet art. 121 prescrit une procédure
sommaire, et la présence des prévenus ou bien leur citation dans les
formes prescrites pour les contumaces, s'ils sont absents.
(3) Art. 33 dudit règl. pénal; suivant cet article, la peine pécuniaire peut être portée jusqu'à 50 fr. et le coupable est tenu à indem-
niser le capitaine des dommages qu'il a soufferts à cause de son
absence du bord. (4) Art. 36, ibid.; Attendu que l'amende indiquée
par cet article peut être portée de 50 à 200 l. n., l'affaire ne serait
pas, suivant la règle générale, de la compétence des consuls, si
ledit article n'était pas très explicite à ce sujet. L'instruction sera
sommaire, et il suffira que les informations soient consignées dans
un procès-verbal. Voy. § 414 *infrà*. (5) Voy. art. 117 du règl. pénal
susdit. La peine y indiquée est du double du droit fraudé. (6) § 451
infrà. (7) Art. 124 dudit règl. pénal, la peine y est de 15 fr. *N. B.* Si
les capitaines font inscrire quelqu'un sous un faux nom, la peine est
de 100 jusqu'à 200 l. n, sans préjudice des peines infligées par l'art.
95 dudit règl. pénal pour les crimes de faux, si le fait en a le
caractère. Si l'individu ainsi inscrit était recherché par la justice, le
capitaine serait soumis à la même peine que lui. (8) Art 130 dudit
règl. pénal: la peine est de 16 l. n. Si l'individu inscrit est sans
passeport ou recherché pour un délit, elle sera de 100 à 1500 fr. et
suivant les circonstances, le capitaine pourra être condamné à la
même peine que l'individu recherché, pourvu que la peine ne dépasse pas 10 ans de travaux forcés. (9) Art. 31 du même règl.; la
peine est de 50 l. n. (10) Art. 122, ibid.: la peine est de 50 l. n. et de
15 à 30 jours de prison. Voy. aussi à ce sujet une notification de
l'amirauté de 1847. (11) Art. 127 ibid.: la peine peut être portée jusqu'à 15 jours de prison. (12) Art. 110 du règl. pénal susdit et chap.
9. livre 8. *infrà*. (13) La peine est de 20 L. N. d'amende, voy. art.
127 du règl. pénal (14) La peine est de 2 jours de prison, art. 129
du règl. susdit. (15) La peine serait de 8 jours jusqu'à trois mois de
prison. Le consul ne pourrait donc appliquer la peine que jusqu'à
30 jours de prison.

§ 418. *Les officiers consulaires ont aussi la faculté de
suspendre, dans certains cas, les capitaines des navires marchands.—Autres délits.—Comment les consuls peuvent en punir les auteurs.*

Les officiers consulaires ont aussi la faculté de suspendre

provisoirement les capitaines et les patrons reconnus coupables d'un crime, ou de graves infractions aux lois maritimes qui peuvent compromettre le pavillon national ou les intérêts des propriétaires des navires. Dans ces cas, les officiers consulaires doivent informer de suite l'intendant général de la marine et le procureur général de la navigation, de la détermination qu'ils ont prise. Le commandement du navire est donné au plus ancien des officiers du bord (1).

Aux officiers consulaires appartient encore la connaissance des délits mentionnés à l'art. 58 du règlement consulaire de 1815, où il est dit : « Sont considérés comme délits minimes, les injures verbales entre personnes de la même condition, les coups sans effusion de sang, ou qui auront motivé des contusions guérissables en peu de temps, sans soins et sans qu'il en résulte aucune mutilation ou difformité et qui ne causent pas, ainsi qu'un soufflet, honte à celui qui les a reçus; enfin, les petites soustractions de commestibles. Les voies de fait contre les capitaines ne sont jamais considérées comme délits minimes (2). »

Pour les délits minimes commis hors du bord des bâtiments nationaux, quand même la partie plaignante ne serait pas un sujet sarde, l'officier consulaire demandera (hors du Levant et de Barbarie) la punition des coupables à l'autorité locale (3).

(1) Art. 206 du règl. de 1827, pour la marine march. (2) Voy. titre 3, livre 4, des RR. CC. de 1770. (3) Art. 61 du règl. de 1815 et § 251 infrà.

§ 119. *Actes criminels dont les consuls se bornent à dresser procès-verbal.*

Il y a des actes criminels dont les officiers consulaires doivent se borner à dresser procès-verbal, laissant le soin de leur punition aux autorités sardes de l'intérieur (1) Tels sont :

La soustraction d'objets provenant d'un naufrage (art. 17 du règlement pénal maritime); l'acte de celui qui aura fait naufrager volontairement un navire (art. 18); la désertion, lorsque le déserteur n'est pas retourné à son bord avant le départ du navire, ou lorsque la désertion est accompagnée de circonstances aggravantes (voy. art. 19 à 27): le fait d'un capitaine ou patron qui abandonnera son navire sans la permission des propriétaires ou de l'officier consulaire (art. 32.); le défaut de dénonciation d'une désertion (art. 30); le fait d'un marin qui naviguera sur des navires étrangers, sans la permission voulue (art. 35) ; le fait d'un capitaine qui excitera un marin à la désertion d'un navire sarde (art. 37) ; l'oubli de la part d'un capitaine de dénoncer les actes d'insubordination (art. 59); la fausse déclaration faite de la part d'un capitaine de la désertion ou de l'insubordination d'un matelot (art. 65); le fait d'un capitaine qui aurait accordé en mer le rachat d'un navire pris par lui sur l'ennemi (art. 67); la relâche non justifiée, dans un port étranger, d'un capitaine qui aurait opéré une prise (art. 68, 69): le vol d'objets appartenant à un navire pris sur l'ennemi (art. 70): le fait d'un capitaine qui naviguerait sans être muni des papiers prescrits par les réglements (art. 72), ou manquant de quelqu'un de ces papiers (art. 97, 101), ou bien lorsque ceux-ci seraient expirés (art. 98), ou avec des papiers délivrés par deux ou trois états différents (art. 73); les déprédations ou violences commises sur un navire sarde, ou étranger appartenant à une nation avec laquelle la Sardaigne fût en paix (art. 74, 81, 82 et 91): la prise d'un navire ennemi de la part d'un capitaine corsaire sans avoir hissé son pavillon (art. 77); l'enrôlement d'un marin sarde sans permission, sur un navire corsaire ou de guerre ennemi (art. 78 et 80); la participation de sujets sardes dans les prises faites par des ennemis sur d'autres sujets sardes (art. 79); le fait des individus d'un équipage qui s'empareraient d'un navire sur lequel ils seraient embarqués (art. 83), ou qui livreraient un navire à l'ennemi (art. 84), le fait des personnes qui auraient participé à la perpétration des crimes et délits mentionnés dans le réglement susdit (art. 85, 86); le fait d'un capitaine qui fera naufrager volontairement son navire, le détournera de son voyage, jettera sans nécessité tout ou partie du chargement à la mer, ou empruntera sans besoin et sans autorisation des sommes sur le corps et agrés du navire (art. 87 à 90 et 107); le fait de tout individu qui dégradera les vivres du navire (art. 92, 93); les fausses déclarations ou falsifications d'écritures de quelque espèce que ce soit (art. 95, 95); les voyages faits par des capitaines hors des limites prescrites, sans autorisation (art. 99); le trafic des papiers de bord (art. 100); la simulation de la propriété d'un navire (art. 101); les hostilités commises par un navire marchand contre un navire de guerre (art. 102); l'embarquement de munitions de guerre sans l'autorisation voulue (art. 103, 105); le transport d'esclaves (art. 104); la négligence du capitaine à charger son navire, négligence qui l'aurait mis en danger de se perdre (art. 106); l'abandon de marins sardes naufragés qui se trouveraient dans des pays lointains où il n'y aurait pas d'officiers consulaires (art. 108), le refus des capitaines, de se conformer aux prescriptions de l'art. 209 du réglement pour la marine marchande inséré au § 381 (art. 109 du réglement pénal susdit), de prêter secours aux naufragés (art. 111 ibid); de recevoir des délinquants ou des personnes suspectes à leur bord lorsque le consul l'ordonne et que les navires sont destinés pour un point rapproché des États sardes (art. 112 ibid); le fait d'un capitaine qui laisserait s'évader un desdits individus (art. 112 ibid); la négligence de tenir le journal de bord voulu par les art. 212, 213 du réglement pour la marine marchande (art. 113 dudit réglement pénal), ou de faire mention dans le journal, des décès qui ont lieu à bord étant en mer, ou de dresser un inventaire des objets laissés par les défunts (art. 114 ibid); toutes les omissions faites dans la tenue du journal de bord, et non prévues par les réglements (art. 115 ibid); les corrections laites au journal ou l'insertion de faits non réels, etc. (art. 116); les falsifications commises relativement aux papiers de bord (art. 119 ibid); le fait d'un capitaine d'avoir mal-traité un matelot de son équipage ou un passager (art. 126); le fait d'un individu qui irait réclamer aux adminis-trateurs de la marine des salaires ou autre chose sous le nom d'un autre (art. 128 ibid); la vente faite de la part d'un matelot de son livret maritime (art. 129).

Le consul peut toutefois être délégué pour juger lui-même ces divers délits. Je ferai enfin observer que les marins em-barqués sur des navires corsaires, sont soumis aux lois con-cernant la marine militaire et jugés par le conseil d'amirauté excepté dans les cas de simple désertion (2).

(1) §§ 412, 413, 226, 254 *infrà*. (2) Voy. R. édit du 18 juillet 1826. Voy. art. 61 du réglem. pénal maritime.

LIVRE 8ᵉ — CHAPITRE 2.

JURIDICTION CIVILE ET COMMERCIALE DES CONSULS SUR LES MARINS SARDES, SUIVANT LES LOIS SARDES.

§ 420. *Quels sont les questions que les consuls peuvent juger d'après les lois sardes?*

Les consuls ont aussi la faculté de juger, comme il a été dit (1) :

1° Les différends qui peuvent s'élever entre les individus composant les équipages des navires marchands, ou entre ceux-ci et les passagers pour nolis, aliments, salaires, etc. (2).

2° Les questions dépendant des sommes que les patrons

et capitaines doivent fournir aux marins, qu'ils débarquent pour cause de désarmement du navire ou de maladie (3).

Les chefs d'arrondissement sont aussi compétents pour connaître des questions sus-indiquées (4).

La procédure doit avoir lieu d'une manière sommaire et en présence des parties afin de n'apporter aucun retard aux navires (5).

(1) § 279 *infrà*. (2) Voy. art. 93, 96 et 224 du régl. de 1827 pour la marine march. (3) Art. 203, ibid. art. 285, 289, 295 du cod. de omm. (4) Art. 69 du régl. consulaire de 1815. (5) Voy. §§ 282 et suivants *infrà* pour la procédure.

§. 421. *Quelles sont les fonctions des officiers consulaires d'après les lois sardes, relativement aux avaries et aux naufrages?*

Pour bien déterminer la part que les lois et les réglements sardes laissent aux consuls (1) dans les cas d'avaries et de naufrages, il faut distinguer non seulement l'avarie du naufrage, mais encore l'avarie légère, qui n'oblige pas le capitaine à s'arrêter pour réparer le navire, de celle qui l'empêche de continuer sa route avant de l'avoir réparé.

Il faut encore voir si l'avarie ou le naufrage doit être constaté dans un port de relâche, ou dans celui de la destination du navire.

Dans les cas susdits, le capitaine est tenu, avant tout, dans les 24 heures de son arrivée (2) et au plus tôt possible, s'il s'agit de naufrage (3), de se présenter au consul pour lui faire son rapport en conformité des articles 257 et 261 du code de commerce (4), et en cas de naufrage, de le faire certifier par les individus composant son équipage (5).

(1) Le mot consul est pris ici dans l'acception la plus large et s'applique aussi aux chefs d'arrondissement. (2) Art. 257, 259 du cod. de comm. (3) Art. 261 ibid. (4) Art. 267 ibid. (5) Art. 262 ibid.

§ 422. *Ce que le consul doit faire en cas de simple avarie.*

Si le capitaine n'avait que des doutes d'avarie ou si cette avarie ne nécessitait aucune réparation, n'étant que de relâche dans un port, où il aurait fait son rapport, il en recevrait une copie authentique pour lui servir de pièce justificative vis-à-vis des propriétaires du navire ou des marchandises au port de sa destination, ainsi que devant le magistrat compétent, soit consul de sa nation, soit juge du lieu, suivant les lois de chaque pays à ce sujet (1).

Si l'avarie constatée dans le port de relâche et même dans celui de destination, quand le consul est appelé à la régler lui-même, nécessite des réparations, le consul doit procéder à plusieurs formalités afin d'autoriser le capitaine à les faire exécuter et à en payer le coût.

(1) Voy. §§ 406, 407, 408, 409 *infrà*.

§ 423. *Suite au § précédent.*

Ces formalités consistent principalement, après le rapport fait et après l'apposition du visa au journal de bord à la même date du rapport : 1° En la pétition du capitaine, requérant le consul de nommer des experts pour constater l'état du navire, la possibilité de le réparer (1), le besoin de le décharger pour y faire les réparations nécessaires et le montant de la dépense ;

2° Le décret du consul autorisant l'expertise et nommant les experts :

3° Le procès-verbal constatant la prestation de serment de la part des experts :

4° Le rapport des experts :

5° La demande que le capitaine adresse au consul de pouvoir emprunter à la grosse, sur le corps, quille et agrès du bâtiment et sur les marchandises, pour faire face aux dépenses sus-indiquées ou de pouvoir vendre des marchandises pour ce même objet, si les circonstances l'exigent ;

6° La légalisation de toutes les pièces qui n'auraient pas été faites au consulat, telles que les notes des fournisseurs pour le radoub du navire, etc.

(1) Voy. art. 399 du code de commerce.

§ 424. *Suite aux deux §§ précédents.*

Avec ces documents et autres que, suivant les circonstances, le consul se trouve dans le cas de délivrer, le capitaine se présente au consulat du Roi dans le lieu de sa destination ou à l'autorité locale, pour faire procéder au règlement de l'avarie, si les intéressés ne préfèrent pas se mettre eux-mêmes d'accord (1).

Si l'avarie n'est dénoncée que dans le port de destination, le consul préside ou non à son règlement définitif, suivant que le gouvernement local lui en laisse ou non la faculté (2).

(1) Voy. §§ 431, 432, 436 *infrà*. (2) §§ 406 et suivants *infrà*.

§ 425. *En cas de naufrage, le consul doit prendre des mesures préventives dans l'intérêt des gens de l'équipage et du chargement, ainsi que du navire.*

Dès qu'un consul a connaissance d'un naufrage, bris. etc. (1), sur un point quelconque de son district consulaire et dans le cercle de sa résidence (2), il doit prendre de suite toutes les mesures nécessaires pour secourir l'équipage et les passagers, et pour sauver le navire et les marchandises (3). Les individus de l'équipage sont tenus de travailler au sauvetage du navire (4), sous peine de détention, et il en serait de même des autres matelots sardes qui se trouveraient sur les lieux, ainsi que des capitaines et des patrons (5). On paie les journées employées à ce travail, soit aux matelots du bord, soit aux autres marins (6).

Si les matelots ne suffisent pas, on tâche de trouver des journaliers auxquels on paie aussi la journée (7).

(1) Le § 408 indique les pays où les consuls s'occupent des sauvetages (2) Dans les arrondissements ce sont les vice-consuls et les pro-consuls qui dirigent les sauvetages. (3) Art. 99 du règl. cons. de 1815. (4) Art. 15 du règl. pénal de la marine march. et art. 118 du règl. de la marine march. de 1827. (5) Art. 111 du règl. de la marine march. et 111 du règl. pénal de la marine march. (6) Art. 284 du code de comm. (7) Art. 284 du code comm.

§ 426. *Quand est-ce que le consul fait* rapatrier *les ma-telots de l'équipage?*

Lorsque les matelots ne sont plus nécessaires (1), le consul les fait *rapatrier* par le moyen le plus économique, par navire national en raison de 80 cent. par jour (2), ou par navire étranger (si les circonstances politiques le permettent (3), à un taux raisonnable et convenu d'avance, en les dirigeant dans un port sarde, ou dans un autre qui en soit le plus rapproché, s'ils n'ont pû être employés en leur qualité sur des navires nationaux (4).

Faute d'occasions par mer ils peuvent être renvoyés par terre avec l'indemnité de 10 centimes par mille de Piémont (5).

Les capitaines et les patrons doivent également être dirigés vers les Etats sardes, dès que leur présence n'est plus nécessaire ; mais les réglements consulaires et maritimes et les circulaires ministérielles ne font aucune différence entre eux et les matelots sur le montant de l'indemnité qu'ils peuvent prétendre pour rentrer dans leur pays, soit par terre, soit par mer (6). Cependant à cause de leur grade il serait peut être convenable que leur indemnité de voyage fût plus élevée que celle assignée aux matelots (7).

(1) Art. 284 du code de commerce. (2) Voy. circ. 57 du 29 juillet 1835 : Nota. — Les capitaines allant dans les Etats sardes ou dans leur direction, ne peuvent refuser de se charger du transport des naufragés; voy. art. 208 du régl. de la marine march. et § 460 *infrà*. (3) Circ. de l'amirauté du 16 juin 1834 et autre du 5 mai 1827. (4) Circ. de l'amirauté du 5 mai 1827 et du 16 juin 1834, circ. 57 de 1835. circ. 58 du 3 sept. 1835, art. 118 du régl. de la marine march. de 1827 et art. 102, 103, 104 du régl. cons. de 1815. (5) art. 118 du régl. de la marine march. (6) Voy. les notes 1 et 2 de ce § 426. Voyez circ. 57 de 1835. (7) La France ne fait pas non plus de différence entre les officiers et les matelots ; voy. lettre du ministre de la marine de France, aux consuls, du 13 mai 1832, citée par M. Laget de Podio dans sa *Nouvelle Juridiction des consulats*. — *N. B.* Par accord fait avec l'autorisation supérieure entre le consul-général de S. M. a

Marseille et l'administration des vapeurs sardes, il a été convenu que les marins naufragés, seront transportés sur lesdits vapeurs de Marseille à Gênes, en payant seulement 80 centimes de nourriture s'ils sont moins de quatre et cinq l. n. chacun, outre le prix de la nourriture, s'ils sont quatre ou plus.

§ 427. *Par qui sont remboursés les frais faits pour le rapatriement de l'équipage et des passagers et autres dépenses.*

Les dépenses faites pour le *rapatriement* de l'équipage sont remboursées sur le prix des objets sauvés, ou par la caisse des invalides de la marine, si tout a été perdu (1). Il en est de même de celles faites par le consul pour l'assistance du navire et de l'équipage, comme frais de voyage au lieu du naufrage (2), etc. Les émoluments consulaires sont seulement remboursés dans le cas où le prix des objets sauvés suffit au paiement des dépenses.

Les passagers qui ont tout perdu, sont également renvoyés dans leur pays, mais aux frais du trésor (3), sauf la faculté qu'a le gouvernement de se faire rembourser par ceux qui en ont les moyens.

(1) Art. 50 du régl. de 1835 et circ. 57. (2) Lettre du ministère des affaires étrangères à un consul, du 14 oct. 1818; circ. 80 du 15 nov. 1841 et §§ 352, 353 *infrà*. (3) Art. 100 et 101 du régl. cons. de 1815 et § 353 *infrà*.

§ 428. *Le consul doit faire une enquête pour découvrir si le naufrage n'a pas eu lieu par malice ou par négligence de la part du capitaine. — Il vise le journal de bord et donne avis du sinistre à l'intendance-générale de la marine.*

Ainsi qu'il a été dit plus haut (1), le capitaine doit dans le plus bref délai possible, faire son rapport au consul et demander qu'il soit certifié par les matelots de son équipage (2). Le consul est, de son côté, tenu de s'assurer, s'il n'y a pas eu malice ou négligence de la part du capitaine.

pour avoir par exemple, trop chargé le navire (3), ou fait une fausse manœuvre pour le perdre, ou si le capitaine ou le patron est sans permission en dehors des limites des voyages qu'il est autorisé à faire en vertu de son grade (4). Si un de ces cas se vérifie, le consul doit en dresser procès-verbal, faire arrêter le capitaine ou le patron, s'il y a lieu, et le faire traduire dans les États sardes (5).

Le consul vise en outre le journal de bord, chaque fois qu'il reçoit un rapport de mer (6). Un des premiers soins du consul est aussi celui d'annoncer le sinistre à l'autorité supérieure de la marine et, par son intermédiaire, aux propriétaires du navire et des marchandises et aux assureurs.

(1) § 424 *infrà*. (2) Art. 261 et 262 du code de comm. (3) On pourrait ajouter le cas où il aurait abandonné le navire sans l'avis préalable de l'équipage; s'il avait négligé de sauver les papiers du bord et les marchandises précieuses. Voy. art. 107 du règl. pénal pour la marine march. (4) Art. 90 du règl. pénal susdit. (5) Art. 120 du règl. cons. de 1815. art. 18 du règl. pénal susdit. (6) Voy. §§ 443 et 447 *infrà*.

§ 429. *Pétition du capitaine au consul pour qu'il nomme des experts à l'effet de reconnaître s'il convient d'opérer le sauvetage.*

Après avoir fait son rapport et après que les mesures préalables et indispensables ont été prises, soit par le consul, soit par le capitaine lui-même, afin de sauver les personnes qui étaient à bord, le navire et la cargaison, le capitaine doit adresser au consul, comme dans les cas d'avaries (1), une pétition signée par lui, dans laquelle il répète brièvement les faits exposés dans le rapport et le prie de nommer des experts, afin de reconnaître l'état du navire et de la cargaison, et de voir s'il convient de procéder au sauvetage : ce qui ne peut avoir lieu que lorsque les frais ne dépassent pas la valeur des objets qu'il est probable de pouvoir sauver (2).

Les experts, après avoir prêté serment entre les mains du consul, comme il a été dit précédemment (3), au sujet des avaries, procèdent à la visite du navire et de la cargaison, et dressent leur rapport.

(1) § 423 *infrà*. (2) Circ. 57 du 29 juillet 1835. (3) § 423 *infrà*.

§ 430. *A quelles conditions le consul peut-il autoriser le sauvetage et la réparation du navire?*

Si l'avis des experts est que les objets qu'ils jugent possible de sauver, peuvent faire face aux frais du sauvetage, le consul peut autoriser le capitaine à y faire procéder, ou y faire procéder lui-même de la manière qui sera indiquée ci-après (1).

Il en est de même lorsqu'après avoir sauvé le navire et les marchandises, il s'agit de savoir, s'il convient de remettre le navire à flot et de le réparer. D'après une nouvelle ordonnance consulaire, on procède à une seconde expertise et si l'avis des hommes de l'art est que les frais ne dépassent pas les 3 4 de la valeur du navire y compris les frais de sauvetage (2), le consul peut en autoriser la remise à flot et la réparation.

(1) § 431, 432 et 433 *infrà*. (2) Art. 399 du code comm.

§ 431. *Ce que le consul doit faire en cas de naufrage pour mettre sa responsabilité à couvert.*

Dans aucun cas le consul ne doit agir seul dans les sauvetages; et même après les expertises faites et avant qu'on mette la main à l'œuvre, soit pour procéder au sauvetage, soit pour réparer le navire, il est tenu de prendre les précautions suivantes afin de ne pas s'exposer à faire des frais, dont il lui serait difficile d'obtenir le remboursement.

Avant tout le consul laissera, autant que possible, aux capitaines, aux propriétaires, aux assureurs ou aux recommandataires des navires, le soin de procéder aux opérations susdites, et dans ce cas il n'interviendra que comme magistrat pour autoriser les opérations y relatives et régulariser les pièces qui doivent les justifier devant les autorités à qui il appartient de faire la répartition des dommages et des frais (1).

(1) Circ. 57 susdite.

§ 432. *Suite du même sujet.*

Si le consul était requis par les ayant-droits, de se charger des soins du sauvetage, il devrait exiger d'eux ou les fonds nécessaires, ou tout au moins une soumission écrite de payer les dépenses, quelles qu'elles pussent être (1), et faire constater que tout à été fait d'accord et d'après la demande du capitaine ou autre représentant qui reconnaîtra le tout, en apposant sa signature aux procès-verbaux et aux comptes, qui doivent être expédiés à Gênes pour le règlement final du sinistre (2). Pour la plus grande satisfaction des intéressés et afin d'éviter toute responsabilité, le consul fera bien de se servir du moyen des enchères publiques, toutes les fois qu'il s'agira de faire des frais pour compte du sauvetage, et quand cela est permis par les lois et usages du pays (3).

(1) Circ. 57 susdite. et circ. de l'amirauté du 16 juin 1834. (2) Circ. 57 susdite. (3) Circ. 57, déjà citée.

§ 433. *Ce que le consul doit faire en cas d'abandon d'un navire.*

Bien que quelquefois il y ait probabilité de sauver une partie du navire et des marchandises, suffisante pour faire face aux frais de sauvetage, il arrive néanmoins que, de crainte de s'exposer à la chance opposée, les propriétaires ou les assureurs en font l'abandon. Alors le consul peut bien chercher à sauver ce qui est susceptible de l'être mais pour ne pas se compromettre, il doit offrir aux meilleures conditions possibles pour les intéressés. une portion proportionnelle des objets à sauver aux frais et risques de la personne qui se charge de l'opération.

§ 434. *Comment le consul doit procéder aux adjudications dans les cas de sauvetage.*

Toutes les fois que le consul doit procéder à une adjudication, il invite le public par la voie des journaux, ou par un autre moyen en usage dans le pays, à se présenter au consulat à jour et heure fixes, et dresse procès-verbal de ce qui a été décidé suivant les règles établies par les lois, pour les opérations de ce genre ; il en fait de même en cas d'emprunt à la grosse. Ce dernier acte doit en outre, être précédé de la demande du capitaine ou autre intéressé, et d'une ordonnance du consul qui autorise à emprunter.

§ 435. *Le consul doit veiller à ce que rien ne se perde des objets sauvés. — Il doit en faire dresser un inventaire et les mettre en magasin. — Il doit les vendre aux enchères, ou même à l'amiable.*

Soit que le consul fasse opérer lui-même le sauvetage, soit qu'il en laisse le soin au capitaine ou aux propriétaires, il doit veiller par lui, ou par ses employés à ce que rien ne se perde et qu'il soit sauvé le plus possible des débris du navire et des marchandises.

Les objets sauvés doivent être inventoriés par le consul avec l'assistance du chancelier (1). Il serait bien de donner à chaque objet, sa dénomination technique et d'en indiquer la valeur.

Ces objets sont ensuite mis en magasin à mesure qu'on les retire de l'eau et soignés ; mais s'il y a à craindre qu'ils ne se détériorent avant la fin des opérations, ou si les frais de magasinage et de conservation sont trop élevés, ils doivent être vendus immédiatement (2).

Que la vente ait lieu immédiatement ou après que le

sauvetage a été opéré, les objets sauvés doivent toujours être vendus aux enchères publiques (3), à moins que le consul ne reconnaisse la convenance de les vendre de gré à gré, soit à cause des frais que la vente aux enchères entraîne toujours à sa suite, soit parce qu'il lui paraîtrait que l'offre amiable dépassât ce qu'on pourrait attendre d'une vente publique, ce dont le consul devrait faire mention dans l'acte de vente.

(1) Art. 99 du régl. cons. de 1815. (2) Art. 110, 113 du régl. de la marine march. de 1827. (3) Art. 113 précité.

§ 436. *Les propriétaires ou autres intéressés peuvent retirer les objets sauvés en payant les frais de sauvetage. — Le consul nomme souvent un tiers consignataire.*

Toutes les fois que les propriétaires du navire ou des marchandises, ou leurs représentants, ou bien les assureurs, si l'abandon a été fait de la part des premiers, offrent de payer, en ce qui les concerne, les frais du sauvetage opéré par le consul, ils peuvent retirer lesdits objets contre le dépôt du montant réel ou approximatif desdits frais ou contre une caution solvable.

Quand le consul doit *ex officio* ou sur la demande des intéressés, s'occuper d'un sauvetage, il nomme ordinairement un tiers consignataire afin de retirer l'argent provenant de la vente des objets sauvés et de payer les frais d'après ses ordres, s'il ne veut encourir lui-même aucune responsabilité à cet égard.

§ 437. *Le consul fait faire la répartition des frais échéant au navire et aux marchandises. — Il expédie à l'intendance-générale de la marine tous les actes et le produit de la vente des objets sauvés. — Si le navire est remis à flot, tous les actes sont consignés au capitaine.*

Lorsque toutes les opérations de sauvetage sont terminées,

soit que le navire vienne à être réparé, soit qu'il vienne à être vendu, ainsi que les marchandises, le consul délègue des liquidateurs pour faire la répartition des frais échéant au navire et aux marchandises; ceci fait, il expédie à l'intendance générale de la marine, à Gênes, toutes les pièces dûment certifiées par lui, en copie, s'il s'agit d'actes passés à la chancellerie, ou en original, s'il s'agit d'actes émanés des particuliers ou des administrations locales (1).

Le produit de la vente des objets sauvés ou les objets eux-mêmes, s'ils n'ont pas pû être vendus, sont aussi adressés à ladite intendance générale (2).

Si le navire a été remis en état de reprendre la mer, dans un port de relâche, tous les papiers sont consignés au capitaine pour en faire tel usage qu'il appartient, au lieu de sa destination ou ailleurs (3).

(1) Circ. 57. (2) Art. 146 du régl. de la marine march. (3) § 424 *infrà*. des avaries.

§ 438. *Par qui sont résolues les questions concernant les sauvetages?*

Toutes les questions résultant du naufrage et du sauvetage doivent être résolues par l'autorité supérieure à Gênes devant qui elles doivent être portées, ce qui n'empêche pas que le consul connaisse des questions accidentelles qui pourraient s'élever pendant l'opération du sauvetage et qui ne toucheraient pas au mérite de l'affaire en principal (1).

(1) Voy. cependant le § 408 *infrà* et les traités y mentionnés.

§ 439. *Ce que le consul doit faire quand un navire a besoin de réparations ou de victuailles.*

Il arrive quelquefois qu'un navire, sans avoir éprouvé des avaries pour cause de mauvais temps, a néanmoins besoin d'être réparé, ou que les vivres viennent à lui manquer: sur la demande du capitaine appuyée d'un procès-verbal dressé par lui, d'accord avec l'équipage, le consul l'autorise à pourvoir à l'un et à l'autre, en faisant un em-

prunt à la grosse, ou en vendant ou mettant en gage une
portion des marchandises ou des agrès du bâtiment (1).

S'il parvient à la connaissance du consul qu'un navire ait
besoin de réparations ou de vivres, sans que le capitaine
pense à y pourvoir, il peut le contraindre à faire les réparations et à acheter les vivres de la manière indiquée ci-
dessus (2).

(1) Art. 250 du code de commerce. (2) § 494 *infrà*.

LIVRE 8ᵉ — CHAPITRE 3.

DES NAVIRES ARMÉS EN COURSE.

§ 440. *Les navires armés en course sont soumis à la
juridiction consulaire.*

Quoique les capitaines qui arment en course soient obligés,
aussitôt qu'ils ont fait une prise, de l'amener dans le port
d'armement (1), il peut arriver cependant qu'à cause du
mauvais temps, ou de la proximité de l'ennemi, etc., ils
relâchent dans un port étranger où les consuls de S. M.
se trouvent pour cela dans le cas d'exercer sur eux, indépendamment de l'ordinaire, une juridiction toute spéciale
comme magistrats judiciaires et comme administrateurs.
J'indique ici quels sont les devoirs des consuls en leur première qualité et me réserve, à mesure que l'occasion s'en
présentera, d'énumérer ceux qu'ils ont à remplir par rapport à la seconde.

(1) Art. 142 et 161 du règl. de 1827 pour la marine march.

§ 441. *Rapport au consul de la part des capitaines corsaires et inventaire des prises. — Envoi du rapport
et de l'inventaire au président du conseil d'amirauté.*

Le consul doit avant tout recevoir des capitaines des navu es armes en course, un rapport qui justifie la cause de leur arrivée dans le port (1), et énonce toutes les circonstances qui ont accompagné la prise.

2° Il dresse un inventaire exact de la prise, inventaire qui doit être écrit par le chancelier et fait en présence du capitaine de la prise et de deux témoins nationaux, s'il est possible ; les témoins signent avec le consul qui a présidé à l'acte et avec le chancelier (2).

Si la déclaration était reçue et l'inventaire fait par un chef d'arrondissement qui n'aurait pas de chancelier, on emploierait un témoin de plus (3).

Copie de la déclaration et de l'inventaire est expédiée au président du conseil de l'amirauté et une autre copie est remise au capitaine de la prise, s'il la demande (4).

Si lesdits actes ont été faits par un chef d'arrondissement celui-ci doit en envoyer une copie à son chef de district et faire conduire la prise dans le port de résidence de ce dernier (5).

(1) Art. 142, 152 et 161 du régl. pour la marine marchande de 1827. Si le navire qui a fait la prise, est un vaisseau de guerre, l'officier qui aura pris le commandement du navire capturé, après avoir dressé un inventaire, remettra à l'administrateur de la marine du lieu (à l'étranger c'est le consul), tous les papiers relatifs à la prise, et lui déclarera la nature et la qualité du chargement. Il expédira en outre au président de l'amirauté un rapport cacheté dans lequel il rapportera toutes les circonstances susdites. (2) Art. 161 du régl. susdit de 1827. (3) Art. 123 du régl. cons. de 1815. (4) Art. 124 du régl. cons. de 1815 et art. 153 du régl. susdit de 1827. (5) Art. 125 du régl. cons. de 1815

§ 442. *Vente de la prise après ou avant le prononcé de la sentence.*

Après que la sentence a été prononcée et que l'officier consulaire en a reçu une copie, d'où il résulte que la prise a été déclarée légitime, il fait procéder à la vente aux encheres publiques des objets de la prise, et il y assiste en faisant tenir note des objets vendus et des personnes qui les ont achetés. Cette note est signée par le consul, par l'officier qui a procédé aux enchères et par ceux qui y ont assisté, et copie authentique en est donnée aux personnes intéressées, si elles la demandent (1).

Si parmi les objets pris, il y en avait qui ne pussent pas être conservés, le consul pourrait, même avant le prononcé de la sentence, les faire vendre dans les formes sus-indiquées et en déposer le produit à sa chancellerie (2).

(1) Art. 126 du règl. cons. de 1815 et 157 et 158 du règl. de 1827 pour la marine march. (2) Art. 127 du règl. cons. de 1815 et 156 pour la marine march.

> § 443. *Envoi au président du conseil d'amirauté des actes relatifs à la prise. — Les consuls peuvent autoriser le rachat des prises.*

Tous les actes concernant la prise, faits après le prononcé de la sentence, doivent être également envoyés au président du conseil de l'amirauté à Gênes, pour la liquidation définitive (1).

Les consuls ont cependant la faculté d'autoriser le rachat des prises amenées dans le port de leur résidence, soit par un corsaire, soit par un navire de guerre du Roi ; mais ils doivent avoir soin, en ce cas, d'assurer les intérêts de la caisse des invalides de la marine et le paiement des frais de la procédure, et de ne permettre la délivrance de la prise que lorsque la somme convenue a été déposée entre leurs mains (2).

La somme que les consuls doivent faire déposer pour la portion due à la caisse des invalides, est de dix pour cent, s'il s'agit de la prise d'un navire marchand, et du cinq pour cent, s'il s'agit de celle d'un corsaire ou d'un vaisseau de guerre, plus une somme approximative pour le montant des frais (3).

(1) Art. 128 du règl. cons. de 1815 et 159 du règl. pour la marine march. (2) Art. 144, 170 du règl. pour la marine march. (3) Art. 170 et 171 du règl. pénal pour la marine march. susdite.

§ 444. *Les consuls ne peuvent être intéressés dans les armements en course.*

Enfin au sujet des prises, je crois devoir ajouter, que si les consuls avaient quelques intérêts, soit directs, soit indirects, sur les armements en course ou en course et marchandises, ou se rendaient directement ou indirectement adjudicataires de marchandises provenant des prises mises par eux en vente, ils encourraient la peine de la destitution et même des peines plus graves suivant les circonstances (1).

(1) Voy. § 82 *infrà* et art. 71 du règl. pénal marchand.

LIVRE 8° — CHAPITRE 4.

INDICATION DES DOCUMENTS DONT LES CAPITAINES ET PATRONS DOIVENT ÊTRE MUNIS, ET DE LEURS PRINCIPAUX DEVOIRS A LEUR ARRIVÉE DANS UN PORT DE RÉSIDENCE CONSULAIRE.

§ 445. *Avant-propos.*

J'ai indiqué quel est le degré d'autorité, que d'après les traités ou l'usage reçu chez toutes les nations, il est permis aux consuls d'exercer sur les marins et les navires de leur nation ; j'ai dit aussi comment lesdits consuls exercent leur autorité d'après les lois sardes, soit au civil, soit au criminel ; je ferai connaître maintenant quels sont les devoirs des marins et leurs rapports avec les consuls en considérant ces derniers comme officiers de police et d'administration.

J'indiquerai cependant, avant tout, de quels documents doivent être munis les navires et les marins nationaux, afin d'être reconnus comme tels par les consuls, et je dirai quels sont les principaux devoirs des capitaines et des patrons à leur arrivée dans un port de résidence consulaire.

§ *446. Quels sont les documents qui doivent être présentés pour que les consuls puissent reconnaître comme nationaux les navires portant le pavillon sarde?*

Afin que les consuls puissent considérer comme sarde, un navire pour lequel il leur serait demandé assistance, il faut que cette qualité leur soit démontrée.

Les navires couverts du pavillon sarde de quelque espèce qu'ils soient, allant à l'étranger (1), doivent être munis des papiers de bord, consistant dans la patente de nationalité, le rôle d'équipage et le passeport maritime (2). Pour ceux qui doivent prendre le pavillon sarde il sera indiqué plus bas, comment ils peuvent l'obtenir (3).

Les capitaines et patrons qui manqueraient de quelqu'un desdits documents, seraient passibles de peines plus ou moins sévères, suivant la gravité des cas (4). Il en serait de même à l'égard de ceux qui en auraient quelqu'un d'expiré (5).

Les consuls exigent en outre l'exhibition du *scontrino* qui sert aux navires pour se faire reconnaître par les autorités barbaresques (6).

Les capitaines armés en course, outre les papiers mentionnés ci-dessus, doivent avoir des lettres de marque expédiées en conformité des réglements (7). S'il ne s'agit que d'un officier de bord, qui aura été chargé par un capitaine de navire corsaire d'accompagner un bâtiment capturé, il suffit qu'il soit muni de l'expédition mentionnée à l'art. 149 du réglement de 1827 pour la marine marchande, et qui lui est délivrée par le capitaine.

(1) Voy. art. 1 et 7 du R. Brevet du 5 août 1841 ; voy. aussi dans ledit brevet par qui sont délivrés les papiers du bord et le montant des droits qu'on paie pour chacun. (2) Art. 63 du régl. pour la marine march., de 1827 ; art. 116 du régl. cons. de 1815 , et art. 242

du code de comm. Avant 1841, ce document était désigné sous le nom de passavant maritime. (a) (3) § 469 *infrà*. (4) Voy. à ce sujet les art. 72 et 97 du régl. pénal pour la marine march. (5) Art. 98 ibid (6) Traité de la Sardaigne avec le Maroc, de 1825. (7) Art. **123**, **124**, **128** du régl. de 1827 pour la marine march.

(*a*) Voy. R. Brevet du 3 août 1841, art. 1; voy. pour la durée des papiers de bord la 4ᵉ note du § 467 *infrà*,

§ 447. *Les capitaines et patrons de navires au-dessus de 30 tonneaux doivent tenir un journal de bord. — Destination de ce journal. — Par qui les capitaines et les patrons illettrés font-ils tenir le journal de bord? — Les consuls autorisent les capitaines et les patrons à y ajouter un supplément ou à s'en procurer un nouveau.*

Les capitaines et patrons, commandant des navires au-dessus de trente tonneaux doivent tenir un journal de bord, pour y enregistrer tous les événements remarquables de leur navigation et en outre, les naissances, les décès, les testaments qui ont lieu à bord, les salaires donnés aux matelots, les conventions d'enrôlement, les désertions, les actes d'insubordination, et tout ce qui concerne la police de la navigation (1).

Les capitaines ou patrons illettrés, font tenir le journal par un individu de l'équipage et y apposent chaque jour leur signe de croix (2).

Ce journal doit être visé par le consul en cas de rapport d'avaries ou de naufrages et toutes les fois que les capitaines le désirent.

Si ledit journal était rempli au moment du départ du navire, le consul devrait y ajouter lui-même les feuilles nécessaires pour le voyage, en parapher et numéroter chaque feuille et rendre authentique ce supplément avec sa signature. (3). Il en est de même quand les capitaines ont besoin d'un journal à l'occasion d'armement ou de perte de celui qu'ils possédaient.

(1) §§ 448 et 449 *infrà*. . . Art. . . 212, 213 . . du régl. pour la

marine march., de 1827; et 113. 115 du régl. pén. pour la marine march. de la même année. (3) Voy. Modèle n° 41; voy. en outre le § 556 *infrà*.

> § 448. *Comment les capitaines, les patrons et les autres marins se font-ils reconnaître par les consuls ? Id. les patrons pêcheurs ?*

Les capitaines et les patrons font reconnaître leurs qualités respectives par l'exhibition de leurs patentes ou livrets maritimes et les autres marins par celle du livret (1), sauf toujours ce qui est établi à l'égard des individus qui voyagent pour leurs affaires, car en ce cas ils sont comme les autres sujets sardes, tenus d'avoir un passeport ordinaire (2).

Enfin, depuis 1844 les patrons pêcheurs exhibent aux consulats, avec les papiers du navire, une permission d'aller faire la pêche à l'étranger, qui leur est délivrée par l'intendance générale de la marine et leur tient, pour ainsi dire, lieu de patente.

(1) Voy. articles 66 et 100 du régl. de 1827 pour la marine march., et 23 du R. Brevet du 17 sept. 1842. (2) V. art. 23 dudit Brevet.

> § 449. *Quelle est la juridiction que les consuls exercent sur les marins ?*

Aussitôt qu'un navire et l'individu qui se présente comme capitaine ou comme patron, ou marin sarde, ont été reconnus, le consul doit leur prêter toute la protection et l'assistance auxquelles leur qualité leur donne droit, et exercer sur eux la juridiction qui lui est attribuée par les traités avec les puissances étrangères et par les lois sardes.

La juridiction consulaire regarde : 1° les questions que le consul est appelé à résoudre comme juge, soit au criminel, soit au civil, soit commercialement, et dont il a été parlé plus haut (1); 2° la police de la navigation; 3° les actes de juridiction volontaire ou administrative.

(1) Voy. liv. 4 chap. 4, 5, 6, 7 et § 411 et suiv. *infrà*.

§ 450. *Les capitaines sont obligés de se présenter avec leurs papiers aux consulats.*

Les capitaines et les patrons, à leur arrivée dans un port étranger avec un navire sarde, sont obligés, dans les vingt-quatre heures, de présenter eux-mêmes au consulat sarde les papiers de bord (1), ainsi que leur patente de capitaines ou de patrons, que le consul fait inscrire dans un registre à ce destiné (2), avec la date de l'arrivée et celle du départ, l'indication du chargement à l'entrée et à la sortie, et celle du pays de provenance et de destination (3).

Les capitaines et les patrons qui vont dans les échelles du Levant et de Barbarie doivent, en outre, présenter au consul tous les papiers concernant la santé, et l'informer exactement de l'état sanitaire de l'équipage (4).

(1) Voy. § 446 et suiv. *infrà.* (2) Voy. art. 108 du régl. cons. de 1815, et circ. 58, pag. 9, du 5 sept. 1835. (3) Voy. modèle n° 15. (4) V. y. art. 71 des RR. PP. du 16 sept. 1816; l'art. 72 suiv. ordonne aux capitaines allant dans les pays du Levant et de Barbarie, de se munir d'une patente de santé au consulat de S. M. du port de leur départ quand c'est un pays chrétien, et de la faire viser par tous les consuls et vice-consuls qu'ils rencontrent dans le cours du voyage. mais maintenant on considère comme suffisantes les patentes délivrées par les administrations publiques de santé de chaque pays.

§ 451. *Les capitaines remettent aux consuls le manifeste de leur chargement. — Ils exhibent le journal de bord et font un rapport sur les événements remarquables de leur voyage.*

Les capitaines et les patrons allant dans le Levant et en Barbarie, sont tenus ensuite à remettre aux consulats une copie du manifeste de leur chargement (1). Mais tous les consuls étant obligés de faire annuellement un rapport sur la navigation et le commerce, ceux hors du Levant et de Barbarie pourraient aussi. pour cette raison, se faire présenter ce manifeste, et ce, d'autant plus que suivant plusieurs instructions générales (2), les capitaines sont tenus de faire aux consulats celui de sortie.

En se présentant aux consulats les capitaines et les patrons doivent en outre exhiber leur journal de bord (3), et faire un rapport qui énonce le lieu et l'époque de leur départ, la navigation qu'ils ont tenue et les évènements les plus remarquables de leur voyage (4).

Ceux qui omettraient de remplir ces formalités, seraient passibles d'une amende de 25 liv. n. (5).

(1) Art. 35 des RR. PP. du 16 sept. 1816. (2) Circ. 8 du 25 juin 1816, circ. 21 du 27 mars 1818 ; circ. 9 du 8 juillet 1816, et §§ 140, 141 et 500 *infrà*. (3) Art. 118 du régl. pénal pour la marine march., de 1827. *Nota.* — Sont dispensés de tenir le journal de bord, les capitaines et patrons de navires au-dessous de 30 tx. (*a*) (4) Rogron, code de comm. expliqué, art. 244. *Nota.* — Il est bon de remarquer ici que dans les cas où il n'y a pas d'avaries à constater, le consul se borne à énoncer sur ses registres le jour du départ du lieu de provenance et celui de l'arrivée, et il accuse sur le passeport maritime, réception des papiers à peu près en ces termes : — *Esibite le carte in questo Regio consolato di Sardegna..... li..... 18...* (5) Art. 118 du régl. pénal susdit.

(*a*) Art. 212 du régl. de 1827 de la mar. march., et § 447 *infrà.*

§ 452. *Plusieurs faits dont les capitaines doivent rendre compte aux consuls. — Désertion et insubordination. Ce que c'est qu'un délit de désertion ou d'insubordination.*

Les commandants des navires marchands, sont non seulement tenus à rendre compte aux consuls, des évènements concernant particulièrement la navigation, mais ils doivent encore dénoncer les délits de désertion et d'insubordination, qui auraient été commis par des matelots pendant le voyage (1), ou pendant leur séjour dans un port. Les capitaines ont également la faculté de dénoncer les actes d'insubordination commis en cours de navigation par les passagers, car pendant ce temps, ceux-ci sont soumis aux mêmes lois et aux mêmes peines que les matelots, toutes les fois qu'ils se rendent coupables de ce délit ou d'outrages envers les capitaines ou envers les consuls, pour des faits relatifs à leur passage, ou bien s'ils excitent l'équipage à se révolter (2).

Sont considérés comme déserteurs et jugés comme tels, les individus qui après leur enrôlement, mais avant l'expiration de leur engagement, quittent le bâtiment, bien que ce soit avant son départ, sans l'autorisation du consul, dans les cas où celui-ci peut l'accorder (3).

On considère comme délit d'insubordination et on punit comme tel, par les peines indiquées à l'art. 38 du réglement pénal pour la marine marchande (4), le refus d'obéir et de continuer la navigation avant le voyage fini, aux conditions faites au moment de l'enrôlement, lesquelles ne peuvent être changées que dans les cas prévus par les lois (5) ; la révolte, la mutinerie, etc., sont aussi considérées comme délits d'insubordination (6).

(1) Voy. art. 30!, 31 et 59 du régl. pénal. Les peines pour ces délits sont réglées par les chap. 5 et 6 du régl. pénal de 1827 pour la marine march. (2) Art. 48, 56 du même régl. (3) Voy. art. 19 à 29 dudit régl. pénal; voyez aussi §§ 417, 418 *infrà* Délits minimes, et § 419. *Nota.* — Les capitaines qui abandonneraient leur bord, hors les cas de force majeure ou de permission du consul ou de celle des propriétaires du navire, seraient considérés comme déserteurs. (a) (4) Six mois de prison au plus et deux campagnes extraordinaires à bord des navires de guerre. (5) Art. 39 du régl. pénal susdit de 1827. (6) Voy. tout le chap. 6 du même régl. et §§ 417 et 418 *infrà*.

(a) Voy. art. 32 du régl. pénal de 1827.

§ 453. *Devoirs des capitaines envers les matelots et les passagers.*

Si les matelots en particulier et les passagers, sont obligés, dans les cas prévus par les réglements (1), de rester dans une complète subordination vis-à-vis des capitaines, sur les navires desquels ils sont embarqués, les capitaines ont aussi de leur côté, des devoirs à remplir envers leurs subordonnés et envers les passagers.

Les réglements ont donc prescrit aux capitaines d'entendre avec de bonnes manières les plaintes des individus embarqués à leur bord. Si par de mauvais traitements ou des abus de pouvoir ils donnaient lieu à l'insubordination, ils seraient soumis à une peine corporelle extensible à deux ans de prison et pourraient même être destitués (2).

Les consuls sont en conséquence obligés des les surveiller et de dresser procès-verbal de toute malversation et de tout abus commis par eux au préjudice des matelots ou de toute autre personne du bord, ainsi que des propriétaires du chargement et du bâtiment (3).

(1) Voy. ledit régl. pénalde 1827 aux chap. 5 et 6. (2) Art. 49, 126 du même régl. (3) Art. 12 des instructions du ministère de la marine, du 30 oct. 1841.

§ 454. *Les capitaines présentent aux consuls les actes de naissance et de décès et les testaments faits à leur bord.*

Enfin tous les capitaines et les patrons sont tenus à déclarer aux consuls les naissances et les décès qui ont eu lieu à leur bord en cours de voyage, et à leur présenter les actes qui en auront été dressés (1).

Il en est de même des testaments faits aussi pendant la navigation par les matelots et les passagers, en conformité des lois en vigueur (2). Avec les testaments les capitaines présentent en outre aux consuls l'inventaire des objets laissés par les individus morts à leur bord en cours de navigation (3).

(1) Art. 32 à 35 des RR. PP. du 30 juin 1837 sur l'état-civil; art. 114 du régl. pénal de la marine march., et § 316 *infrà* sur la matière. *Nota.* — Il serait utile que les capitaines sardes fussent, à l'instar de ceux de quelques autres nations, pourvus, comme le sont déjà les

consuls, de modèles de ces actes (*a*). (2) Voy. art. 782 à 787 du code civil ; art. 214 à 223 du régl. de 1827 pour la marine march., et § 307 *infrà*. (3) Art. 214 du régl. susdit pour la marine march., et art 114 du régl. pénal pour la marine marchande.

(*a*) Voy. modèles n° 57, 58 et 59 *infrà*.

LIVRE 8ᵉ — CHAPITRE 5.

POLICE DE LA NAVIGATION. — CONTREBANDE. — MUNITIONS DE GUERRE ACCORDÉES AUX NAVIRES MARCHANDS.

§ 455. *Par quels moyens les consuls doivent-ils s'assurer qu'aucun capitaine n'entre ni ne sort d'un port sans s'être présenté au consulat?*

Pour que les consuls puissent exercer la surveillance nécessaire sur les capitaines et les équipages sardes, il leur est prescrit de s'assurer qu'aucun capitaine n'entre ni ne sort du port sans s'être présenté au consulat ; à cet effet les consuls doivent requérir les officiers de la santé publique du lieu de ne pas délivrer d'expéditions aux capitaines, sans que ceux-ci présentent un certificat consulaire constatant qu'ils sont autorisés à partir. Si les officiers de la santé ne veulent pas adhérer à cette demande, les consuls sont tenus à en avertir le ministère des affaires étrangères et la légation sarde dans le pays où ils résident, afin qu'ils réclament à ce sujet auprès du gouvernement local (1).

Si malgré cette mesure, quelque capitaine ou patron, après avoir pris l'entrée dans un port étranger, part sans s'être présenté au consulat, le consul doit en donner immédiatement avis à l'intendance générale de la marine afin que le coupable reçoive la punition qu'il mérite (2).

(1) Art. 105 du régl. cons. de 1815. (2) Art. 106 du même régl. cons. Suiv. l'art. 118 du régl. pénal déjà cité les capitaines ou les patrons qui ne se présentent pas au consulat dans les 24 heures de leur arrivée, sont passibles d'une amende de 25 liv. ; et ceux qui se refuseraient à payer les droits cons., seraient condamnés au double du droit fraudé. Voy. art. 117 du même régl. pénal.

§ 456. *Les capitaines doivent obéir aux ordres écrits des consuls.— Les consuls sont responsables des ordres qu'ils leur donnent.*

Pendant leur séjour dans un port de résidence d'un officier consulaire, les capitaines et les patrons doivent obéir aux ordres qu'il leur donne, sauf à eux le droit de recourir à l'autorité compétente s'ils se croient lésés.

Voici les dispositions des réglements à ce sujet (1) :

« Les capitaines et les patrons, les autres officiers et les marins, doivent obéir immédiatement et ne peuvent en aucune manière, ni sous aucun prétexte, suspendre l'exécution des ordres donnés par écrit par les consuls, contre lesquels cependant ils peuvent toujours réclamer auprès du ministère de la marine.

Les officiers consulaires sont de leur côté, responsables des ordres qu'ils donnent par écrit et ils doivent chaque fois en envoyer copie au ministère des affaires étrangères, au ministère et à l'intendance générale de la marine, et en outre au consul-général de la division, si c'est un consul qui les donne (2).

Dans les cas de très grande urgence ils doivent aussi en informer l'ambassadeur ou le ministre sarde près l'état dans lequel ils ont leur résidence.

(1) Art. 131 du régl. cons. de 1815. et § 250 *infrà*. (2) § 19 *infrà*.

§ 457. *Suite au § précédent.*

Le réglement pénal de 1827 (art. 51), pour la marine marchande s'exprime ainsi qu'il suit : « Tous les inscrits sur les matricules des marins, capitaines, patrons, matelots, mousses et calfats, doivent obéissance et respect aux officiers consulaires, et sont obligés d'exécuter tout ce qui leur est ordonné par eux pour l'honneur du pavillon et pour le bien du service; ceux qui en agiront autrement, seront passibles des peines établies pour les délits d'insubordination commis contre leur capitaine. »

Il est encore dit ailleurs (1), qu'un capitaine ou patron est obligé de mettre son navire à la disposition du consul, s'il en reçoit l'ordre, ce qui ne peut arriver que dans des cas très graves et exceptionnels, et sous la responsabilité du consul, pour les dommages que le retard ferait éprouver au bâtiment (2).

(1) Art. 109 du régl. cons. de 1815. (2) § 468 *infrà*.

§ 458. *Suite aux deux §§ précédents. — Quelle doit être la conduite des équipages et des capitaines en pays étranger?*

Dans le Levant et en Barbarie les marins ne peuvent descendre à terre sans la permission de l'agent consulaire, et s'il s'agit d'un mousse, il faut qu'il y soit accompagné par un matelot sous peine d'une amende de 200 liv. n. payable par le capitaine (1).

Dans tous les pays les capitaines et leurs équipages doivent se conduire de manière à ne donner lieu à aucune plainte de la part des autorités locales ni des particuliers; les individus reconnus coupables d'en avoir excité, seraient passibles d'un emprisonnement de 8 jours à trois mois, sans compter les peines qu'ils encourraient toutes les fois qu'il y aurait crime ou délit méritant une peine plus forte (2).

(1) Art. 53 des RR. PP. du 16 sept. 1816 et § 266 *infrà*. (2) Art. 123 du régl. pénal de 1827 pour la marine march.

§ 459. *Les capitaines doivent donner passage aux individus embarqués à leur bord par ordre des consuls.*

Les capitaines et patrons partant des pays du Levant et

de Barbarie sont obligés, dans le cas où ils retournent dans les Etats sardes, à donner passage aux individus embarqués à leur bord par ordre des consuls, moyennant une rétribution convenable fixée par ceux-ci et indiquée sur le rôle d'équipage ; lesdits capitaines et patrons doivent bien surveiller les individus ainsi embarqués afin qu'ils ne prennent pas la fuite (1).

Si ces capitaines et patrons refusaient d'embarquer à leur bord des délinquants ou des personnes suspectes qui leur auraient été consignés par les consuls, ils seraient punis d'une peine corporelle extensible à un an de prison et s'ils les laissaient s'échapper, la peine pourrait être augmentée jusqu'à trois ans de galères suivant les circonstances et les qualités de l'individu consigné.

Les mêmes peines sont encourues par les individus de l'équipage qui auraient favorisé la fuite d'un coupable ou qui, ayant été préposés à sa garde, l'auraient laissé évader, ou qui ne l'auraient pas empêché de prendre la fuite lorsqu'ils le pouvaient (2).

(1) Art. 60 des RR PP. susdites de 1816; art. 210, 211. du régl. de 1827 pour la marine march., plus les §§ 352, 353 *infrà*. (2) Art. 112 du régl. pénal pour la marine march.; voyez en outre le § 267 *infrà*.

§ 460. *Les capitaines et les patrons doivent donner passage aux naufragés.*

Les capitaines et les patrons ne peuvent pas non plus refuser d'embarquer les naufragés qui leur seraient consignés par les consuls, ou qu'ils rencontreraient dans des pays où il n'y aurait pas d'officiers consulaires sardes (1), et par contre aucun marin ou passager ne peut être inscrit ou rayé du rôle d'équipage, sans l'autorisation consulaire, sous peine de 15 liv. d'amende (2).

(1) § 426 *infrà* et art. 208 du régl. pour la marine march. (2) Art. 124 du régl. pénal pour la marine march., et § 417 *infrà* Voy. en outre les §§ 269 et 300 *infrà*.

§ 461. *Les consuls veillent à l'exécution des réglements concernant l'embarquement des passagers. — Ils font aussi le dénombrement des individus des équipages. — Criminels qui se réfugient à bord des navires de commerce.*

Les officiers consulaires doivent veiller à la rigoureuse observation de toutes ces dispositions, et s'il parvient à leur connaissance, que malgré la défense qui est faite d'en recevoir, quelque individu recherché par la justice se soit réfugié à bord d'un navire, ils obligeront le capitaine à l'en expulser et ils le feront arrêter et consigner à l'autorité locale, s'ils le croient convenable (1).

C'est aussi pour ces motifs qu'il est prescrit que dans le cas où les navires font une opération de commerce, l'officier consulaire doit faire le dénombrement de l'équipage, afin de s'assurer si les hommes qui le composent, sont les mêmes qui sont inscrits sur le rôle (2).

Rien n'empêcherait cependant que le consul en fît autant en cas de relâche, s'il le croyait convenable.

Si dans les ports de résidence d'un consul sarde, il était reçu que les bâtiments de commerce servissent d'asile aux criminels, ou à quelque classe d'entre eux, il tâcherait de faire jouir de cette prérogative les navires nationaux et accorderait aux capitaines l'autorisation voulue (3).

(1) Art. 6 des instructions en 13 art. du 12 janv. 1816, et §§ 417 et et 500 *infrà*. (2) Art. 107 du régl. cons. de 1815, §§ 465, 474 *infrà*, et art. 227 du régl. pour la marine march. (3) § 390 *infrà*, art. 7 desdites instructions du 12 janv. 1816.

§ 462. *Les capitaines sont tenus, en certaines circonstances, de tirer des coups de canon à la requête des consuls. — Avant de partir d'un port ils doivent prendre les ordres du consul, etc.*

Pour ne rien passer sous silence de ce qui se rattache à l'obéissance que les capitaines doivent aux consuls de S. M..

j'ajouterai que, étant l'usage dans le Levant et en Barbarie ,
de faire en certaines circonstances des décharges d'artillerie , les capitaines qui en sont munis, doivent adhérer à
l'invitation des agents consulaires de tirer les coups de canon
que ceux-ci désirent (1).

Enfin avant de partir d'un port du Levant et de Barbarie
de résidence d'un consul ou d'un autre agent politique ou diplomatique de S. M., les capitaines doivent prendre ses
ordres pour les lieux de leur destination (2). Ceci pourrait
aussi s'appliquer aux autres pays (3).

(1) Art. 45 des RR. PP. du 16 sept. 1826. (2) Art. 73 des RR. PP.
du 16 sept. 1816. (3). Voyez le § 83 *infrà*.

§ 463. *Les consuls veillent à ce que les capitaines
n'exercent pas la contrebande , la piraterie , etc. —
Quelles sont les marchandises considérées comme objets
de contrebande ?*

Un des principaux objets soumis à la surveillance des
consuls, sont les différentes opérations commerciales ou autres, auxquelles les capitaines sont susceptibles de se livrer.
Ainsi ils doivent bien faire attention de les empêcher d'exercer la contrebande , ou quelque branche de commerce illi-
cite, comme celui des esclaves ou des marchandises connues
sous le nom de contrebande de guerre , et de commettre des
actes de piraterie ou de baratterie (1).

Lorsqu'un capitaine charge dans un port étranger des
marchandises dont l'introduction dans les Etats sardes est
prohibée et qu'il part pour cette destination , le consul doit
en avertir les autorités de la douane.

Les marchandises considérées comme contrebande de
guerre, sont les canons, mortiers, fusils, pistolets, bom-
bes, grenades, boulets, balles de fusils, mèches, poudre,
cuirasses, piques, épées, fourreaux, gibernes, selles, bri-
des et généralement tout ce qui peut servir immédiatement
a un armement maritime ou terrestre (2).

Un capitaine marin ne pourrait donc pas se noliser sans autorisation du gouvernement, à une puissance en guerre avec une autre qui lui soit amie, soit pour transporter desdits effets, soit d'autres en cas d'expédition maritime. Si toutefois ladite puissance l'y forçait, le consul n'aurait qu'à faire mention de cette circonstance dans le rôle d'équipage et à en avertir le gouvernement de S. M. en donnant la note des navires ainsi forcés (3).

(1) Art. 104 du régl. pénal pour la marine march., de 1827; manifeste de l'amirauté du 23 janv. 1848 sur la traite des noirs et la contrebande; traités sur la traite contenus dans la circ. 63 et dans l'appendice; circ. 80, chap. 2, et art. 7 des instruct. du ministère de la marine, du 30 oct. 1841. Les équipages et les passagers des navires nationaux faisant la contrebande en pays étranger, perdent la protection souveraine et les capitaines et les patrons peuvent en outre être destitués (a) (2) Manifeste du conseil d'amirauté du 7 avril 1819 art. 105 du régl. pénal susdit, et l'art. 11 du traité avec la République de l'Uruguay, du 29 oct. 1840, contenu dans l'appendice. Il faut observer qu'en temps de guerre on donne toujours un peu plus d'extension à cette nomenclature des objets de contrebande. (3) Voy. lettre du ministère des affaires étrangères à Turin à un consul, du 24 mars 1828. *Nota.* — On conçoit cependant que dans ces cas il y a toujours lieu de suivre les ordres spéciaux du gouvernement.

(a) Art. 204 du règl. de 1827 pour la marine march.

§ 464. *Quel nombre d'armes et de munitions les capitaines peuvent-ils avoir à leur bord ?*

Quoique les navires puissent être munis d'armes pour leur défense, ce n'est cependant que sous certaines conditions, que l'on accorde aux capitaines la permission d'en avoir à leur bord.

Ainsi les armes qu'un navire aurait à bord, sans être désignées dans le rôle d'équipage, seraient considérées comme contrebande de guerre, et le capitaine serait puni d'une amende, de la prison ou de la destitution suivant les cas (1)

Le nombre et la qualité des armes sont aussi déterminés

Suivant l'art. 7 des instructions du ministère de la marine, du 30 octobre 1841, aux bâtiments de 50 tx. on peut accorder deux canons et un tiers de fusils en sus du nombre de personnes composant l'équipage et des munitions en proportion; aux bâtiments jaugeant plus de 50 tonneaux on peut accorder 4 canons; des fusils et des munitions comme dessus.

Les navires armés en course doivent avoir au moins deux canons montés sur affûts (2).

(1) Art. 103 du régl. pénal pour la marine march. (2) Art. 131 du régl. pour la marine march., de 1827.

§ 465. *Dans quelles circonstances les consuls peuvent-ils autoriser l'augmentation des armes et des munitions?*

A l'étranger ce sont les consuls qui accordent aux capitaines la faculté de munir leurs navires et d'y augmenter le nombre des armes et des munitions (1); mais ils ne doivent les y autoriser qu'après en avoir reconnu la nécessité (2); par exemple, pour repousser des pirates ou des navires d'une puissance, qui serait en guerre avec la Sardaigne.

Attendu les circonstances politiques du Levant en 1827, l'amirauté par sa circulaire du 14 avril de la même année avait provisoirement autorisé les capitaines des bâtiments marchands, allant dans ces parages, à avoir le double d'armes de ce qui était accordé à ceux destinés pour d'autres pays.

La même circulaire ordonnait aux consuls de procéder de temps en temps, à la visite des bâtiments, afin de s'assurer, si ceux-ci n'avaient pas un nombre d'armes plus fort que celui porté sur le rôle d'équipage (3).

Toutes les fois que les consuls accordent cette augmentation, ils doivent dresser un procès-verbal, où il soit fait mention des motifs qui les y ont décidés et dont ils sont tenus à envoyer une copie à l'amirauté, c'est-à-dire à l'intendance générale de la marine (4). Les consuls n'oublieront pas que la quantité d'armes permises doit être indiquée sur le rôle en toutes lettres (5).

Si un capitaine a obtenu l'autorisation d'augmenter le nombre des armes et des munitions, par une des autorités étrangères mentionnées à l'art. 205 du réglement pour la marine marchande de 1827, il doit le déclarer au consul du Roi dans le premier port, où il en trouve un, et celui-ci confirme ou révoque cette autorisation (6).

(1) Art. 7 des instructions du ministère de la marine, de 1841; circ. de l'amirauté du 2 janv. 1826. (2) Art. 205 du régl. de 1827 pour la marine march. (3) § 461, 2ᵉ alinea, et 474 *infrà*. (4) Art. 205 du régl. déjà cité. (5) Voy. ledit art. 205. (6) Les autorités dont il est parlé à l'art. 205, peuvent être ou les administrateurs de la marine ou un consul d'une puissance amie dans le lieu de départ du navire; voyez aussi l'art. 103 dn régl. pénal de 1827 pour la marine march.

LIVRE 8° — CHAPITRE 6.

PAPIERS DE BORD. — PROROGATION. — RENOUVELLEMENT.

PASSAVANT PROVISOIRE. — LETTRES DE COURSE.

§ 466. *Les capitaines ne peuvent pas voyager avec les papiers de bord expirés.*

Soit dans l'intérêt de l'ordre public, soit dans celui du trésor, ainsi qu'on le verra plus bas (1), il est sévèrement défendu aux capitaines et aux patrons de naviguer avec les papiers de bord expirés. Aussi s'il arrivait quelque capitaine ou patron dans un port étranger qui fût dans ce cas, le consul devrait dresser procès-verbal, faire arrêter le coupable et le faire traduire dans les états sardes (2).

Cette transgression peut avoir lieu lorsqu'un capitaine ou patron ayant les papiers expirés définitivement, c'est-à-dire qui ne pourraient plus être prorogés, part d'un port, où il n'y a pas de consul pour un autre, où il y en a un , au lieu d'aller directement dans un port sarde , ou bien lorsque les papiers expirent définitivement dans un port de résidence d'un consul; que celui-ci a ordonné au capitaine ou patron de partir pour les Etats sardes et qu'au contraire ce capitaine ou patron est allé ailleurs , sans justifier ce changement de route.

(1) § 467 *infrà*. (2) Art. 110, 111 du régl. cons. de 1815; voyez en outre § 381 *infrà*.

§ 467. *Les consuls peuvent proroger les papiers de bord. — Ils peuvent aussi, dans certains cas , en demander le renouvellement.*

Lorsque les papiers de bord sont expirés , ou qu'ils ne sont plus valables que pour quinze jours (1) , et que le capitaine ou patron veut entreprendre un nouveau voyage à l'étranger (2), le consul peut les proroger (3) de six mois en six mois, jusqu'à l'expiration de quatre ans à partir du jour où ils ont été délivrés (4). Avant d'accorder cette prorogation, le consul doit s'assurer, par l'inspection du rôle d'équipage , si la caution pour les droits dûs à la caisse des invalides a été donnée, sous peine de payer lui-même ces droits, si la caisse venait à en être fraudée (5).

Le consul ne peut pas proroger les papiers des navires armés en course, sans une autorisation spéciale de l'amirauté (6).

Quand un bâtiment marchand est resté armé pendant quatre ans avec les mêmes expéditions, le consul peut, s'il en a le temps entre l'arrivée et le départ, en demander de nouvelles à l'intendance générale de la marine à Gênes , indiquant la personne chargée de payer les frais relatifs (7).

Aussitôt que les nouvelles expéditions sont arrivées, le consul doit inscrire sur le nouveau rôle les individus de l'équipage, recevoir les conventions d'enrôlement, si elles n'ont pas été faites dans les états sardes , et envoyer à l'intendance générale de la marine une copie du rôle (8) et une des conventions, si elles ont eu lieu au consulat.

Si la distance de Gênes est trop considérable, le capitaine, ou patron qui a ses papiers expirés, doit aller directement dans les États sardes pour les renouveler lui-même. Il y a exception à l'égard des navires faisant le cabotage dans les eaux de la rivière de la Plata, où les consuls ont la faculté de donner des *passavants* provisoires, valables pendant le temps nécessaire à obtenir le renouvellement des papiers réguliers, qui doit être demandé par leur entremise à l'intendance générale de la marine à Gênes (9).

(1) Art. 63 du régl. pénal pour la marine march. de 1827. (2) Voy. lettre de l'autorité supérieure à un consul en 1841. (3) Art. 64 du régl. susdit de 1827; circ. 19 du 16 sept. 1817, le R. Billet annexé à la circ. de l'amirauté, du 4 juin 1816; circ. de l'amirauté du 21 août 1817, et § 470 *infra*. (4) On calcule le temps pendant lequel le navire a été armé et non celui qui s'est écoulé depuis que les papiers ont été délivrés. L'art. 64 du régl. de la marine march. de 1827 n'accorde aux consuls que la faculté de les proroger jusqu'à la totalité de deux ans, à partir du jour où elles ont été délivrées ; mais le R. Brevet du 3 août 1841, art. 6, portant que lesdits papiers puissent être donnés pour 6 mois à 4 ans ; je crois que les consuls ont la faculté de les proroger jusqu'à concurrence de 4 ans, sauf toujours les prescriptions dudit art. 64, pour ce qui regarde la caution. La patente de nationalité est valable pour toute la durée du navire, autant qu'il ne change pas de forme ou de nom ; voyez art. 6 dudit Brevet. (5) Art. 64 du régl. de 1827 susdit. (6) Art. 137 du régl. susdit de 1827. (7) Voy. pour le montant des droits le R. Brevet du 3 août 1841 et le tableau annexé au même Brevet. (8) Le consul doit avoir un registre pour inscrire les individus des nouveaux équipages, dont il extrait la copie qu'il expédie à l'intendance de la marine : voyez modèle n° 47. (9) Voy. en outre pour la durée des papiers de bord la 4° note de ce §.

§ 468. *Les consuls délivrent, dans certains cas, des expéditions ou passavants provisoires.*

Il y a en outre d'autres cas, où les consuls ont la faculté de délivrer eux-mêmes aux commandants des navires sardes

des papiers pour pouvoir naviguer , ceci a lieu : 1° en faveur
des navires de nouvelle acquisition (1) ; 2° de ceux dont les
capitaines justifient avoir perdu les papiers réguliers , à
l'effet , dans ces deux cas, d'aller directement dans les Etats
sardes (2) ; 3° lorsqu'un consul a besoin de faire quelque
expédition urgente pour le service du Roi , et qu'il n'y a
pas dans le port un navire national apte à un tel service (3).
En ce cas le passavant n'est valable que pour le voyage et
le navire ne peut avoir à bord aucune marchandise (4).

(1) Art. 112 du régl. cons. de 1815. (2) Même art. 112 n° 2 , et §
470 *infrà*. (3) Art. 112 ibid. n° 3 , et § 457 *infrà*. (4) Art. 115 du
régl. cons. de 1815.

§ 469. *Ce qu'un consul doit exiger des capitaines qui*
demandent des expéditions pour des navires de nou-
velle acquisition.

S'il s'agit d'armer un bâtiment de nouvelle acquisition , le
consul doit, avant de lui accorder le passavant provisoire (1),
(pour un port des Etats sardes, bien entendu (2),) expédier
à Gênes , à l'intendance générale de la marine (3) : 1° Une
copie authentique de l'acte de propriété ou du contrat d'acquisition du navire , fait devant lui (4) ; 2° Si le bâtiment a
été acheté aux enchères publiques, le consul exige ordinairement l'acte d'adjudication, et s'il provient d'une prise, l'acte
authentique du jugement de bonne prise; 3° Un certificat
constatant que le propriétaire est sujet sarde (5) ; 4° Celui
de démission du pavillon dont le navire était couvert , fait
par l'autorité consulaire ou administrative de la marine locale , suivant que le navire appartenait à un sujet d'une
tierce puissance ou à un de celle près laquelle réside le consul (6) ; 5° Le procès-verbal de jauge , fait en conformité
des réglements (7) ; 6° Un certificat des autorités locales de
la douane constatant que tous les droits ont été payés.

(1) Art. 3 des instruct. du ministère de la marine du 30 oct. 1841.
(2) Art. 112 du régl. cons. de 1815 , et art 1er des instruct. du mi-

nistère de la marine de 1841. (3) Art. 3 ibid. et 36 du régl. de 1827
pour la marine march. (4) Art. 50 du régl. susdit de 1827. (5) Art. 3
des instruct. du ministère de la marine, du 30 oct. 1841. (6) Voy. le
R. Billet du 27 oct. 1838, et la notification de l'amirauté du 28 déc.
1842, dont voici la teneur : La longueur pour un navire à un
pont; de tête en tête à la ligne du pont, c'est-à-dire de la poupe à
à proue sur le pont. — Pour un navire à deux ponts : ajouter à la
première longueur celle qu'on prendra de la roue de poupe à la roue
de la proue, sur le tablier du second pont, et additionner les deux
longueurs pour prendre la moitié du total afin d'avoir la longueur
moyenne. — La largeur : au maître-bau ou dans la plus grande largeur du navire; pour les navires à doublage intérieur fixe, d'une
superficie à l'autre de ce doublage. Pour ceux à doublage mobile ou
qui n'en auraient pas du tout, entre les deux bords intérieurs. —
La hauteur : à la ligne de la plus grande largeur pour un navire à
un pont, de dessous les planches du pont sans avoir égard à la car-
lingue ni aux solives du pont, au-dessus des planches du paillol. —
Pour les navires à deux ponts : de dessous les planches du pont
comme il est indiqué ci-dessus, à celles de l'entrepont et du dessous
de celui-ci au paillol. — A l'effet de faciliter la vérification de la
portée d'un navire, l'administration de la marine fera placer des
signes dans les points où auront été prises les principales dimensions et fera graver aux deux côtés du maître-bau le nombre de
tonnneaux qui en sera résulté : cette opération sera faite, soit après la
mise à l'eau du bâtiment, soit lorsqu'après avoir subi des réparations importantes ou pour tout autre motif, on doit procéder à une
nouvelle jauge. — Pour la jauge des bateaux à vapeur on procède de
la même manière, mais en déduisant ensuite le 40 p. cent sur le
produit en tonneaux, à cause de l'emplacement occupé par les machines. Voy. la circ. 78 du 18 mai 1841, se référant à un brevet R.
du 8 des mêmes mois et année, adressé à l'amirauté. (7) Art. 54 du
régl. susdit de 1827.

§ 470. *Les consuls de la rivière de La Plata délivrent
des passavants pour faire le cabotage entre les ports
de ladite rivière.*

Les consuls résidant dans les ports de la rivière de La
Plata, sont autorisés à délivrer des passavants provisoires
non seulement pour la destination des Etats sardes, mais
encore pour faire le cabotage dans ladite rivière.

Quand un navire a ses papiers expirés, ou qu'étant de nouvelle acquisition, il est muni des documents qui ont été indiqués au § précédent, en attendant des expéditions régulières de l'intendance générale de la marine, les consuls peuvent l'autoriser à naviguer provisoirement. ainsi que je viens de le dire, avec un passavant délivré par eux. A cet effet ils exigent une caution solvable de quelqu'un des sujets sardes domiciliés au port d'armement, laquelle ne cesse que du moment où il conste que les armateurs ont donné la caution voulue, dans le chef-lieu de la direction où le navire a été inscrit ; la caution doit être de la moitié de la valeur du navire (1) et les consuls doivent indiquer la personne chargée de la donner (2). Tous les trois mois lesdits consuls sont tenus d'expédier à l'intendance générale de la marine, un état des expéditions provisoires qu'ils auront délivrées, en vertu de l'art. 4 des instructions ministérielles du 30 octobre 1841, en y énonçant la demande qu'ils auront faite des expéditions régulières et l'envoi des anciennes en cas de renouvellement (3), avec indication du moyen choisi à un tel effet. Ils indiqueront en outre, tous les trois mois, l'époque de la remise des expéditions nouvelles aux capitaines (4).

(1) Art. 53 du régl. de 1827 pour la marine march. (2) Même art. et art. 5 des instructions du ministère de la marine du 30 oct. 1841. (3) § 467 *infrà in fine.* (4) Art. 10 desdites instructions de 1841, et § 167 *infrà.*

§ 471. *Si les capitaines perdent leurs papiers, les consuls ont la faculté de leur en délivrer d'autres.*

Toutes les fois qu'un capitaine déclare avoir égaré ses papiers de bord et en demande de nouveaux, le consul doit procéder à une enquête, afin de vérifier si la perte a réellement eu lieu par infortune ou force majeure, et à cet effet il se fait présenter tous les connaissements, le journal et autres documents qui peuvent lui faire reconnaître l'époque du départ du navire des états sardes, les événements du

voyage, etc.; il confronte ensuite les déclarations du capitaine avec celles des matelots qu'il aura eu le soin d'interroger (1).

(1) Art. 117, 118, 119 du règl. cons. de 1815.

§ 472. *Les vice-consuls et les pro-consuls, chefs d'arrondissement ne peuvent pas délivrer des passavants.*

Dans aucun cas les chefs d'arrondissement, ne peuvent
délivrer des passavants (1), et si le cas se présente, ils
doivent toujours les demander au chef de district.

A l'occasion de perte des papiers réguliers de la part d'un
capitaine, les chefs d'arrondissement transmettent au consul
le résultat de l'enquête faite en conformité de ce qui vient
d'être dit au § précédent. Le consul peut se faire représenter les documents que les chefs d'arrondissement auront
examinés, et interroger de nouveau les matelots pour délivrer ensuite ou refuser le passavant demandé (2).

(1) Art. 113 du régl. cons. de 1815. (2) Art. 117, 118, 119 ibid

§. 473. *A qui les lettres de course doivent-elles être
demandées ?*

Pour compléter ce qui est relatif aux armements et aux
réarmements, il me reste à parler des lettres de course, c'est-
à-dire de leur première demande et de leur renouvellement.

La demande des lettres de course doit être adressée au
procureur-général de la navigation, en l'appuyant de l'acte
de société des intéressés à l'armement, d'un certificat constatant leur nationalité (1) et en désignant la personne chargée de prêter la caution voulue par l'art. 129 du réglement
de 1827, pour la marine marchande. Les lettres de course
ne sont accordées que pour un an (2).

Les navires armés en course, devant en outre être munis
des mêmes papiers que les navires marchands (3), il s'en
suit que, quand il s'agit de navires de nouvelle acquisition

leur armement est aussi soumis aux formalités indiquées dans le § 469 *infrà*.

(1) Art. 125 du régl. marit. de 1827. (2) Cette caution est fixée en proportion de la portée du navire; mais elle ne peut jamais être inférieure à la somme de 30 m. l. n.; voyez en outre l'art. 126 dudit régl. (3) Art. 128 ibid.

§ 474. *Par qui les lettres de course peuvent-elles être prorogées ou renouvelées? — Les consuls visitent les navires corsaires et passent en revue leurs équipages.*

Le renouvellement et la prorogation des lettres de course, doivent aussi être demandés à l'autorité supérieure à Gènes, excepté lorsque les consuls ont reçu de celle-ci l'autorisation spéciale de les proroger, ce dont ils font mention dans les mêmes lettres (1).

Avant de consigner les papiers à un capitaine d'un navire corsaire, les consuls doivent passer son équipage en revue (2), et s'assurer que le navire est bien armé et apte à la navigation, et que l'artillerie et les autres armes sont en bon état (3).

Rien n'étant plus délicat ni plus variable que l'opportunité de délivrer ou de proroger les lettres de course, si le cas s'en présentait, il y aurait sans doute des instructions à ce sujet qui éclaireraient les consuls à l'étranger sur la marche à suivre à cet égard.

(1) Art. 137 du régl. marit. de 1827. (2) Pour la formation de l'équipage, voyez les §§ 477 et suiv. *infrà*. (3) Voy. art. 126, 127 dudit régl de 1827, et §§ 461 et 465 *infrà*.

LIVRE 8ᵉ — CHAPITRE 7.

DÉSARMEMENT DES NAVIRES EN PAYS ÉTRANGER.

§ 475. *Dans quels cas y a-t-il lieu au désarmement d'un navire dans un port étranger ?*

Je viens de parler des armements provisoires faits d'après l'autorisation des consuls et des armements définitifs et réguliers qui ont lieu par leur intermédiaire ; j'indiquerai maintenant ce que les consuls ont à faire en cas de désarmement.

Les désarmements sont temporaires ou définitifs ; les premiers ont lieu, quand les navires ont besoin de longues réparations dans un port peu éloigné des États sardes, ou quand le capitaine n'espère pas se noliser dans un temps très rapproché, ou lorsque les bateaux pêcheurs suspendent la pêche à l'entrée de l'hiver.

Le désarmement définitif a lieu, ou pour vétusté du navire ou parcequ'il ne peut plus pour d'autres causes tenir la mer, ou parcequ'il a été valablement vendu (1).

(1) Voy. ci-après les §§ 485 et suiv. de la vente des navires.

§ 476. *Quelles sont les formalités voulues pou   le désarmement d'un navire ?*

De quelque manière que le désarmement ait lieu, le passeport maritime et le rôle d'équipage doivent toujours être expédiés à l'intendance générale de la marine, après que le débarquement des matelots a été indiqué sur le rôle susdit (1).

En cas de désarmement définitif, s'il a eu lieu pour cause

de vétusté ou parceque le navire a été vendu à un étranger, le consul remet en outre à ladite intendance générale la patente de nationalité et le *scontrino*.

Si la vente a eu lieu en faveur d'un sujet sarde, le consul qui en a reçu l'acte, doit remettre à l'intendance le passeport maritime et l'ancien rôle, et quant aux autres documents il se borne à faire mention sur l'un d'eux, qui est la patente de nationalité, du changement du propriétaire pour le tout ou pour une partie, de la date de la cession, de la qualité, des nom et prénoms de l'acheteur et de son père.

Que la vente ait lieu au profit d'un étranger ou d'un sujet sarde, le consul envoie toujours à l'intendance générale de la marine une copie authentique de l'acte de vente, pour qu'elle ait le soin de faire opérer les annotations voulues sur les matricules de la direction où le navire vendu se trouve inscrit (2).

(1) Voy. § 483 *infrà* du débarquement des matelots. (2) Art. 8 des instructions du ministère de la marine de 1841 et 61 du régl. de 1827 pour la marine march.

LIVRE 8ᵉ — CHAPITRE 8.

FORMATION OU REMPLACEMENT DE TOUT OU DE PARTIE D'UN ÉQUIPAGE.

§ 477. *Dans quel cas il y a lieu à la formation ou au remplacement du tout ou de partie d'un équipage.*

Pendant le séjour d'un bâtiment dans un port étranger, il arrive souvent aux capitaines de devoir former ou remplacer leur équipage en totalité ou en partie (1). Ce sont encore les consuls qui président à cette opération, et il est par con-

séquent essentiel qu'ils connaissent les différentes dispositions des réglements à ce sujet.

Il est de règle générale, que les individus appartenant a
l'équipage d'un navire ne peuvent se débarquer à l'étranger,
même avec le consentement de leur capitaine, sous peine
d'être considérés comme déserteurs (2). Il faut excepter le
cas de maladie ou de force majeure, ou d'une cause quelconque légitime et involontaire ; mais celle-ci doit être constatée
par une déclaration du consul, ou à défaut de celui-ci, par
une de l'autorité locale (3).

Souvent, en vertu des conventions, les matelots peuvent
laisser le bâtiment dans un port étranger, mais en ce cas ils
sont obligés de se *rapatrier* immédiatement ou de passer à
bord d'un autre navire national, s'ils ne sont pas munis de
l'autorisation nécessaire pour rester à l'étranger (4). Il en
serait de même dans le cas où le capitaine avec l'autorisation du consul, permettrait à un matelot de se faire remplacer (5).

(1) Quand il s'agit de l'armement ou du réarmement d'un navire,
ou du *rapatriement* de l'ancien équipage, de maladie, de mort ou de
désertion de quelque individu. (2) Art. 28 du régl. pénal de la mar.
march. de 1827: voyez en outre l'art. 124 du régl pour la marine marchande de 1827. (3) Art. 11 des instructions du ministère de la mar.
de 1841. (4) § 510 *infrà*. (5) Voy. art. 28 du régl. pénal susdit.
— N. B. S'il n'y a pas un navire sarde, le consul peut, selon les
circonstances, autoriser lesdits matelots à s'embarquer sur un navire étranger partant pour les Etats sardes. Il en serait de même
pour les soldats ayant fait le service de terre, inscrits aux matricules des marins, qui se trouveraient dans le même cas. La circ. 96
du 4 mars 1846 dit, à propos de ces derniers, que les consuls
peuvent, dans le cas où il ne se trouverait pas sur les lieux un
navire sarde, les autoriser à s'embarquer sur un navire étranger
dans le *seul but* du leur procurer un moyen plus prompt de retourner dans leur pays ; suivant cette même circ. 96, les consuls doivent
informer au plus tôt l'intendant-général de la marine de ces *rapa
triements* et avertir les soldats marins de leur obligation de se présen
ter dans chaque port où ils arrivent, au consul du Roi, pour lui de
mander un certificat de leur voyage, lequel certificat, à leur retour

au pays, sert à justifier leur absence et les exempte des peines aux
quelles sont sujets les militaires en congé illimité absents sans passeport et sans caution.

§ 478. *A quelles conditions un consul peut-il accorder le
commandement d'un navire à un capitaine ou à un
patron?*

Dans la composition d'un équipage, le consul doit avoir
deux choses en vue : 1° la capacité de la personne qui est désignée pour prendre le commandement du navire, et celle
des officiers et des individus devant former l'équipage ; 2°
leur nombre.

Quand un bâtiment a ses papiers en règle (1), pour conserver ou arborer le pavillon sarde, le consul doit s'assurer,
avant tout, si l'individu désigné pour le commander est muni
de la patente voulue par les réglements (2). Les individus
ayant le titre de capitaine, peuvent commander des navires
de toutes les portées (3), tandis que les patrons ne peuvent
avoir la direction que de bâtiments de 100 tx. et au-dessous (4). Pour être patron pêcheur il suffit d'être matelot (5),
mais il faut avoir une permission spéciale pour exercer cette
industrie (6). Pour commander un navire armé en course,
outre la patente de capitaine ou de patron, il faut avoir des
lettres de course (7) ; il faut enfin dans tous les cas, que le
capitaine, prenant le commandement d'un navire quelconque, y soit autorisé par le propriétaire du navire, ou
par les fondés de pouvoirs de ce dernier.

(1) § 446 *infrà.* (2) Art. 4 des instruct. du minist. de la marine, du
30 oct. 1841. (3) Art. 74 du régl. de 1827 pour la marine marchande.
(4) Art. 75 ibid. (5) Art. 100 ibid. (6) § 448 *infrà.* (7) Art. 123 à 126
du régl. de 1827 susdit, et §§ 473, 474 *infrà.*

§ 479. *Quels sont les qualités nécessaires aux individus
d'un équipage?*

Quant aux matelots, aux mousses et aux charpentiers,
s'ils sont nationaux, il est nécessaire qu'ils soient inscrits sur

les matricules de leur direction et qu'ils en aient le certificat (1) ; 2° tous ces individus ne peuvent s'embarquer que dans la qualité que leur donne le livret maritime dont ils sont munis. Cependant le mousse qui a atteint sa seizième année, et qui compte 18 mois de navigation effective, peut être embarqué comme matelot (2)'; il en est de même des apprentis charpentiers, pour être portés sur le rôle comme charpentiers effectifs (3).

Les officiers doivent être âgés de 18 ans au moins, et compter 18 mois de navigation comme matelots (4).

(1) Art. 4 des instruct. du minist. de la marine, du 30 oct. 1841 2) Art. 6 du R. Brevet du 17 sept. 1842. (3) Art. 7 ibid. (4) Art. 30 du régl. de 1827 pour la mar. march.

§ 480. *Nationalité des équipages.*

Il est ensuite nécessaire que les officiers soient tous nationaux, ainsi que les deux tiers au moins de la totalité de l'équipage (1).

S'il n'est pas possible de trouver le nombre voulu de nationaux, c'est-à-dire les deux tiers, le consul peut permettre qu'on y supplée par des étrangers, excepté pour les navires armés en course (2), s'assurant de leur bonne conduite et ne les admettant pas en plus grand nombre que les sujets sardes, afin de prévenir tout désordre (3). Ceci est applicable aux pays qui se trouvent à une très grande distance des Etats sardes, et spécialement aux consulats du Roi dans la Plata (4).

Pour s'assurer de la bonne conduite d'un matelot étranger et de sa qualité de marin, on exige ordinairement qu'il présente une autorisation du consul de sa nation, ou de l'autorité locale, s'il est du pays, pour s'embarquer sur les navires étrangers.

(1) Art 4 des instruct. du minist. de la marine de 1841. (2) Art. 131 dudit régl. de 1827 pour la marine march. (3) Art. 4 desdites instruct. de 1841. (4) Voy. lesdites instruct. du ministère de la marine de

1841 ; voyez en outre les §§ 379 et 380 *infrà* contenant les dispositions des traités publics relatives à la nationalité des équipages.

§ 481. *Suite aux deux §§ précédents.*

Il est défendu d'embarquer sur un navire national, un individu qui aurait déserté d'un autre navire. Le consul doit
par conséquent s'assurer de cette circonstance , s'informant
de la provenance de chaque individu (1) ; de leur côté les capitaines seraient passibles des peines portées par les art. 36
et 37 du réglement pénal de 1827, pour la marine marchande , s'ils présentaient sciemment, pour être embarqués
à leur bord, un matelot enrôlé sur un autre navire.

(1) Art. 36 du régl. pénal maritime de 1827, et § 417 dans les notes.

§ 482. *Nombre des personnes composant un équipage.*

Ce qui est encore très essentiel à connaître dans la composition d'un équipage , est le nombre des personnes qui
doivent en faire partie ; ce nombre varie suivant la portée et
la qualité du bâtiment. Il n'y a aucune loi qui le détermine ,
si on excepte ce qui est dit à l'art. 131 du réglement de 1827
pour la marine marchande au sujet des navires armés en
course (1).

Ce qui en tenait lieu autrefois , c'était le nombre fixé par
le *scontrino;* mais depuis 1843 on s'abstient de l'y indiquer , et il est laissé au bon sens des consuls de le déterminer.

Voici ce qui a été répondu à cet égard par l'intendance-
générale de la marine à un consul (2). « L'intendance-générale de la marine , ayant reconnu l'inconvénient d'indiquer
sur le *scontrino* le nombre des hommes composant l'équipage des navires, elle a adopté depuis quelque temps des
mesures pour le faire cesser en ordonnant que , soit dans
ce document qui est de pure convention avec les puissances
barbaresques (3) , soit dans le passeport maritime, on n'exprime plus que les mots suivants : *Avec l'équipage désigné*

dans le rôle, laissant aux consuls la faculté de l'augmenter ou de le diminuer selon les circonstances, la nature des voyages et les différents besoins des navires, eu égard à leur portée et à leur qualité. Aucune instruction ne dit pas non plus s'il est nécessaire qu'il y ait des mousses sur les navires marchands et en quel nombre.

(1) Leurs équipages doivent être d'au moins 35 hommes, et les navires ne peuvent être d'une portée inférieure à 30 tonneaux. (2). Voy. dépêche du 8 juillet 1843. (3) On sait que les autorités barbaresques, pour reconnaître la nationalité d'un navire, confrontent avec ledit *scontrino* le modèle de la partie qui en a été enlevé et qui leur a été consigné par les divers gouvernements étrangers.

§ 483. *Comment s'opèrent l'inscription et le débarquement des individus d'un équipage?*

Sur le rôle d'équipage on doit inscrire les nom, prénoms, lieu de naissance, signalement, grade, numéro d'inscription à la matricule de la direction à laquelle chaque matelot appartient, ainsi que le salaire ou la part des bénéfices qui lui est assigné (1).

La même chose a lieu toutes les fois qu'il s'agit du remplacement de quelque individu de l'équipage.

Toutes les fois qu'un individu est embarqué, le consul doit annoter sur son livret maritime, la date de l'embarquement, le nom du capitaine et du navire, le numéro du rôle sur lequel il est inscrit.

S'il est débarqué, on doit également en faire mention sur le livret, en y ajoutant le nombre des mois et des jours de la navigation faite à bord du navire (2). et ce indépendamment de l'annotation, qui doit aussi être faite sur le rôle, de la date et du lieu du débarquement.

Les capitaines et les patrons qui négligeraient de faire opérer l'annotation sus-indiquée sur le livret, seraient passibles d'une amende de 5 livres neuves par chaque omission (3).

(1) Art. 4 des instruct. du ministère de la marine du 30 oct. 1841.

(2) Art. 3 du R. Brevet du 17 sept. 1842. (3) Circ. de l'intendance de la marine du 31 juillet 1843. Voir en outre le § 467 avec les notes, pour ce qui regarde les nouveaux armements.

> § 484. *Les consuls de Rio de la Plata envoient à l'intendance-générale de la marine, un état du mouvement des individus embarqués et débarqués.*

Enfin les consuls, résidant dans les ports du Rio de la Plata, doivent tous les trois mois envoyer à l'intendance générale de la marine, l'état des embarquements et des débarquements des équipages des navires qui font le commerce dans ces parages, en faisant sur le rôle, à la colonne de l'embarquement, mention de la provenance de l'individu, et à celle du débarquement, de son passage à bord d'un navire national et indiquant sur l'état, le nom et le numéro du rôle d'équipage (1).

(1) Art. 10, n° 3 des instruct. susdites de 1841, et modèle n° 23 et § 167 *infrà*.

LIVRE 8ᵉ — CHAPITRE 9.

LES CONSULS REÇOIVENT LES ACTES DE VENTE DES NAVIRES ET LES CONVENTIONS D'ENRÔLEMENT DES ÉQUIPAGES. — CONGÉ DES MATELOTS.

> § 485. *Avant-propos. — Les contrats de vente ou d'achat des navires par des sujets sardes, doivent être faits aux consulats sardes.*

Les consuls, ainsi que je l'ai dit ailleurs (1), reçoivent, comme les notaires, tous les actes publics passés par les sujets sardes en pays étranger. De ces actes il en est pour lesquels on pourrait aussi bien s'adresser à un notaire (2) et d'autres qui ne sont valables, qu'autant qu'ils ont été reçus par un consul. Tels sont les contrats de vente et d'achat des navires ayant ou devant prendre le pavillon sarde; telles sont encore les conventions que les capitaines font, avant d'entreprendre un voyage, avec leurs équipages.

Voici les dispositions des réglements au sujet des contrats de vente ou d'achat des navires :

« Les contrats de vente ou d'achat des bâtiments , doivent être faits devant les officiers consulaires (3) , sous peine de nullité et d'une amende de 1/m à 20/m liv. (4). »

(1) 403 *infrà*. (2) Tels sont les actes mentionnés aux §§ 301 et suiv., les actes de nolisement, les conventions des passagers, etc. (3) Art. 50 du régl. de 1827 pour la marine march. (4) Art. 12 du régl. pénal de 1827 pour la marine march.

§ 486. *Vente d'un navire sarde à un étranger. — Achat de navires étrangers par des sujets sardes. — Entretien et* rapatriement *des équipages des navires vendus. — Idem en cas de désarmement.*

Si un navire sarde doit être vendu à un étranger, le consul est tenu de se conformer aux instructions qui lui sont données à cet effet , suivant les circonstances (1). Si un sujet sarde vendait, sans en avoir obtenu la permission, un navire sarde à un étranger , il serait condamné à une amende de 1/m à 2/m liv. n. (2).

Les consuls ne peuvent pas recevoir un acte d'achat d'un navire portant le pavillon d'une nation en guerre avec une puissance amie du gouvernement du Roi (3). Il serait peut-être convenable , si ce cas se présentait , qu'il demandât des instructions à l'autorité supérieure.

Lorsque la vente d'un navire sarde est permise, s'il n'y a pas de conventions contraires, le consul doit exiger le dépôt d'une somme suffisante à faire face à l'entretien de l'équipage dans le lieu de la vente et aux frais de retour dans ses foyers (4).

Il en est de même en cas de désarmement temporaire ou définitif d'un navire pour toute autre cause.

(1) Art. 51 dudit régl. de la marine marchande 1827. (2) Art. 12 dudit régl. pénal de la marine march. (3) Art. 58 du régl. pénal de la marine march. de 1827. (4) Art. 91 du régl. marit. de 1827 et 295 du code de comm. sarde.

§ 487. *Ni les capitaines, ni les matelots ne peuvent s'embarquer sur un navire sarde vendu à un étranger, s'ils faisaient partie de son équipage. — Précautions que les consuls doivent prendre pour le paiement de certains droits en cas de vente d'un navire étranger à des sujets sardes ou d'un navire sarde à des étrangers. — Tous les consuls envoient à l'intendance-générale de la marine une copie de chaque acte de vente et quelques-uns envoient, tous les trois mois, l'état des navires vendus.*

Si la vente a lieu en faveur d'un étranger, ni le capitaine ni aucun autre individu de l'équipage, ne peuvent s'embarquer en qualité de matelots ou de passagers sur le navire vendu (1), sous peine d'une amende de mille à 20 mille livres (2)

La vente étant faite à un sujet sarde par un étranger, le consul se fait remettre les documents constatant que le navire ne doit plus rien ni au gouvernement local, ni à celui dont il quitte le pavillon (3).

S'il s'agit d'un navire sarde vendu à un étranger, le consul est tenu à s'assurer si les droits dûs à la caisse des invalides à Gênes et autres ont été payés, et ce afin d'éviter les difficultés qui pourraient surgir dans le cas où, après que la vente aurait eu lieu, on dût recourir pour cela à la caution (4).

Enfin l'officier consulaire (5) devant qui la vente a été

opérée, doit expédier à l'intendance générale de la marine une copie de chaque acte reçu par lui (6), et s'il s'agit d'un consul du Rio de la Plata, il est tenu en outre à expédier tous les trois mois une note de toutes les ventes qui ont eu lieu dans son district, indiquant l'époque à laquelle elles ont eu lieu et celle de la remise des papiers de bord à la même intendance (7).

(1) Art. 52 du régl. de la marine march. de 1827. (2) Art. 12 du régl. pénal de la mar. march. de 1827 et 9 des instruct. du ministère de la marine du 30 oct. 1841. (3) Art. 3 des mêmes instruct. de 1841. (4) Dépêche de l'amirauté aux consuls, du 21 oct. 1833. (5) Art. 8 des instruct. du ministère de la marine de 1841, et 61 du régl. de 1827 pour la marine march. *Nota.* — Si c'est un vice-consul qui reçoit l'acte de vente, il envoie l'extrait au chef de district. (6) Mêmes art. et §§ 469, 470, 476 *infrà.* (7) Art. 10, n° 2 desdites instruct. de 1841, et § 470 *infrà.*

§ 488. *Les consuls reçoivent les conventions que les capitaines sont tenus à faire avec leur équipage.*

Avant d'entreprendre un voyage, les capitaines sont obligés de faire par écrit leurs conditions avec tout nouvel équipage et de les renouveler lorsqu'elles sont expirées; les patrons de 2ᵉ classe faisant le petit cabotage en sont seuls dispensés (1).

Les conventions verbales n'ont aucune valeur, pas plus que celles faites par écrit, mais non dans les formes vous lues (2).

Ce sont les consuls (3) qui, assistés de leurs chanceliers (4), reçoivent les conventions d'enrôlement des équipages en pays étranger, comme tous les autres actes; ils les lisent aux capitaines et aux matelots. Les conventions doivent être signées par les capitaines, par le consul qui les a reçues et par son chancelier. L'intervention des témoins n'est pas requise; le chancelier (5) les transcrit ensuite sur le journal de bord et le consul signe la copie (6).

(1) Art. 300 du code de comm. et art. 81 et 90 du régl. de 1827.

pour la marine march. (2) Art. 80 du même régl. (3) § 484 *infrà*. (4) Art. 82 du régl. susdit de 1827. (5) L'art. 80 du régl. pour la marine marchande et l'art. 266 du code de comm. prescrivent aux capitaines de faire transcrire les conventions sur le journal ; mais ils n'indiquent pas par qui. (6) En cas d'armement ou de réarmement, le consul envoie à l'intendance de la marine une copie des conventions ; voyez § 467 *infrà*.

§ 489. *Ce qui se pratique dans le cas où un marin est enrôlé dans un pays où il n'y a pas d'officiers consulaires. — Dans quels cas il y a lieu au renouvellement des conventions ?*

Si un capitaine enrôle un individu dans un pays étranger, où il n'y a pas d'officiers consulaires de S. M., il suffit que la convention soit écrite par le second du bord et signée par le capitaine et par l'individu enrôlé ; si celui-ci ne sait pas écrire, il appose le signe de la croix (1) en présence de deux témoins qui signent aussi l'acte.

Dans le cas où le temps pour lequel un équipage a été engagé, expire en pays étranger, ou s'il se présente au capitaine un nolisement pour un port hors de la classe du premier voyage, le consul doit faire renouveler les conditions de l'enrôlement (2).

(1) Art. 266 du code de comm. (2) Art. 86, 87 du régl. marit. de 1827, art. 279 du code de comm.

§ 490. *Quelles sont les clauses les plus usuelles des conventions d'enrôlement ? — Conventions à la part.*

Les conditions auxquelles s'engagent les équipages, étant très variables, il ne sera pas inutile que je mentionne ici les principales.

Les équipages des navires qui font le petit cabotage, s'engagent ordinairement à la part, ou à tant pour la traversée (1) : les autres s'enrôlent plus particulièrement à salaire.

Dans les conventions à la part, suivant que le voyage est plus ou moins long, que le navire est nolisé, ou qu'il fait une opération commerciale pour son compte, on stipule un profit plus ou moins élevée pour la *colonne*, c'est-à-dire pour la somme que les propriétaires fournissent pour faire les approvisionnements de bouche seulement, ou aussi pour l'achat des marchandises. Ce profit est ordinairement d'une à 4 parts et va jusqu'à 3 et 6 sur les bénéfices nets. Sur le restant de ces bénéfices, le capitaine a ensuite 2 parts, le second 1 et 1/2, le maître d'équipage 1 et 1/4, le cuisinier 1 et 1/8, les matelots 1 les mousses de un 1/4 à 3/4 et le bâtiment en a la moitié. Il est bien entendu qu'on déduit, avant tout, la somme fournie par les propriétaires, le coût des papiers de bord, la rétribution due à la caisse des invalides

§ 491. *Conditions des enrôlements à la traversée ou à salaire.*

Les engagements à la traversée sont peu fréquents et consistent à donner aux matelots une somme d'argent pour un voyage ou deux, sans avoir égard à leur durée (1).

Les conventions à salaire, sont plus en usage et se pratiquent presque exclusivement par les bâtiments qui font des voyages de long cours. On stipule toujours les salaires francs de la rétribution due à la caisse des invalides (2) et de toute autre charge.

On accorde en outre pour chaque voyage de 1, 2, 3 et 4 classes (3), une pacotille correspondante au montant du nolis de 2 ou 3 émines de blé pour les matelots et quelque chose de plus pour les officiers, un peu moins pour les mousses, le tout en proportion des salaires de chacun ; souvent on leur permet d'acheter la pacotille de leurs propres deniers.

Pour les voyages aux Indes orientales et occidentales, aux échelles du Levant, de Barbarie et des mers du Nord, au-delà d'Amsterdam, on donne ordinairement un ou deux mois d'avance aux matelots, mais pendant le voyage ils ne peuvent rien prétendre, et le capitaine ne doit rien leur donner sur leurs salaires (4).

Quelquefois le capitaine s'oblige à payer les frais de *rapatriement* aux matelots qui se débarquent à l'étranger, lorsque le voyage pour lequel ils se sont obligés est fini. Pour éviter des discussions, il est convenable de bien spécifier si les matelots ont droit de s'en aller dans leur pays par bateau à vapeur ou non et si le capitaine est tenu à leur payer le salaire et la nourriture pendant leur retour dans leur patrie (5).

(1) Ce mode de conventions entraîne souvent des discussions s'il s'agit de l'aller et du retour, car le capitaine n'est jamais autant pressé que les matelots pour le retour. (2) Voy. tabl. 5 du régl. marit. de 1827 et tabl. 3 du R. Brevet du 3 août 1841. (3) Art. 85 dudit régl. marit. (4) Art. 97 dudit régl. marit. (5) C'est ce qui a été ordonné dans le courant du mois de mai 1847, par l'intendance-générale de la marine.

§ 492. *Jour de l'entrée en paie des équipages. — Durée de l'engagement.*

Sauf le cas de conventions contraires, les individus composant un équipage payé à mois entrent en paie dès le jour de leur inscription sur le rôle (1).

On fixe le plus souvent la durée de l'engagement à un, deux, trois voyages ou à un nombre déterminé de mois.

S'il n'y a pas eu de conventions particulières fixant la durée de l'engagement, on entend qu'il doit durer pendant le temps pour lequel les papiers de bord ont été accordés et que l'engagé est obligé de prêter ses services pour tous les voyages compris dans la classe du premier voyage (2); il en est de même lorsque le navire est armé en course (3).

Si pour cause de spéculations commerciales on voulait tenir secrets le lieu de destination et la navigation du navire, l'équipage devrait en être prévenu et y consentir par écrit (4).

(1) Art. 95 du régl. marit. de 1827. (2) Art. 83 ibid. et 268 du code

de comm. (3) Art. 132 du régl. de 1827 susdit. (4) Art. 81 ibid. et
267 du code de comm.

§ 493. *Obligations des matelots lorsque leur engagement est fini.*

Les papiers de bord expirés, les matelots sont obligés de continuer leur service jusqu'au retour du bâtiment dans les états sardes, s'il y retourne directement (1).

Si le navire ne retourne pas dans les Etats sardes et si l'engagement est terminé, l'officier consulaire ne peut pas empêcher les matelots de quitter le navire, sauf qu'il ait de puissants motifs pour en décider autrement ; dans ce cas il doit leur faire allouer une augmentation de salaire proportionnée au sacrifice qui leur est imposé (2).

Les individus de l'équipage ne peuvent, sauf des conventions contraires, quitter le navire qu'après l'avoir déchargé et mis en sûreté, et avoir été admis en libre pratique. Pendant ce temps ils ont le droit d'être entretenus et payés, et conséquemment, si le navire devait partir avant la quarantaine terminée, l'individu qui ne voudrait pas entreprendre un nouveau voyage, aurait droit d'être débarqué au lazaret, payé et nourri jusqu'au jour de la libre pratique (3).

(1) Art. 83 84 du régl. marit. de 1827 et 268 du cod. de comm.
(2) Art. 81 dudit régl. de 1827 et 270 du code de comm. (3) Art. 98 dudit régl. et 299 du code de comm.

§ 494. *Droit des matelots d'être nourris. — Les conventions d'enrôlement ne peuvent être changées que dans quelques cas.*

L'individu appartenant à un équipage a le droit d'être nourri à bord, jusqu'à ce qu'il soit entièrement payé de ses salaires ou de la part de bénéfices qui lui revient.

Dans le cas où le capitaine refuse à son équipage la nourriture nécessaire et qui est en usage (1), le consul est autorisé à faire vendre aux enchères ou à mettre en gage le quantité de marchandises et les parties du bâtiment jugées nécessaires pour procurer la susdite nourriture (2).

Les conventions d'enrôlement de l'équipage ne peuvent être changées pendant le voyage, nonobstant l'autorisation que le consul en accorderait, à moins qu'il ne soit prouvé de la part de l'équipage, que les nouvelles conditions sont le résultat de nouvelles obligations acceptées par lui (3).

(1) Il ne sera pas inutile que j'indique ici, quel est le genre et la quantité de nourriture à laquelle, d'après l'usage, les matelots sardes ont droit, soit dans les ports, soit en cours de voyage. Dans les ports aux jours gras : viande de bœuf quatre fois par semaine, à une livre par homme ; entre le dîner et le souper : du potage ou bouillon composé de pâte, de légumes ou de riz une fois par jour. Au souper le reste de la viande avec des pommes de terre. Aux jours maigres, au lieu de la viande on donne du poisson frais. A la mer, au lieu de la viande et du poisson frais, on donne de la viande salée, du stochfich, du bacalà, etc. Du vin trois fois par jour (un peu moins d'un litre en tout) : à défaut de vin la moitié en tafia ou en eau-de-vie. Pour collation, on donne quatre fois par semaine des sardines, des olives ou des radis, et trois fois du fromage ; de Hollande 2 onces, de celui de Sardaigne 3 onces environ, du pain et de la soupe à discrétion. (2) Art. 96 du régl. de 1827 pour la marine march., et 298 du code de comm., et § 439 *infrà*. (3) Art. 39 du régl. pénal de la marine march. de 1827.

§ 495. *Quel est le temps fixé pour le travail des matelots?*

Aucune loi n'existe pour déterminer le nombre d'heures que les matelots sont obligés de passer au travail, ni les heures de liberté auxquelles ils ont droit dans les jours ouvrables ou fériés ; c'est l'usage qui en tient lieu ; voici donc ce qui se pratique généralement.

Les matelots sont tenus de travailler depuis l'aube du jour jusqu'au coucher du soleil, moins trois heures par jour réservées à leurs repas, mais s'ils sont de quart, ils sont obligés de le faire à quelque heure que ce soit, de la nuit ou du jour, et si des circonstances particulières exigent la coopération de tout l'équipage, personne ne peut s'en exempter ni le jour ni la nuit.

Aux jours de fête ils vont à la messe moitié à la fois et l'après midi appartient à ceux, qui sont allés à la messe les derniers.

Pour l'observation des fêtes on suit l'usage des pays ou se trouve le navire.

§ 496. *Congé des matelots.*

A l'expiration de l'engagement le capitaine délivre un congé à chaque individu de l'équipage.

Ce congé doit énoncer les nom, prénoms, le grade de l'individu, le nom du navire, le nom du capitaine et l'époque de l'embarquement et du débarquement (1).

Le capitaine est en même temps obligé de remettre aux matelots un compte détaillé, signé par lui, de tout ce qui leur revient de salaires ou de bénéfices (2).

Pour plus de régularité le capitaine apporte ordinairement ce compte au consulat, ainsi que les salaires ou la part de profits revenant aux matelots congédiés, parce que le consul pourrait avoir des motifs pour les retenir ou pour en suspendre le paiement.

(1) Art 88 du régl. de 1827 pour la marine march. et 269 du code de comm. (2. Art. 269 du code de comm.

§ 497. *Quels sont les cas les plus fréquents ou les matelots quittent les navires avant l'engagement expiré?*

Outre celle d'expiration de l'engagement il y a encore bien d'autres circonstances où les matelots quittent le bâtiment; elles sont les suivantes :

1° Interruption du voyage par le fait du propriétaire (1); ou interdiction de commerce (2); ou si le navire est retenu par ordre du gouvernement (3); s'il a été vendu à des étrangers (4); s'il a fait naufrage (5); si le matelot tombe malade, ou s'il est fait esclave (6).

L'engagement peut aussi se terminer d'un commun accord, entre le capitaine et les matelots, avec l'autorisation du consul : mais en ce cas si le consul ou le capitaine l'exige, les matelots doivent se faire remplacer par d'autres (7).

(1) Art. 273 du code de comm. (2) Art. 271 ibid. (3) Art. 274 ibid. (4) Art. 52 du régl. maritime de 1827 et § 487 *infrà* : voyez en outre l'art. 273 du code de comm. (5) Voy. § 426 *infrà*, et art. 281, 282 du code de comm. (6) Art. 291, 292 du code de comm. (7) Art. 28, 2ᵉ alinéa du régl. pénal marit. de 1827.

§ 498. *Instructions consulaires au sujet de quelques-uns des cas sus-mentionnés.*

Le code de commerce décide différentes questions qui peuvent naître à l'occasion des débarquements de matelots, dont il est parlé dans le § précédent : je franchirais les limites que je me suis fixées, si je rapportais ici toutes ces dispositions ; je me bornerai donc à mentionner les cas qui se présentent le plus souvent et sur lesquels l'attention des consuls a été fixée plus particulièrement : tels sont les cas de vente du navire (1) et de naufrage (2), dont j'ai parlé : tels sont encore les cas de maladie et de mort dont je vais dire tout ce qui est prescrit par les lois à cet égard.

Si un matelot tombe malade pendant le voyage, ou s'il est blessé au service du navire, il est pansé et traité aux dépens du navire.

Le consul doit, si le capitaine part, se faire remettre par lui la somme jugée nécessaire au traitement du matelot malade et au retour dans son pays.

Si le matelot était blessé à terre, ou s'il avait contracté des maladies immorales, il n'en devrait pas moins être traité et pansé aux frais du navire, sauf le recours du capitaine contre le matelot pour le remboursement des dépenses faites (3).

En cas de mort d'un matelot le capitaine doit remettre au consul le montant de ses salaires jusqu'au jour fixé par l'art

290 du code de commerce. Il en est de même des effets laissés par le défunt à moins que le capitaine ne parte pour les États sardes, car alors il les garderait pour les remettre lui-même à l'administration de la marine (4).

(1) § 487 *infrà*. (2) § 426 *infrà*. (3) Art. 285, 287, 288 du code de comm. (4) Voy. § 297 *infrà*.

§ 499. *Un matelot cesse de faire partie d'un équipage en cas de désertion ou d'insubordination.— Les individus manquant à bord d'un navire doivent généralement être remplacés.*

Un matelot cesse encore de faire partie d'un équipage en cas de désertion sans retour à bord, ou d'insubordination. Le capitaine est aussi tenu de remettre au consul les salaires et les effets de l'individu coupable, sauf le droit de recourir à l'intendance générale de la marine, à laquelle le consul les fait passer (1), pour être indemnisé par le matelot déserté ou insubordonné du dommage souffert.

Toutes les fois qu'un individu de l'équipage d'un navire manque à bord pour quelque cause que ce soit, il doit être remplacé par un autre, excepté qu'il s'agisse d'un simple matelot ou d'un mousse et qu'on puisse s'en passer.

Le capitaine est remplacé par le second, si les propriétaires du navire n'en envoient pas un autre pour en prendre le commandement.

(1) Art. 13 des instruct. du ministère de la marine du 30 oct. 1841 et § 413 *infrà*.

LIVRE 8ᵉ — CHAPITRE 10.

EXPÉDITION ET DÉPART DES NAVIRES.

§ 500. *Dans quelques cas les consuls demandent à l'autorité supérieure la faculté nécessaire aux capitaines et aux patrons pour faire certaines classes de voyages. — Apposition du visa consulaire au rôle et au passeport maritime. — Inscription des passagers sur le rôle. — Prorogation des papiers de bord. — Manifeste. — Journal de bord.*

Lorsque le navire est muni des papiers nécessaires, et que le capitaine a formé son équipage, il ne lui reste plus qu'à déclarer au consul, le chargement qu'il a pris et à lui demander les expéditions pour le pays où il désire aller.

Le consul doit alors s'assurer, si le capitaine est autorisé à faire la classe de voyage pour laquelle il veut s'expédier (1). S'il ne peut faire que la classe de voyage inférieure, le consul en demande, si le capitaine le désire, l'autorisation nécessaire à M. l'intendant général de la marine (2). Il faut observer cependant qu'aucun capitaine ou patron ne peut plus obtenir cette autorisation s'il ne prouve de l'avoir obtenu trois fois, au moins, avant le 3 août 1844 (3).

Si l'autorisation est accordée, le consul en fait mention sur le rôle d'équipage sous la ligne où est inscrit le nom du capitaine, et dans la colonne des grades (4).

Dans le visa du rôle il indique le nombre des personnes dont l'équipage est composé, les noms et prénoms des passagers (5), le montant et la qualité des droits que le capitaine a payés et la date (6).

27

Le consul fait ensuite mention , dans les cas prévus par les §§ 163 et 164 *infrà* , si le voyage est le 1ᵉʳ, le 2ᵉ, etc. Si le capitaine a été chargé de dépêches ou du transport de quelque criminel , mention doit aussi en être faite sur le rôle d'équipage.

Sur le passeport maritime il indique le lieu de destination du navire avec la date, et il signe les deux visas (7).

S'il y a eu lieu de proroger les papiers de bord , le consul l'indique sur le passeport maritime (8).

Il donne en même temps aux capitaines le manifeste de sortie du chargement (9) , excepté dans les cas de relâche (10).

Enfin, si le journal de bord est rempli, le consul autorise le capitaine à y ajouter quelques feuilles qu'il paraphe et rend authentiques (11).

(1) Art. 74, 75, 77 85 du régl. marit. de 1827, art. 271 du code de comm., et art. 99 du régl. pénal marit. de 1827. (2) Art. 76 du régl. marit. de 1827. Les capitaines de 1ʳᵉ classe peuvent faire toutes sortes de voyages; les capitaines de 2ᵉ classe peuvent aller partout, excepté aux Indes orientales et occidentales. Les patrons de 1ʳᵉ classe peuvent parcourir les côtes d'Italie, de France et d'Espagne jusqu'à Gibraltar, la mer Adriatique jusqu'au golfe de Venise, ainsi que les iles de Corse, d'Elbe, de Sardaigne, de Sicile de Malte et les Iles Baléares. La navigation des patrons de 2ᵉ classe est limitée entre Civita-Vecchia et Marseille. (a) (3) Voy. R. détermination du 3 août 1844. (4) Le consul doit indiquer la personne qui est chargée de payer le droit relatif, si l'autorisation vient à être accordée. (5) Circ. 78 du 18 mai 1841, et §§ 417, 460, 461 *infrà*. (6) Voy. modèle n° 46. (7) Voy. modèle n° 45. (8) § 467 *infrà*. (9) Circ. 8, 9 et 24, et manifeste de l'amirauté annexé à la circ. 7; plus une lettre du min. des affaires étrangères du 13 mai 1816 à un consul. — Il est à remarquer que là où les courtiers du lieu expédient les navires étrangers à la douane, les consuls s'abstiennent de délivrer le manifeste et se bornent à recevoir la déclaration verbale du chargement. Voy. §§ 140, 141 451 *infrà*. (10) Circ. 14, 2ᵉ et 3ᵉ alinea et modèle n° 43. (11) Voy. § 447 *infrà*.

(a) Art. 74, 75, 77 du régl marit. de 1827

§ 501. *Le consul délivre aux capitaines des certificats d'origine.*

Sur la demande qui en serait faite par les capitaines, le consul délivre aussi des certificats pour constater l'origine des marchandises, qui, portées dans les Etats sardes sur des navires nationaux, jouissent d'une diminution de droits. Telles sont les denrées indiquées à la 12ᵉ catégorie du tarif général des douanes, c'est-à-dire les céréales, les légumes, les farines, les pêches, et ensuite l'huile d'olive, le vin, les les alcools et liqueurs, excepté l'alkermes (1). La légalisation ou le visa d'un manifeste ou d'un autre document émané des autorités locales déclarant que les denrées y énoncées sont le produit du sol, ne serait pas valable pour faire jouir la marchandise d'une exemption de droits (2). S'il arrivait que plusieurs parties de marchandises fussent déclarées au consulat en diverses fois, et qu'elles dussent être expédiées sur le même navire et par la même personne, le consul ne devrait délivrer pour toutes qu'un seul certificat, hors le cas d'une demande contraire (3). On peut en dire autant des certificats de santé des marchandises (4).

(1) Manifeste *Caméral* du 17 janv. 1825 et autre du 5 sept. de la même année, annexé à la circ. 44, et circ. 71 du 26 avril 1839, expliquant la précédente. (2) Voy. circ. 71 susdite. (3) Voy. art. 20 du tarif cons. de 1825 : voyez modèle 49 de ce certificat annexé à la circ. 44, et § 508 *infra in fine.* (4) Voy. § 506 *infrà.*

§ 502. *Par qui sont délivrés les certificats et les patentes de santé aux capitaines marchands ?*

Les capitaines de bâtiments sardes avant de partir d'un port sont obligés de se munir d'une patente de santé, et en outre dans des cas déterminés, de certificats de santé pour les marchandises qu'ils ont chargées, ainsi qu'il sera dit au au § 506.

Quelque soit le pays de départ des navires, les capitaines

sont toujours tenus de se procurer ladite patente et de la présenter à leur arrivée au port de destination ou de relâche à l'autorité y désignée pour la recevoir et la vérifier.

Cette patente est délivrée dans le Levant et en Barbarie, par les consuls de la nation à laquelle les navires appartiennent. Il en est de même dans les localités où il n'y a pas d'administrations sanitaires bien organisées ; dans les autres pays ce sont des autorités à ce déléguées qui la délivrent, avec cette distinction, que s'il s'agit de pays ou il y a souvent des maladies péstilentielles ou épidémiques, les consuls en délivrent aussi une ou visent celle délivrée par l'autorité locale. Des gouvernements plus méticuleux que d'autres, exigent de tous les navires qui arrivent dans leurs ports des certificats ou des patentes de santé de leurs consuls residant dans les lieux de départ, quels qu'il soient.

§. 503. *Quels sont les documents d'après lesquels les autorités locales délivrent les patentes de santé?*

Les autorités locales délivrent ordinairement les patentes de santé, d'après la demande du consul de la nation dont le navire porte le pavillon, ou d'après l'exhibition du rôle d'équipage, ou de la copie de ce rôle délivrée par ledit consul (1).

Pour obtenir ces patentes dans les Etats sardes, les capitaines et les patrons étrangers doivent présenter à l'autorité sanitaire, les papiers de bord dûment visés par leurs consuls respectifs et prouver d'avoir acquitté les droits d'ancrage, de tonnage et autres auxquels les navires sont soumis (2).

(1) Voy. modèle 50. (2) Art. 228 du régl. marit. de 1827.

§ 504. *Forme des patentes de santé délivrées par les consuls. — Visa de ces patentes par les consuls.*

Les patentes délivrées par les consuls sardes sont imprimées et contiennent l'indication des nom. prénoms, âge, lieu de naissance et profession de chaque individu embarqué, ainsi qu'une mention exacte de l'état de la santé dans le lieu de départ du navire (1) et l'époque à laquelle la maladie a cessé (2). Cette mention doit être répétée sur la patente ou certificat, par tous les officiers consulaires dans les lieux où règne périodiquement quelques maladies du genre sus-mentionné (3).

Si le navire est parti d'un lieu non considéré comme suspect, ou vient à y passer, ni le consul du lieu de départ, ni celui du port de relâche n'ont le droit de viser la patente ou le certificat de santé, excepté que les capitaines en fassent eux-mêmes la demande (4).

(1) Art. 72 des RR. PP. du 16 sept. 1816 (2) Circ. 85 du 2 mars 1843 et modèle n° 51. (3) Art. 72 desdites PP. (4) Circ. 71 du 26 avril 1839.

§ 505. *Réglements quarantainaires en vigueur dans les Etats sardes.*

Les trois magistrats de santé de Gênes, Nice et Cagliari étant indépendants l'un de l'autre, ont toujours adopté à l'égard des provenances de l'étranger, les mesures sanitaires que les circonstances locales ou autres leur ont suggérées. Ainsi, par exemple, les provenances de la Grèce avec patente nette, sont sujettes à une quarantaine à Cagliari et à Gênes, quelque soit le chargement du navire, tandisqu'à Nice elles sont admises en libre pratique, s'il n'y a pas de drilles à bord ; par contre les provenances de l'Illirie et de la Dalmatie Turque, sont admises en libre pratique à Cagliari avec toute espèce de chargements, et à Nice elles sont sujettes à quarantaine si elles sont composées de drilles en totalité ou en partie. Il est probable cependant que très prochainement il s'opérera un changement complet et plus uniforme dans le système quarantainaire de tous les Etats sardes, et comme ce n'est que pour renseigner les capitaines et non pour exercer une attribution proprement dite , que les consuls en reçoivent connaissance, je m'abstiens de copier ici les dispositions actuellement en vigueur dans les trois juridictions, préférant renvoyer le lecteur aux différents consulats sardes pour les informations dont il pourra avoir besoin à l'égard des quarantaines et des pays dont les provenances y sont soumises. Les réglements maintenant en vigueur, sont : pour Nice, la délibération de son magistrat sanitaire du 31 décembre 1845 ; pour Cagliari, celle du 27 septembre 1846 et pour Gênes, celle du 15 mai 1845.

§ 506. *Lieux où les capitaines doivent demander aux consuls un certificat sanitaire. — Marchandises pour lesquelles les consuls accordent ce certificat.*

Les délibérations susdites attribuent aux agents consulaires sardes , la faculté d'accorder des certificats de santé aux capitaines nationaux ou étrangers , soit à cause du lieu de leur provenance , soit à cause de la marchandise dont ils sont porteurs. Comme il s'agit ici de dispositions d'une application journalière de la part des consuls et d'une de leurs attributions les plus essentielles , je crois devoir en faire mention dans ce §.

Les provenances de Gibraltar sans drilles , sont reçues à Gênes et à Nice en libre pratique pourvu que la patente de santé soit visée par le consul sarde y résidant, et qui déclare que la santé est bonne, soit à Gibraltar , soit au Maroc. S'il y a à bord du navire, des marchandises susceptibles chargées à Gibraltar , elles doivent être accompagnées d'un certificat du consul constatant qu'elles étaient depuis 25 jours au moins dans les magasins de la ville.

Les provenances des îles Canaries doivent aussi être accompagnées d'un certificat de santé d'un consul d'Europe, pour être admises en libre pratique à Gênes.

Les marchandises et objets provenant des ports russes de la mer Noire et d'Azoff, s'ils sont dans des enveloppes de toile cirée ou dans des caisses en bois ou en métal, et si ces enveloppes ou caisses sont fermées et munies à l'extérieur du timbre d'un consulat sarde dans lesdits ports et accompagnées d'un certificat du consul sarde, constatant que les marchandises ou autres objets ont été mis dans les caisses ou enveloppes en sa présence ; ces objets et marchandises sont reçus en libre pratique.

Enfin les provenances avec patente nette, des ports situés entre le fleuve des Amazones et le Labrador, les Antilles comprises, sont admises en libre pratique à Gênes, lorsqu'elles sont accompagnées d'un certificat d'un consul d'Europe, constatant que depuis plus de deux mois il n'y a pas eu des cas de fièvre jaune ou d'autres maladies pestilentielles.

Les navires venant de la Russie par la mer Baltique et par le Sund, du royaume de Portugal, de la Belgique, du Danemarck, de la Norvège, de la Suède, des Pays-Bas, de la Sicile et des Calabres, ayant à bord des marchandises susceptibles, doivent prouver *leur libre provenance*, pour être admises en libre pratique à Nice.

Les provenances des Amériques, la Havane et pays voisins exceptés, sont admises en libre pratique à Nice, pourvu qu'elles soient accompagnées d'un certificat d'un consul européen constatant que depuis plus de deux mois la fièvre jaune n'y avait pas paru.

Bien que les provenances de Tunis, de Tripoli et du Maroc, soient soumises à Cagliari à une quarantaine, elles doivent, outre la patente de santé du consul de la nation du navire, avoir un certificat du consul sarde, résidant dans lesdits pays.

Les provenances du littoral Illirique et Hongrois confinant avec la Dalmatie Turque, celles de la Dalmatie Turque et Autrichienne, des îles Canaries, de la Russie, de la Prusse, de la Suède, de la Norvège, de la Belgique, du Danemarck, des Pays-Bas et des Etats-Unis d'Amérique, si elles sont

composées en tout ou en partie de marchandises susceptibles, ne sont admises à Cagliari en libre pratique, que si
l'on présente un certificat de santé délivré par le consul
sarde ou autre consul européen du lieu de départ du navire.

Les provenances de Gibraltar et des îles Britanniques ne
sont admises en libre pratique à Cagliari, que lorsqu'elles
sont accompagnées d'un certificat du consul sarde, constatant le bon état de la santé dans le lieu de départ, et s'il
s'agit de Gibraltar, il doit résulter du certificat, qu'au Maroc
aussi la santé était bonne ; dans le cas où le navire porte
des marchandises susceptibles venant du Maroc, il doit
résulter du certificat qu'elles ont séjourné 25 jours dans les
magasins de Gibraltar.

Les navires venant du Labrador et de Terre-Neuve avec
patente nette, sont admis en libre pratique à Cagliari, lorsqu'ils sont accompagnés d'un certificat de santé délivré par
un consul européen.

J'ajouterai enfin que par des décisions de cette année
1847, le magistrat de santé de Nice a soumis au visa du consul sarde, la patente de santé des navires provenant de
France, et celui de Cagliari les a soumis à l'obligation du
certificat lorsqu'ils ont à bord des marchandises susceptibles.

§ 507. *Quelques précautions prescrites aux consuls
dans le Levant et en Barbarie en cas de peste.*

Pour achever tout ce qui concerne la conservation de la
santé publique, je vais encore indiquer quelques précautions qui ont été prescrites pour les lieux du Levant et de
Barbarie où règne la peste ; on pourrait y ajouter tous les
pays lorsqu'il y règne une maladie pestilentielle.

Toutes les fois que la peste règne dans une échelle du
Levant ou de Barbarie, et qu'il y a par conséquent des risques à courir en descendant à terre, l'officier consulaire est
obligé, dès qu'un navire se trouve en vue, d'expédier un bateau à sa rencontre pour informer le commandant de l'état de

la santé dans le pays. Le bateau doit porter une flamme rouge et s'approcher du navire de manière à ne pouvoir communiquer avec lui , et à l'informer seulement de ce dont il a été chargé par l'officier consulaire (1).

(1) Art. 74, 75 des RR. PP. du 16 sept. 1816.

§ 508. *Certificats des consuls constatant qu'une marchandise a été déchargée dans le lieu de leur résidence.*

Les consuls sont souvent requis par des capitaines de navires sardes et mêmes étrangers , de leur délivrer des certificats constatant qu'une marchandise chargée sur ces navires dans les Etats sardes a été débarquée dans le port de leur résidence. On demande ces certificats lorsqu'il s'agit d'une marchandise prohibée, qui a été entreposée dans les magasins des douanes sardes à charge de réexportation (1).

Pour que les consuls soient en mesure de délivrer, soit les certificats d'origine (2), soit ces derniers et ceux de santé (3), il doivent s'assurer par tous les moyens qui sont en leur pouvoir et surtout par les documents émanant des autorités de la douane, si ce qu'on leur demande de certifier, est vrai.

(1) Art. 21 du tarif cons. de 1825. (2) § 501 *infrà.* (3) § 505, 506 *infrà.* Voy. modèle 53.

LIVRE 8ᵉ — CHAPITRE 11.

RAPPORTS DES MARINS , NE FAISANT PAS PARTIE D'UN ÉQUIPAGE , AVEC LES CONSULS.

§ 509. *Les marins ne peuvent s'engager au service d'une puissance étrangère ou sur un navire marchand , qu'à certaines conditions.*

Je viens de rapporter . entr'autres . les lois et réglements qui concernent les marins faisant partie d'un équipage ; j'ai aussi indiqué en son lieu (1), d'après quels titres un consul peut considérer comme marin, celui qui se présente à lui comme tel ; il me reste à faire connaître quels sont les droits et obligations des gens de mer, considérées d'après leur simple qualité.

Les marins, qui se trouvent en pays étranger, ne peuvent pas plus que les autres sujets du Roi, s'engager en leur qualité ou autrement, au service d'une puissance étrangère sans l'autorisation du Roi, ainsi qu'il est prescrit par le code civil (2). Il leur est en outre défendu de s'embarquer en leur qualité sur des bâtiments marchands étrangers, sans la permission des officiers consulaires du Roi, sous peine de 15 jours à six mois de prison pour les simples matelots (3), du double pour les capitaines et les patrons (4), et de la perte pour tous, de leur qualité de marins et de la nationalité sarde (5).

(1) § 479 *infrà*. (2) Art. 35 du code civil. (3) Art. 383 du régl. marit. du 9 mars 1816, et manifeste de l'amirauté du 8 oct. 1816. (4) Voy. art. 35 du régl. pénal maritime de 1827 ; § 1, chap. 17, tit. 33, liv. 2 du régl. pour le duché de Gênes de 1815, et § 1, chap. 16, tit. 34, liv. 4 des RR. CC. de 1770. (5) Circ. 79 du 7 oct. 1841. *Nota.* — Ordinairement, en pays étranger, on n'embarque aucun marin sur un navire étranger, s'il n'a pas un permis de son consul. s'il y en a un sur les lieux

§ 510. *Les marins allant à l'étranger ou voulant s'embarquer sur des navires étrangers doivent être porteurs d'un passeport régulier. — Exception en faveur des capitaines.*

Pour aller à l'étranger et pouvoir s'y embarquer à bord des navires de commerce étrangers, tout marin, soit officier, soit matelot, doit, suivant les lois générales concernant tous les sujets sardes, obtenir un passeport ordinaire, lequel ne lui est délivré que d'après une déclaration faite sur son livret par le consul de la marine de la direction, à laquelle il appartient, l'autorisant à le demander (1).

Toutes les fois que le passeport est expiré, les marins doivent rentrer dans leur pays pour le faire renouveler car les permissions de l'obtenir, ne sont accordées, que pour un temps déterminé (2).

Cependant les capitaines, n'étant que simplement immatriculés et ne faisant plus partie du rôle d'inscription (3), peuvent renouveler et même obtenir du consul un passeport régulier à la condition, dans ce dernier cas, de donner une caution, qui tienne la caisse des invalides de la marine à couvert du remboursement des sommes que le consul à l'étranger aurait à débourser pour eux (4).

(1) Art. 12 du R. Brevet du 17 sept. 1842 et art. 28 du régl. maritime de 1827. (2) Art. 23 dudit R. Brevet du 17 sept. 1842. (3) Suivant les régl. (a), ils ne peuvent être employés à bord des vaisseaux de guerre que dans des circonstances extraordinaires et comme pilotes. (4) Lettre de M. l'intendant-général de la marine à un consul de S. M., du 7 oct. 1844, n° 1853.

(a) Art. 74 du régl. marit. de 1827.

§ 511. *Les marins sans passeport sont tenus, sur l'ordre des consuls, de retourner dans leur pays. — Les consuls accordent aux marins, munis d'un passeport régulier, la permission de naviguer sur des navires étrangers. — Les marins ne peuvent pas être inscrits sur les registres consulaires des sujets sardes.*

S'il se trouve à l'étranger, des marins sans passeport ou naviguant sous pavillon étranger, sans la permission voulue les consuls doivent leur ordonner de retourner dans leur pays dans un délai déterminé, en ayant égard aux circonstances particulières, dans lesquelles quelques-uns d'entr'eux se trouveraient, exemptant de cette obligation ceux qui s'emploieraient immédiatement sur des navires nationaux, excepté le cas où ils adopteraient ce prétexte pour éluder les ordres des consuls (1).

Les marins de tous grades, munis du passeport voulu,

peuvent obtenir des consuls à l'étranger, la permission de naviguer sur des navires marchands étrangers de quelque nation que ce soit et pour toutes destinations , sauf ce qui est établi pour ceux qui se débarquent dans le Levant ou en Barbarie (2).

L'inscription des sujets sardes à la matricule des consulats, n'étant prescrite que pour ceux qui s'y établissent, il s'en suit que les marins n'y étant jamais que pour un temps limité (3), ne peuvent pas être soumis à cette formalité (4).

(1) Circ. 79 du 7 oct. 1841. (2) §§ 268 et 336, 337 *infrà*. (3) Voy. § 510 *infrà*. (4) §§ 339 et suiv. *infrà*.

§ 512. *Comment les individus nés ou demeurant en pays étranger peuvent-ils obtenir d'être inscrits sur les matricules des marins sardes?*

Il arrive souvent que des individus, nés ou demeurant avec leurs parents en pays étranger , demandent d'être inscrits dans la matricule des gens de mer ; devant s'adresser à cet effet au consul de S. M. du lieu de leur résidence, je vais indiquer à quelles conditions leur demande est reçue par lui et comment l'inscription leur est accordée.

En premier lieu, aucun individu ne peut être inscrit comme mousse ou comme apprenti ouvrier , s'il n'a pas atteint l'âge de dix ans ou s'il a dépassé celui de dix-huit, et s'il n'est pas muni du consentement de ses père et mère ou de son tuteur.

Il faut en outre qu'il prouve d'être enrôlé sur un bâtiment national ou dans un chantier ou port marchand (1). S'il s'agit d'un individu né en pays étranger , le consul ne peut demander cette inscription avant d'avoir transcrit son acte de naissance dans le registre de l'état civil (2) et d'en avoir envoyé deux extraits au ministre des affaires étrangères , et avant que ce dernier lui en ait accusé réception (3).

Il expédie ensuite une troisième copie de cet acte à l'intendance générale de la marine, ou s'il s'agit d'un individu né dans les Etats sardes, son acte de baptème, accompagnées l'une et l'autre de ces pièces, du consentement par écrit des parents ou du tuteur (4), d'un certificat de vaccine (5), et d'une déclaration, consulaire constatant l'enrôlement voulu à bord d'un navire sarde (6).

(1) Art. 4, 5 du R. Brevet du 17 sept. 1842. (2) § 304 et suiv. *infrà*, et circ. 77. (3) § 311 *infrà* et circ. 77. (4) Art. 26 du régl. de 1827 sur la marine march., et art. 4 du R. Brevet susdit de 1842. (5) circ. 77 du 17 mars 1841. (6) Voy. la note 1 précédente.

§ 513. *Quelles sont les formalités requises pour passer à la matricule des matelots ou des charpentiers de marine?*

Pour obtenir l'inscription à la matricule des matelots en faveur d'un mousse, il est nécessaire que celui-ci ait atteint l'âge de 16 ans et qu'il compte au moins 18 mois de navigation effective sur des navires sardes (1). Le consul envoie ensuite le livret maritime constatant la navigation voulue, a l'intendance générale de la marine qui fait inscrire le mousse dans sa nouvelle qualité. Il en est de même pour les apprentis ouvriers qui veulent passer ouvriers (2).

(1) Art. 6 du R. Brevet de 1842 et 27 du régl. de 1827 de la marine march. (2) Art. 7 dudit Brevet.

FIN DU PREMIER VOLUME.

ERRATA.

—

Page 16, § 32, ligne 11, navires sardes   navires saïcks.

20, § 39, ligne 3, aux consuls, v. consuls, *lisez* aux pro-consuls, aux v.-consuls

21, § 42, ligne 1, consuls-généraux   consulats-généraux

28,   titre, accordées   accordés

28, § 51, ligne 14, tous vice-consuls, *lisez* tous les vice-consuls

46, § 79, ligne 2, au dernier alinéa du § précédent. au § précédent

84, § 132, ligne 9, (1), j'ajouterai, (1). J'ajouterai

109, § 174, ligne 7, 8, remboursées   remboursés

115, § 183, ligne 1, et le   et quel est le

125, § 198, ligne 6, pays   pays (2).

136, § 212,   note (3)   (3) voyez § 181.

id.   id.   id. (4)   (4) voyez § 181.

138, § 214, lignes 10 et 17, (4), (5).   (3), (4)

140, § 217, ligne 5, un officier   un autre officier

146, § 226, ligne 18, note (1).   Voy. §§ 232 à 234.

146, § 226, ligne 19, il a été stipulé   a été stipulée

174, § 268, ligne 1, *titre*, Le   *lisez* Les

180, § 277, note (5)   (5) art. 64 du régl. de 1815.

182, § 283, ligne 6, au § 279   au n° 3 du § 279

203, § 310, ligne 11, peuvent légaliser   peuvent les légaliser

207, § 316, ligne 3, *titre*, données   donnés

223, § 337, ligne 2, lesdits   lesdits pays

243, § 363, *titre*, en Barbarie et dans les autres pays, en Barbarie.

277, § 411, ligne 12, encoureraient   encourraient

287, § 420, ligne 1, *titre*, quels   quelles

322,   ligne 26, dans les notes on doit   on devra

329, § 479, *titre*, quels sont   quelles sont

334, § 486, ligne 6, les consuls ne peuvent, le consul ne peut